I0127022

CATALOGUE
DE LA
BIBLIOTHÈQUE
DES LIVRES
DE FEU L'ABBÉ RIVE,

Acquise par les Citoyens CHAUFFARD ET COLOMBY,

Mis en ordre par C. F. ACHARD, M. D. M.

A MARSEILLE,

De l'Imprimerie de ROCHEBRUN ET MAZET,
Quai de la Liberté.

M. DCC. XCIII.

L'An 2e. de République Française.

NOTICE PRÉLIMINAIRE

C'ÉTAIT rendre un véritable service à la Littérature Française que de conserver parmi nous la Bibliothèque de feu l'Abbé Rive. Elle était recherchée par des Savans et par des Libraires étrangers. Ces trésors amassés par quarante ans de soins et de pénibles recherches allaient nous être enlevés, lorsque nous en avons fait l'acquisition.

Cette précieuse Collection va donc être mise en vente à Marseille, où le Savant Bibliographe que nous regrettons a terminé sa carrière.

Il ne nous appartient pas de juger cet homme célèbre. Il nous suffira de dire qu'il avait de grands talens, que l'Europe lettrée les connaissait, et qu'il le savait mieux que tout le monde; qu'il eut beaucoup de Correspondans et quelques amis, beaucoup plus de rivaux, de détracteurs et d'ennemis. Il vécut avec les Grands qu'il n'estima jamais, précisément parce qu'il les connut. Il vint mourir avec le peuple qu'il aimait et qui l'aima. La postérité lui assignera la place qu'il doit occuper : sera-t-elle parmi les grands hommes ou dans la classe des hommes singuliers ? La question est ajournée à trente ans.

Parlons de la vente de ses Livres, objet chéri de ses affections et bien digne d'exciter la curiosité des amateurs.

Il n'y a que la lecture de ce Catalogue, qui puisse donner une juste idée des richesses que cette Collection présente. Il n'est presque point d'article indifférent ou trivial dans la Bibliothèque de l'Abbé Rive. Les Editions les plus rares, les plus anciennes dans tous les genres de Sciences et de Littérature, s'y trouvent réunies, de manière que ce Catalogue deviendra lui-même un Livre précieux et un excellent Répertoire, fait pour assortir les Catalogues, *Gaignat*, *Rothelin*, *Hoym et la Vallière.*

Plusieurs articles de ce Catalogue sont sortis de ces grandes Bibliothèques. Ils en portent le type caractéristique ; et d'ailleurs on peut dire que des Livres qui avaient fixé l'attention de l'Abbé Rive, qui lui avaient paru dignes des honneurs de la séance dans son Musée, sont garantis par cette espèce d'adoption.

Nous offrons donc une mine bien riche à la fouille des Amateurs, qui verront, avec plaisir, rentrer dans la circulation du Commerce, des objets précieux, que les Propriétaires auraient pu céder, avec de grands avantages pour eux, à des Libraires étrangers. Ils se sont interdit cette espèce de monopole, ou d'accaparement littéraire, parce qu'ils ont préféré la satisfaction de leurs Concitoyens en divisant; ou si l'on veut, la chance de la vente en détail à celles en totalité qu'on leur proposait.

Nous ajoutons que la Bibliothèque de l'Abbé Rive est tellement composée, qu'on pourrait lui donner pour devise : *De tout un peu.* Ainsi, il n'est point de goût qui ne puisse être satisfait, si les Amateurs dont les études et les recherches varient à l'infini, se présentent pour acquérir.

Les reliures ne sont qu'un accessoire; mais beaucoup de gens y tiennent, et il n'est pas indifférent de les prévenir qu'en général elles sont superbes, d'une belle conservation et très-soignées.

Enfin, tout est digne d'être offert aux citoyens de cette ville célèbre, qui jadis République, Sœur de Rome et Rivale d'Athènes, fixait l'attention des ses Rivaux et de ses Alliés par la culture des Arts, comme elle les fixe aujourd'hui, sous le même gouvernement, par son patriotisme, par son commerce, et par le génie de ses habitans.

Cette notice a été rédigée par le Citoyen L. H. D. L.

AVIS DE L'ÉDITEUR.

LE Catalogue que nous présentons au Public, est dressé suivant la méthode la plus généralement adoptée dans les divisions des Bibliothèques ; méthode bien différente de celle de l'Abbé Rive. Ce savant Bibliographe avait formé un nouveau plan qu'il n'a pas eu le temps de publier, et ses livres étaient dans son Cabinet suivant l'ordre qu'il avait imaginé.

Nous aurions désiré de posséder les manuscrits curieux que l'Abbé Rive a laissés sur cette matière intéressante ; mais son héritier les a mis à un prix qui ne nous a pas permis d'en faire l'acquisition. Nous avons donc été forcés de placer dans un ordre différent les livres de ce savant : d'autres circonstances ont nécessité des déplacemens successifs, et les Acquéreurs de cette Bibliothèque, jaloux de faire jouir les curieux, de ce Catalogue, nous ont sollicité de hâter un travail, dont la perfection aurait exigé un plus long espace de temps. De là vient encore le défaut essentiel de ce Catalogue, dans lequel il nous a été impossible de suivre avec exactitude, l'ordre chronologique dans les différentes classes. De là enfin est venue la nécessité de faire un supplément, lequel, outre sa longueur, offre encore le désagrément de la confusion dans les livres de diverses classes, qui y sont décrits.

On sera surpris, sans doute, que ce Catalogue soit divisé en trois parties, et que la seconde partie commence au milieu de la classe des Belles-Lettres. Il est bon d'avertir nos Lecteurs que cette division n'a été établie que pour hâter l'impression du Catalogue. Nous avons livré le manuscrit à deux Imprimeurs différens, et pour faire suivre les signatures, il a été indispensable de former trois divisions. En tout cela, le Public ne doit voir que notre empressement à satisfaire l'impatience qu'il témoignait de connaître le nombre et la qualité des livres de l'Abbé Rive.

Nous avons profité des connaissances de l'Abbé Rive dans les notes que nous avons ajoutées aux différens articles qui nous ont paru mériter quelques éclaircissemens; nous y avons ajouté quelquefois nos réflexions. Mais nous n'avons jamais manqué d'indiquer les notes qui sont copiées d'après l'Abbé Rive.

On trouvera dans ce Catalogue, à la

fin de chaque article cité dans la Bibliographie de Debure, le numéro correspondant de cet ouvrage instructif. Nous y renvoyons le Lecteur pour les descriptions que les bornes de cet ouvrage et le peu de temps que nous avons mis à le composer ne nous ont pas permis de faire nous-mêmes. Quant aux ouvrages que Debure n'a pas nommés et qui se trouvaient dans d'autres Catalogues, nous avons eu soin de citer ceux qu'on trouvait dans Falconet, de Boze, etc. C'est surtout dans le Catalogue de Falçonet que nous en avons trouvé le plus grand nombre, et nous l'avons tenu constamment sous nos yeux pendant la durée de notre travail.

TABLE DES DIVISIONS.

THÉOLOGIE.

I. ÉCRITURE SAINTE.

JURISPRUDENCE.

SCIENCES ET ARTS.

I. PHILOSOPHIE.

VI. ARTS.

BELLES LETTRES.

I GRAMMAIRE.

SECONDE PARTIE.

SUITE DES BELLES-LETTRES.

II RHÉTORIQUE.

TROISIEME PARTIE.

BIBLIOGRAPHIE.

ÉDITIONS DU QUINZIÈME SIÈCLE,

Citées dans le Catalogue.

Nos.		
4	*Sans date.*	
17	1497	*Paris.*
28	1469 / 1471	*Rome.*
131	1496	*Lyon.*
202	1473	*Cologne.*
214	1493	*Paris.*
242	1489	*Rome.*
352	1487 / 1499	*Venise.*
509	1476	*Milan.*
655	1495	*ibid.*
769	1478	*Florence.*
877	1493	*Venise.*
962	*Sans date.*	
1010	1476	*Venise.*
1077	*Sans date*	*Paris.*
1103	1471	*Venise.*
1111	1499	*Parme.*
1167	*Sans date.*	
1244	1487	
1282	1475	*Rome.*
1291	1481	*ibid.*
1292	1471	*Venise.*

Nos. 1294	1475	*Rome.*
1295	1481	*Milan.*
1305	1492	*Venise.*
1444	*Sans date.*	
1986	1494	*Basle.*
2384	1473	*Lyon.*

Éditions des Elzévirs.

Nos.	40	506	1078	1318	1884
	110	543	1093	1333	2440
	152	555	1097	1460	2533
	261	615	1104	1513	
	333	732	1124	1541	
	414	819	1125	1542	
	450	919	1130	1678	
	459	993	1206	1795	
	468		1265		

Abréviations de ce Catalogue.

m. bl. Marroquin bleu.
m. v. Marroquin vert.
m. r. Marroquin rouge.
m. cit. Marroquin citron.
v. br. Veau brun.
v. f. Veau fauve.
v. m. Veau marbré.
v. éc. Veau écaillé.
d. s. t. doré sur tranche.
lav. et reg. papier lavé et reglé.
gr. pap. grand papier.
d. s. p. doré sur plat.
fig. figures.
vel. velin.
tom. tomes.
vol. volumes.

CATALOGUE
DES LIVRES
DE M. L'ABBÉ RIVE.

THÉOLOGIE.

SECTION PREMIÈRE.

L'Écriture Sainte avec ses Interprêtes et Commentateurs.

TEXTES ET VERSIONS DE L'ÉCRITURE SAINTE.

Bibles Grecques et Latines.

1 VETUS Testamentum græcum ex versione septuaginta interpretum, juxtà exemplar vaticanum Romæ editum. *Amstelodami, vid. Joan. à Someren.* 1683. *in-8°.* 2 *vol. m. r. d. s. t. pap. réglé.* Beau.

Cette édition que Debure n'a pas connue, est citée dans la bibliothèque grecque de Fabricius, liv. 3, pag. 327.

2 Novum Testamentum græcum, cum præ-

fatione Roberti Stephani, quæ incipit per hæc verba : *O Mirificam. Parisiis, id Rob. Stephanus,* 1546. *in-16. 2 vol. reliés en un. m. r. d. s. t.*

Cet ouvrage que Debure cite au n°. 20 de sa Bibliographie, doit, suivant lui, porter au bas de la première page de la préface, le mot *Pulres* au lieu de *Plures* : c'est une erreur, nous assurons les Bibliographes que les éditions où se trouve cette faute de typographie, sont de 1549. L'exemplaire de l'Abbé Rive a le mot *Plures*, et c'est une des premières éditions. (Catalogue de Boze n°. 8.) *Voyez la chasse aux Bibliographes* p. 537 et 538.

3 Biblia Sacra Latina, Vulgatæ Editionis Sixti V et Clementis VIII, (absquè Summariis Capitum,) *Coloniæ Aggripinæ, Gualterus,* 1630. *in-12. m. r. d. s. t. dent.*

Cette Bible, connue sous le nom de *Bible des Evêques*, est citée dans la Bibliographie de Debure sous le n°. 41.

4 Biblia Sacra Latina, Vulgatæ Editionis, *absquè loci et anni notâ : in-fol. 2 vol. veau br. gothique.*

Cette Bible date des premiers temps de l'imprimerie ; elle est sans signatures et sans réclames. L'ouvrage commence au livre de la Genese, il y a apparence que l'Epitre de S. Jérôme a été enlevée. Chaque livre est précédé d'un prologue. (Voyez Debure n°. 24.) de Boze n°. 18.

5 Novum Testamentum, juxtà exemplar Vaticanum, *Coloniæ Aggripinæ, Egmond,* 1668. *in-16. m. r. d. s. t. Jolie édition.*

6 Novum Testamentum, ad exemplar Vaticanum. *Parisiis, Barbou.* 1767. *in-12. m. r. d. s. t. dent. tabis, pap. lavé et reglé.*

On connaît le mérite des éditions de Barbou : cet exemplaire est un des plus beaux qui soient sortis de ses presses.

Versions Françaises et Vulgaires de la Bible.

7 La Bible qui est toute la Saincte Escripture (par Robert-Pierre Olivétan, aidé de Jean Calvin) *Neufchâtel*, *de Wingle*, 1535. *in-fol. gothique*, *relié en carton.* Le Frontispice est réparé à la main.

L'exemplaire de cette Bible est très-complet. L'Abbé Rive a placé au premier feuillet une note très-intéressante : Voyez Debure, n°. 52, pour la rareté de cet ouvrage, et le catalogue de Lauragais, n°. 10. de Boze n°. 35.

8 Le Nouveau Testament de N. S. J. C. traduit sur l'ancienne édition latine, avec des remarques littérales et critiques. *Trevoux*, *Ganeau*, 1702. *in-8°. 2 vol. m. r. d. s. t. pap. lav. et reglé. 4. tomes reliés en 2 vol.*

9 Le Nouveau Testament, par Isaac le Maistre de Sacy. *Paris*, *Desprez*, 1711. *in-12 petit format. v. br. d. s. t. 2 vol.*

Ce ne sont ici que les septième et huitième volumes de la Bible, traduite en français, avec des notes par Sacy ; cet exemplaire est précieux par les figures qu'on y a insérées : il y en a sept d'*Albert Durer*, et deux de *Calot*. C'est assez dire qu'elles sont belles et rares.

10 Le Nouveau Testament en langue Basque, sous ce titre : Jesus-Christ-Gure Jaumaren Testamentu Berria. *Cet ouvrage fut imprimé à la Rochelle*, *chez Haultin*, *en* 1571. *in-8°. v. f. d. s. t.*

(Voyez Debure n°. 80.) L'exemplaire que nous citons est complet, et très-bien conservé.

Ecrits Apocryphes, Harmonies et Concordes Evangéliques.

11 Codex Pseudepigraphus Veteris Testamenti, Collectus, Castigatus, etc. à Joanne Alberto Fabricio. *Hamburgi*, *Felginer*, 1722 *et* 1741. in-8°. 2 vol. *v. f. d. s. t.*

C'est ici une seconde édition préférée à celle que Debure cite au n°. 88. et de Boze n°. 46.

12 Historia Jeschuæ Nazareni, à Judæis blasphemè corrupta, ex Mss. Inedito, nunc demùm edita hebr. et lat. Cum versione et notis Joh. Jacobi Huldrici tigurini. *Lugduni Batav. Duvivie*, 1705; *in-8°. v. f.*

Ce livre avait appartenu à l'Abbé Bignon : il est cité par Debure au n°. 92. de Boze 49.

13 Protevangelion, sivè de Natalibus Jesu Christi et ipsiûs Matris Virginis Mariæ, Sermo historicus Divi Jacobi minoris; etc. --- Evangelica historia quam scripsit Beatus Marcus. --- Vita Joannis Marci Evangelistæ. *Basileæ*, *Oporinus*, 1552. *in-8°. m. r. d. s. t.*

C'est ici un des ouvrages de Guillaume Postel : il suffit, pour faire connaître sa rareté, de rappeller à nos lecteurs que Debure n'a pas trouvé ce livre dans les Bibliothèques qu'il a visitées. Il le cite dans sa Bibliographie au n°. 808. Sa véritable place est parmi les Evangiles Apocryphes.

14 Harmonia sivè concordia quatuor Evangelistarum, authore Bernardo Lamy. Editio novissima. *Parisiis*, *Pralard*, 1701, *in-12. v. br.*

C'est la première édition finie en 1689, comme on le voit au bas de la page où se trouve le privilège : on a seulement refait le frontispice et changé la date. Au reste, le même P. Lamy a composé une autre harmonie latine sous ce titre : *Commentarius in harmoniam sivè Concordiam Evangelicam*. Celle-ci est imprimée à Paris chez Anisson, en 2 volumes in-4°., l'an 1699 ; elle est citée par Debure au n°. 36 de sa Bibliographie. Il ne faut pas confondre ces deux ouvrages.

15 Lettre du P. Lamy au P. Fourré de l'Oratoire sur la Concorde des quatre Evangelistes. (*Paris*, *Pralard* 1589.) Traité de l'ancienne Pâque des Juifs, par le même, 1693. — Preuves des deux prisons de St. Jean-Baptiste. *in*-12 *v. br.*

La lettre du P. Lamy ayant été imprimée sans approbation, le Général de l'Oratoire en fit saisir les exemplaires chez Pralard, ce qui a rendu cet ouvrage rare. Quant à son Traité de l'ancienne Pâque, c'est le plus ample que cet Auteur ait fait pour prouver son système de la dernière Pâque de Jesus-Christ.

Histoires de la Bible, de J. C. et des SS. du N. et de l'ancien Testament.

16 Speculum humanæ salvationis. *Mss. sur velin à pages alternatives, avec des figures dessinées à la plume, in-fol. gothique, sans date, m. vert. d. s. t. dent.*

On peut consulter sur cet ouvrage la Bibliographie de Debure au n°. 117, le Catalogue de M. de Boze, n°. 57, les Annales de Maittaire, etc. etc.

On lit à la page 318 de la *Chasse aux Bibliographes*, tom. 1, que l'Abbé Rive posséde une copie mste. sur velin, de l'édition du *Speculum* H. S. qui est à la Bibliothèque du roi. Elle a été exécutée par le célèbre Lesclapart, avec le plus grand soin pendant plus d'un an et demi, et elle est si excessivement soignée, qu'on la prendrait pour un imprimé. L'Abbé Rive estimait cette copie de 7 à 800 livres.

17 Præceptorium Nicolai de Lyra. --- Vita Christi edita a Sancto Bonaventurâ. -- Speculum sapientiæ Beati Cyrilli Episcopi. -- Tractatus de arte benè vivendi, beneque moriendi. *Parisiis*, 1497, *in-8°.*, *petit format*, *gothique*, *v. br.*

18 Thomæ Bartholini de Latere Christi aperto dissertatio. Accedunt Cl. Salmasii et aliorum de Cruce Epistolæ. *Lugd. Batavor. Maire.* 1646, *in-8°. velin.*

(Falconet n°. 143.)

19 De Vitâ et Morte Mosis libri tres. Gilbertus Gaulmyn hebraicè edidit, Latinâ interpretatione et notis illustravit. *Parisiis*, *du Bray*, 1629, *in-8°. velin.*

Ce volume contient trois livres en hebreu et en latin sur la vie et la mort de Moïse. Les notes qui y sont jointes sont très-savantes. (Voy. Falconet tom. 1, p. 6, n°. 100.)

20 Wilelmi Goesii Pilatus Judex. *Hagæ comitis*, *Tongerloo*, 1677, *in-4°. v. f. filets*, *doré sur plat.*

21 Danielis Maphanasi confutatio dissertationis scandalosæ Joannis Stelleri, quâ Pilatum defensum prodidit. *Lipsiæ*, *Miethius*, 1676, *in-4°. v. f. filets.*

Le *Pilatus defensus* est tout entier à la tête de ce volume, vient ensuite la réfutation.

22 De Sudore Dn. Jesu Christi sanguineo Tractatus autore Stephano Clotzio. *Francofurti*, *Naumannus.* 1671. — M. Antonii Dominicy de Sudario Capitis Christi. *in-4°. v. m. fig.*

Livre très-rare, on ne le trouve cité que dans Rothelin n°. 716.

Interprêtes et Commentateurs.

23 Joannis Maldonati Commentaria in quatuor Evangelistas. *Mussiponti*, *Mercator*, 1596. *in-fol.* 2 *vol. m. r. d. s. t.*

Livre rare et d'une superbe conservation. (Voy. Debure, n°. 146.)

24 Quædam præmeditatæ et consideratæ cogitationes super quatuor priora capita libri primi Moysis, Genesis nominati, prolatæ à Francisco Mercurio ab Helmont. *Amstelodami*, *Wetstenius*, 1697, *in*-12 *v. f. d. s. t.*

25 Appollinarii, interpretatio psalmorum versibus heroïcis, græcè. *Parisiis*, *Benenatus*, 1580. *in*-8°. *v. f. d. s. t.*

26 Joannis Buxtorfii Tiberias, sivè commentarius masorethicus quo primùm explicatur quid masora sit. *Basileæ Rauracorum*, *Konig*, 1620. *in*-4°. *velin.*

27 Essay d'un Commentaire littéral et historique sur les Prophètes. Par le P. Dom Paul Pezron, de l'ordre de Citeaux. *Paris*, *Boudot*, 1693, *in*-12 *v. br.*

28 Dialogus qui vocatur Scrutinium Scripturarum, auctore Paulo de Sanctâ Mariâ, Episcopo Burgensi, (*Romæ per Udalricum gallum*, *ab anno* 1469 ad 1471.) *in fol. chamois.*

On trouve dans cet exemplaire des notes de l'Abbé Rive; elles servent à faire connaître laquelle des éditions est préférable, celle que nous citons, où celle que Debure a placée sous le n°. 132.

29 Petri Galatini opus de Arcanis Catholicæ Veritatis, hoc est, in omnia difficilia loca

veteris testamenti ex Talmud, etc. Commentarius. *Basileæ*, 1550. *in-fol. broché en carton.*

C'est ici la seconde édition : elle est plus belle et plus commode que la première citée par Debure au n°. 133.

30 Thomæ James Bellum papale sivè concordia discors, Sixti quinti et Clementis octavi, circà Hyeronimianam editionem. *Londini, Bishop*, 1600. *in-4°. v. m.*

(de Boze n°. 24 et 25.)

31 Prologus hebræo-græcus generalis, continens quæstiones hebræo-græcas quæ circà novum Testamentum ferè moveri solent. Editio tertia. Auctore Joanne Leusden. *Basileæ*, *Fratres Thurnisii*, 1739. *in-4°. v. br.*

32 Thesaurus philologicus, sivè clavis scripturæ, Auctore Joh. Henrico Hottingero. *Tiguri*, *Bodmerus*, 1649. *in-4°. v. br.*

Critiques Sacrés.

33 Briani Waltoni angli Biblicus Apparatus chronologico-topographico-philologicus. Adjiciuntur Joannis Drusii de Proverbiis sacris classes duæ. *Tiguri*, *Bodmerius* 1673, *in-fol. v. f.*

Cet excellent livre est cité dans le Catalogue de Falconet au n°. 246.

34 Dissertations qui peuvent servir de prolégomenes à l'Ecriture Sainte. Par Dom. Aug. Calmet. *Paris*, *Emery*, 1720. *in-4°. 6 vol. v. m. fig.*

35 Joanis Leusden Philologus hebræus, continens

tinens Quæstiones Hebraïcas quæ circà vetus Testamentum Hebræum fere Moveri solent. Editio quinta. *Basileæ*, *Thurnisii Fratres*, 1739. *in-4°. v. br.*

36 Dissertation préliminaire ou Prolégomenes sur la Bible : par M. Louis Ellies-Dupin. *Paris*, *Pralard*, 1726, *in-8°.* 3 *vol. v. f. d. s. t.*

37 L'Ombre de M. Thiers, ou réponse à la dissertation de M. l'Estocq sur la translation de S. Firmin, avec une critique de la vie de S. Salve. *Liège*, *Bronckart* 1712. *in-12*, *broché.*

38 Traité des abus de la critique, en matière de religion. Par le P. de Laubrussel, de la Comp. de Jesus. *Paris*, *Dupuis*, 1710. *in-12*, 2 *vol. v. br.*

39 Dissertation sur l'Arche de Noé et sur l'Hémine de la Livre de St. Benoît, par Jean Le Pelletier. *Rouen*, *Besogne*, 1700. *in-8°. v. br. fig.*

L'on connaît la profonde érudition de cet Auteur. Voyez les notes que l'on a écrites à la main au commencement de cet exemplaire.

Traités sur les Textes, Versions, etc. de l'Ecriture Sainte.

40 Lettre à un Amy, où l'on rend compte d'un livre qui a pour titre : Histoire critique du vieux Testament, publié à Paris en 1678. *Amsterdam*, *Elzevir*, 1679. *in-12. v. br.*

41 Apologie pour l'Auteur de l'Histoire critique du vieux Testament, contre les faussetés d'un libelle publié par Michel Le Vassor, de l'Oratoire. *Rotterdam*, *Léers*, 1689. *in-12. v. br.*

42 Défense du Texte Hebreu et de la Version

Vulgate, par le P. M. le Quien. *Paris*, *Auroi*; 1690. *in*-12, *v. br.*

Cet exemplaire est du nombre de ceux qui ont à la tête le Portrait de Claude de Breteuil, Evêque de Bologne, et à la fin, une table chronologique de deux feuillets; ce qui ne se trouve pas communément.

43 Remarques Chronologiques sur l'ancien Testament, avec le plan d'une explication des Saintes Ecritures. *Paris*, *Rollin*, 1737. *in*-8°. *v. f. d. s. t.* beau.

44 Contrà Historiam Aristeæ de LXX interpretibus dissertatio, per Humfredum Hody. *Oxonii*, *Lichfield*, 1685. *in*-8°. *v. br.*

Cet ouvrage se trouve difficilement.

45 Dissertatio de Urim et Thummim in Deuteron. C. 33. v. 8. Authore Joanne Spencero. *Cantabrigiæ*, *Kettilby*, 1670. *in*-8°. *v. br.*

46 Conjectura de Gog et Magog, ad Ezechielis xxxviii et xxxix. 1645. *in*-12. *v. br.*

Livre très-rare dont l'Auteur n'est pas connu; voyez les notes que l'Abbé Rive a placées à la tête de cet exemplaire.

47 Explication de plusieurs Textes difficiles de l'Ecriture, qui, jusqu'à présent, n'ont été ni bien entendus, ni bien expliqués par les Commentateurs. Par le P.... (Dom. Jacques Martin,) Bénédictin, de la Congrégation de S. Maur. *Paris*, *Emery*, 1730. *in*-4°. 2 *vol. v. f. d. s. t. fig. grand papier.*

48 Des Titres primitifs de la Révélation, ou Considérations critiques sur la pureté et l'intégrité du Texte original des Livres SS. de l'ancien Testament. Par le R. P. Gabriel Fabricy. *Rome*, 1772. *in*-8°. 2 *vol. grand papier d'Hollande*, *m. r. d. s. t.*

49 Lettres d'un Romain à M. de Villefroy en réponse aux Observations de M. le Rondet sur l'ouvrage du P. Fabricy, touchant les titres primitifs de la Révélation, avec un Appendix de l'Editeur. *Rome*, 1774. --- Lettre de feu M. l'Abbé l'Advocat, sur les Textes originaux de l'Ecriture. *Amsterdam*, (*Caën.*) *in*-12, *v. b.*

50 Exercitationes Ecclesiasticæ in utrumque Samaritanorum Pentateuchum, de illorum Religione et moribus. Autore Joanne Morino Præsb. Congr. Oratorii. *Parisiis*, *Vitray*, 1631. *in*-4°. *v. f. filets.*

51 Animadversiones Sacræ ad Textum Hebraïcum Veteris Testamenti, autore Arnoldo Bootio, M. D. *Londini Bishopius.* 1644. *in*-4°. *velin.*

52 Antonii Hulsii Authentia Absoluta S. Textûs Hebræi Vindicata contrà Criminationes. Wossii. *Rotterodami*, *Léers.* 1662. *in*-4°. *velin.*

53 Examen Præfationis Morini in Biblia Græca de Textûs Ebraïci Corruptione, cujus Autores Franciscus Taylor et Arnoldus Bootius. *Lugd. Bapt. J. Maire.* 1636. *in*-12, *v. f. filets.*

Traités sur la Religion et la Théologie des Juifs, etc.

54 Mare Rabbinicum Infidum in quo Flavignius Naufragatur, seu Quæstio Rabbinico-Talmudica, Auctore Claudio Cappellano. *Parisiis*, *Meturas*, 1667. *in*-12. *m. r. d. s. t.*

54 * Le même ouvrage ;

Imprimé *à Paris*, *chez Variquet en* 1667. *in*-12, *velin.* Voyez de Boze, pag. 52. n°. 233. *

55 Geographicæ Sacræ Pars Prior, Phaleg, seu de dispersione gentium et terrarum. Au-

thore Samuele Bochartio. *Cadomi*, *Cardonellus*, 1651. *in-fol. v. br. fig.* Belle édition. De Boze, *n°.* 61.

56 Dissertatio Gradualis de Navigatione Salomoniâ quam examinandam sistit M. L. Schepner. --- Dissertatio de Senatu Hierosolymitano vulgò Sanhedrim. --- Synedrium Judaïcum, Dissertatione Philologicâ breviter delineatum. *Upsaliæ*, *Wernerius* 1722. *in-12., v. f. d. s. t.*

57 Ex Rabbi Mosis Majemonidæ opere, quod secunda lex, sivè manus fortis inscribitur, tractatus de Consecratione Calendarum et de ratione intercalandi; ex Hebræo latinus redditus à Ludovico de Compiegne. *Parisiis*, *Promé* 1667 *et* 1669, *in-12. m. r. d. s. t.*

58 Gentilis Obtrectator, sivè de calumniis gentium in Judæos Commentatio Joh. Jacobi Huldnii. *Tiguri*, *Orellius*, 1744. *in-8°. v. m.*

59 Johannis Eberhardi Rau in Acad. Nassav. prof. prim. Diatribe de Synagogâ magnâ. *Trajecti ad Rhenum*, *Mirkoon*, 1726. *in-8°. v. f. d. s. t.* peu commun.

60 Diatribe de Origine et Causis Festorum Judæorum, à Joanne Meyero. *Amstelædami*, *Wolterf*, 1693. *in-12. v. br.*

61 Catechismus Judæorum à Rabbi Abrahamo Jagel Monte Silicis oriundo, et latinè factus a Ludovico de Compiegne de Veil, A. M. *Londini*, *Godbid*, 1679, *in-8°. v. br.* (rare) Cet ouvrage est hebreu et latin.

62 Porta Mosis, sivè Dissertationes aliquot à R. Mose Maimonide suis in varias Misnaioth sivè textus talmudici partes, Commentariis præmitsæ, quæ ad universam ferè Judæorum dis-

ciplinam aditum aperiunt : hebr. et lat. *Oxoniæ, Hall*, 1655. *in-4°. velin.*

L'Editeur est Edouard Pocockius.

63 De Sacrâ Poesi Hebræorum prælectiones academicæ oxonii habitæ à Roberto Lowth A. M. Collegii novi socio et prælectore. *Oxonii, Clavendon*, 1753. *in-4°. v. f. filet, grand papier, beau.*

64 Trium Scriptorum illustrium, de tribus Judæorum Sectis Syntagma, in quo Nicolai Ferrarii, Johannis Drusii, Josephi Scaligeri opuscula junctim exhibentur. Jacobus Triglandius diatriben de sectâ Karareorum adjecit. *Delphis*, *Beman*, 1703. *in-4°. 2 vol. v. f. d. s. t. filets, beau.*

65 Antonii Van-Dale Dissertatio super aristea de LXX interpretibus. Additur historia Baptismorum ; accedit et Dissertatio super sanchoniatone. *Amstelodami*, *Wolters*, 1705. *in-4°. v. f. filets.*

66 Apparatus historico-criticus antiquitatum sacri codicis et gentis hebrææ ; uberrimis annotationibus in thomæ Goodwini mosem et Aaronem subministravit Joh. Gott-lob Carpzov. *Francofurti*, *Gleditsch.* 1748. *in-4°. v. f. d. s. t. filets, grand papier.*

67 Liber Nizachon Rabbi Lipmanni, oppositus christianis, etc. Curante Theodorico Hackspan. *Noribergæ*, 1644. *in-4°. velin, bien conservé.* Ce livre est en hebreu et en latin.

68 Constitutiones de fundamentis Legis Rabbi mosis F. maiiemon, latinè redditæ per Guilielmum Vorstium. Hebr. et lat. *Amstelodami*, *Blaeu*, 1638. *in-4°. v. br.*

SECTION II.

LITURGIE.

Traités de la Liturgie et des Cérémonies de l'Eglise : Liturgies des Eglises particulières.

69 Joannis Friderici Liturgia Vetus et Nova, sive collatio rituum Liturgicorum Ecclesiæ Christianæ priscæ et hodiernæ, cum præfatione Joan. Philippi Slevogtii, I. C. rerumque et verborum indice pleniore. *Jenæ*, 1705. *in*-4°. *v. f.*

70 De Divinâ psalmodiâ, ejusque causis mysteriis et disciplinis tractatus; Auctore Joanne Bona. *Parisiis*, *Billaine*, 1663. *in*-4°. *v. br.*

71 De Processionibus Ecclesiasticis liber, (Auctore Jacobo Eveillon.) *Parisiis*, *Guillemot*, 1641. *in*-8°. *velin*. Rare.

72 Traités historiques de l'état primitif de l'Episcopat et des Liturgies, par David Clarkson, traduit de l'Anglois. *Rotterdam*, *Acher*, 1716. *in*-12. *v. br.*

73 Traité historique de la Liturgie sacrée ou de la Messe, par M. Lazare-André Bocquillot. *Paris*, *Anisson*, 1701. *in*-8°. *v. br.* (Falconet, n°. 440.)

74 Explication littérale, historique et dogmatique des prières et cérémonies de la Messe, par Pierre Lebrun, de l'Oratoire. *Paris*, *Delaulne*, 1726. *in*-8°. 4 *vol. v. marb. fig.*

75 Euchologion seu rituale græcorum, gr. et lat. Ex editione Jacobi Goar. *Parisiis*, *Piget*, 1647. *in-fol. cartâ max. fig. v. f. d. s. t.*

Ce superbe exemplaire est du nombre des livres les plus rares. (V. Debure n°. 196.) de Boze, n°. 74.

76 Eucologe, ou livre d'Eglise, imprimé par ordre de M. l'Archevêque de Rouen, pour les fidèles de son Diocèse. *Rouen*, *Oursel*, 1739. *in-12. m. v. d. s. t. dent. tabis*, *fig.*

77 Observations sur le Bréviaire de Cluny, par Jean-Baptiste Thiers. *Bruxelles*, *Plantin*, 1702. *in-12. v. br. 2. vol.*

C'est le plus rare des ouvrages de ce Savant. (V. Debure, n°. 217.) Nous prévenons nos lecteurs qu'ils trouveront dans ce Catalogue la collection complette des œuvres de J. B. Thiers.

78 Hymni Sacri et Novi, Autore Santolio Victorino. *Parisiis*, *Thierry*, 1689. *in-12. v. f. papier reglé.*

C'est la plus jolie édition des hymnes de Santeuil. On nous reprochera peut-être de n'avoir pas placé cet ouvrage parmi les poésies sacrées. Mais comme ces hymnes se trouvent dans tous les nouveaux Bréviaires, nous avons cru devoir les rapprocher des œuvres Liturgiques.

79 Liber Diurnus Romanorum Pontificum ex antiquissimo Codice Ms. nunc primùm in lucem editus, operâ et studio Joan. Garnerii, è Societate Jesu, qui notas dissertationesque addidit. *Parisiis*, *Edm. Martin*, 1680. *in-4°. m. r. d. s. t.*

(Voyez Guil. Cave, *Hist. Litter. Script. Eccles.* pag. 479. et *Bibliotheca Bultelliana* pag. 16, n°. 152.) Cet exemplaire est orné de notes manuscrites, très-savantes.

80 Dissertatio de Sanctissimi Sacramenti publicâ expositione et de Sacris Processionibus. P. Christiani Lupi. *Leodii*, *Hoyoux*, 1681. *in*-12. *velin*.

Voyez l'analyse de cet ouvrage dans la Biblioth. Eccl. de Dupin, qui n'a pas connu cette édition, pag. 405. 406.

81 De Sacro ritu præferendi Crucem majoribus prælatis, Authore Andreâ Dusaussay. *Parisiis*, *Rob. Stephanus*, 1628. *in*-4°. *velin*.

82 Histoire des perruques contre celles des ecclésiastiques, par J. B. Thiers. *Paris*, 1690. *in*-12. *v. br.*

83 Clericus Deperrucatus, Autore Annæo Rhisenno Vecchio. *Amstelodami*, *Barents*. (*Circà annum* 1728.) *fig. in*-12. *v.*

84 L'Antiquité des cérémonies qui se pratiquent dans l'administration des Sacremens, par M..... Docteur en théologie. *Paris*, *Remy*, 1593. 2 *tom. en* 1 *vol. in*-12. *v. br.*

85 Traité des Cloches et de la Sainteté de l'Offrande du pain et du vin aux Messes des morts, par J. B. Thiers. *Paris*, *Denully*, 1721. *in*-12, *v. br.* rare.

86 Dissertation sur le Porche des Eglises, par le même J. B. Thiers. *Orléans*, *Hotot*, 1679. *in*-12. *v. br.*

87. Dissertations sur les Messes quotidiennes, et sur la Confession, par M. J. Grancolas, *Paris*, *Fournier*, 1715. *in*-12. *v. br.*

88 Traité de l'Exposition du S. Sacrement de l'Autel, par Jean-Bapt. Thiers. *Paris*, *Dezallier*, 1679. *in*-12. 2 *vol. v. br.*

SECTION III.

SECTION III.

CONCILES.

Traités généraux de la célébration des Conciles.

89 Synodia Ugonia Episcopi Phamaugustani de Conciliis. *Venetiis*, 1563. *m. r. in-fol. d. s. t. gothique.*

L'Auteur de cet ouvrage est Mathias Ugonius, Evêque de Famagouste. L'édition que nous citons est conforme à celle que Debure a décrite au n°. 223. (très-rare.) Voyez de Boze, n°. 73.

90 Analyse ou idée générale des Conciles Ecuméniques et particuliers. *Cologne*, *Egmond*, 1706. *in-8°. 2 vol. v. br.*

91 Traité de l'Etude des Conciles et de leurs Collections, avec un Catalogue des principaux Auteurs qui en ont traité. *Paris*, *Lamesle*, 1724. *in-4°. v. b. grande marge.*

Collections de Conciles. Canons et Traités des Conciles et Synodes.

92 Omnium Conciliorum Historica Synopsis, eorumdem proximæ editioni præmissa, studio R. P. Philippi Labbe. *Lutetiæ*, 1661. *in-4°. v. f.* beau.

Cet ouvrage sert de préambule à la fameuse Collection des Conciles du P. Labbe.

93 Reverendissimi in Christo Patris D. Dominici. Card. Jacobatii de Concilio tractatus.

Romæ, *Bladus*, 1538. *in-fol. m. r. d. s. t. gothique.*

Cette édition originale est fort rare. (Voyez Debure, n°. 227.)

94 Dissertationes in Concilia generalia et particularia, authore Ludovico Thomassino, Præsbytero Congregationis Oratorii Domini Jesu. *Lutetiæ*, *Cramoisy*, 1667. *in-4°. m. r. d. s. t. avec les cartons.* (très-rare.)

95 Historia Conciliorum Generalium, in quatuor libros distributa, auctore Magistro Edmundo Richerio, Doctore ac Socio Sorbonico. *Coloniæ*, *Hetsingh*, 1683. *in-4°. v. f.* 3 *vol.* (peu commun.)

96 Acta Scitu dignissima, doctèque concinnata Constantiensis Concilii Celebratissimi. *Hagenow*, *Gran*, 1500. *in-4°. gothique. v. f.* (rare.)

97 Leonis Allatii de Octavâ Synodo Photianâ. Annexa est Joannis-Henrici Hottingeri disputationis apologeticæ, de Ecclesiæ Orientalis atquè Occidentalis dissensu refutatio. *Romæ*, *Typ. Propag.* 1662. *in-8°. m. r.*

98 Dissertation critique et théologique sur le Monothélisme et sur le sixième Concile général, par Corgne. *Paris*, *Ve. Mazieres*. 1741. *in-12*, *m. bl. d. s. t. dent.*

99 Les Canons des Conciles de Tolede, de Meaux, de Mayence, d'Oxfort, et de Constance. Advis et Censures de la Faculté de Théologie de Paris, etc. (par Simon Vigor.) 1615. *in-8°. velin*, vieux.

(Voyez la Bibliothèque historique du P. Lelong, nouv. édit. tom. 1, pag. 492, col. 1, et 2, au n°. 7236.

100 Canones et Decreta Sacrosancti Œcumenici et generalis Concilii Tridentini. *Antuerpiæ*, *Silvius*, 1564. *in-8°. m. r. d. s. t.*

Cette édition est aussi belle que rare, on y trouve l'opposition que trois Evêques firent au Légat qui demandait que ce Concile fût confirmé par le Pape.

101 Le Sainct, Sacré, universel et général Concile de Trente, légitimement signifié et assemblé souz noz Saincts Peres les Papes, Paul III, l'an 1545, 1546 et 1547. Jules III, l'an 1551 et 1552, et souz nostre Sainct Pere Pius Quatriesme, 1562 et 1563. Traduict du latin en françois, par Gentian Heruet, d'Orléans, Chanoine de Rheims. *Rheims*, *Foigny*, 1566. *in-8°. m. r. d. s. t. dent.*

L'auteur des Essais de Littérature (1702) s'est trompé, lorsqu'il a avancé que l'opposition des trois Evêques ne se trouvait que dans cette Traduction : elle est dans l'édition latine citée au numéro précédent, elle est encore dans plusieurs autres éditions latines et versions françaises. (De Boze n°. 83.)

102 Le même ouvrage. *Paris*, *Delanoue*, 1601. *in-12*, *v. f. d. s. t.*

Cette édition est aussi complette que la précédente.

103 Dieguy Payvæ Dandradæ, defensio tridentinæ fidei Catholicæ et integerrimæ, quinque libris comprehensæ. *Ingolstadii*, *Sartorius*, 1580. *in-8°. 2 v. m. r. d. s. t.*

Cette édition, dont les Exemplaires sont rares, a été augmentée de l'Index et des Sommaires. Elle fut imprimée trois ans après celle de Lisbonne que Debure cite sous le n°. 233.

104 Notes sur le Concile de Trente, touchant les points les plus importants de la discipline Ecclésiastique, et le pouvoir des Evêques, avec une Dissertation sur la reception et l'autorité de ce Concile en France. *Cologne, Egmont*, 1706. *in*-8°. *v. br.*

105 Instructions et Missions des Rois très-chrétiens de France et de leurs Ambassadeurs, et autres pièces concernant le Concile de Trente, pris sur les originaux. 1608. *in*-8°. *v. f.*

106 Traité de la reception et de l'autorit' du Concile de Trente en France. *Mst. in*-4° *v. br.*

Ce manuscrit a été imprimé à la fin de l'histoire d Concile de Trente par Fra-Paolo ; à la fin des note d'Étienne Rassicod, mais avec quelques différences.

107 Lettres et Mémoires de François de Vargas de Pierre de Malvenda, et de quelques Evêque d'Espagne, touchant le Concile de Trente traduit de l'Espagnol, par Michel le Vasso *Amsterdam, Pierre Brunel*, 1699. *in*-8°. *v. br. fi*

108 Dissertation sur le Concile de Trente dans laquelle on prouve que le Concile génér est au-dessus du Pape dans les matières de l foi. Par M. de V..... *Amsterdam, Chevalier* 1702. *in*-12. *v. m. petit format.*

Cet ouvrage est écrit par un Auteur protestant ; il rassemblé tout ce que M. Dupin a dit de plus hardi da sa Bibliothèque.

109 De Tribus Historicis Concilii Tridentin autore Cæsare Aquilinio. *Amstelodami, Weyer traten*, 1662. *in*-12, *v. f. d. s. t.*

SECTION IV.

SAINTS PÈRES

Et Ecrivains Ecclésiastiques.

110 Synopsis Locorum Sacræ Scripturæ; Patrum et quorumdam Theologorum. Collegit Simplicius Christiano-Catholicus. *Amstelædami*, *Elzevir*, 1650. *in*-12. *velin*.

On croit que Jonas Schlichlingius a caché son nom sous celui de Simplicius : quoiqu'il en soit, ce livre est savant et rare. Voy. la note que l'Abbé Rive y a placée au commencement.

111 Sancti Iræneï Ep. Lugdunensis Fragmenta Anecdota quæ ex Bibliothecâ Taurinensi eruit et auxit Christophorus Matthæus Pfaffius. *Hagæ Comitum*, *Scheurlerius*, 1715. *in*-8°. *v. br.*

112 Q. Septimii Florentii Tertulliani Apologeticus ad Codices Mstos. et Editiones Veteres Castigatus, studio Sigeberti Havercampi. V. D. Ministri. *Lugd. Batavor. Severinus*, 1718. *in*-8°. *velin*, *fig.*

113 Minucii Felicis Octavius cum integris omnium notis ac Commentariis, novâque recensione Jacobi Ouzeli. *Lugduni Batavorum*, *Hackius*, 1672. *in*-8°. *v. m. filets.* (Debure, n°. 282.)

114 M. Minucii Felicis Octavius, cum integris variorum notis et recensione Jacobi Gronovii. accedunt Cæcilius Cyprianus de Vanitate Idolorum et Julius Firmicus Maternus de errore profanarum religionum. *Lugd bat.* 1709. *in*-8°. *fig.* (de Boze, n°. 92.)

115 Sanctorum Præsbyterorum Salviani Massiliensis et Vincentii lirinensis opera, edita à Stephano Baluzio. Editio tertia. *Parisiis*, *Muguet*, 1684. *in* 8°. *v. m. filets.*

116 Firmiani Lactantii Epitome institutionum divinarum ad pentadium fratrem. Anonymi historia de hæresi Manichæorum et Q. Julii Hilariani expositum. Edidit Christophorus Matthæus Pfaffius. *Parisiis*, *Delespine*, 1712. *in*-8°. *v. m.*

Debure ne décrit pas cette édition. Voyez sa Bibliographie, n°. 291. = 295.

117 Arnobii disputationum adversùs gentes libri septem. Minucii Felicis octavius, curâ fulvii ursini, Romana editio posterior et emendatior. *Romæ*, 1583. *in*-8°. *velin.*

118 Traité de la Morale des PP. de l'Eglise, par Jean Barbeyrac. *Amsterdam*, *Uytwerf* 1728. *in*-4°. *v. br.*

119 De Veris operibus Sanctorum Patrum Leonis Magni et Prosperi aquitani dissertationes criticæ, a Josepho Antelmio præsb. et canonico forojuliensi. *Lutetiæ*, *Dezallier*, 1689. *in*-4°. *v. br. grand papier.*

120 Joannis Harduini opera selecta. *Amstelodami*, *Delorme*, 1709, *in-fol. v. br. grand papier*, beau.

121 Ejusdem Harduini opera varia. *Amstelodami*, *Dusauzet*, 1733, *in-fol. velin vert*, *fig. grand papier.*

Quelques Catalogues placent les œuvres du Père Hardouin, parmi les Polygraphes.

122 Joannis Gaspari Suiceri, Thesaurus Ecclesiasticus è patribus græcis, ordine alpha-

betico, exhibens quæcumque phrases, ritus et hujusmodi alia spectant. *Amstelædami*, *Wetstenius*, 1728. *in-fol. v. br.*

123 Lucii Cæcilii Firmiani Lactantii opera omnia. Editio novissima à J. Bapt. Lebrun et Lenglet Dufresnoy. *Lutetiæ*, *Debure*, 1748. *in*-4°. 2. *v. v. f. d. s. t. grand papier d'Hollande*. Edition superbe. (Debure n°. 294.)

124 Caii Sollii Apollinaris opera. *Parisiis*, *Plantin*, 1599. *in*-4°. *velin*. (Voyez Debure, n°. 2860.)

125 Origenis contrà Celsum libri octo. Ejusdem Philocalia, cum notis Gulielmi Spenceri. gr. et lat. *Cantabrigiæ*, *Field*, 1658. *in*-4°. *v. b.*

126 Divi Chrisostomi Epistola ad Cæsarium monachum, cui adjunctæ sunt tres Epitolicæ dissertationes; authore J. Basnage. *Rotherodami*, *Acher*, 1687. *in*-12. *v. br.*.

127 Spicilegium Sanctorum Patrum ut et Hæreticorum sæculi post Christum natum I, II, et III. grec et lat. cum notis J. Erneti Grabe. Oxonii è theatro Sheldoniano, 1698 et 1699. 2 *vol. in*-8°. *Chartâ Magnâ. m. r. filets d. s. t.*

(Voyez Debure, n°. 254.)

SECTION V.

THÉOLOGIE.

Théologiens Scholastiques. Traités des Sacremens; des Supertitions, etc.

128 Johan. Laur. à Moshein Elementa Theologiæ dogmaticæ in academicis quondam præ-

lectionibus proposita. Editio altera. *Norimbergæ*, *Monath*, 1764. *in-8°. 2 vol. d. s. t. v. f.*

129 Varii tractatus et disputationes de eo quod sit utile atque necessarium, nonnullas secum pugnantes scholasticorum Scriptorum opiniones, licet in iis quæ sunt fidei summa sit inter illos concordia, ad decretorum Concilii Tridentini normam conciliare et corrigere. Authore R. P. C. de Capite fontium, Archiep. Cæsariensi. *Parisiis*, *Sittart*, 1586. *in-8°. m. bl. d. s. t.*

(V. Debure, n°. 388.) L'exemplaire de l'Abbé Rive est complet. On y trouve la feuille E pag. 33 à 40, et à la fin du livre on a ajouté la feuille d'un autre traité de cet Auteur que l'on a substituée à celle-ci dans la plupart des exemplaires.

130 Parasceve généralle à l'exact examen de l'institution de l'Eucharistie : contre la particulière, interprétation des religionnaires de nostre temps. Par Révérend Père F. J. Porthaise, Théologal de l'Eglise de Poictiers. *Poictiers*, *Blanchet*, 1602. *in-8°. m. r. d. s. t.*

Ce livre, excessivement rare, a été inconnu à Wading et à Dupin. Moreri l'a cité sans le connaître, puisqu'il dit que son auteur a latinisé son nom dans tous ses ouvrages français : on a la preuve du contraire dans celui-ci. Il est cité dans le Catalogue des livres de MM. de Thou à la page 70 du tom. 1.

131 Summaria seu Epitomata CXXIIII Capitulorum operis XC dierum M. Guilhelmi de Ockan diligenter collecta. *Lugduni*, *Trechsel*. 1496. *in-fol. relié en carton.*

Debure n'a pas cité cet Index qui est assez rare.

132 Gerh. Von Mastricht Susceptor, seu de Susceptoribus

Susceptoribus infantium ex Baptismo Schediasma. *Duisburgi*, *Sas*, 1670. *in*-12. *v. br.*

C'est un livre très-rare ; l'Abbé Rive n'avait jamais vu que cet exemplaire. Il est au Catalogue de Falconet, sous le n°. 909.

133 Francisci Collii de Sanguine Christi libri quinque in quibus de illiûs naturâ, effusionibus ac miraculis copiosè disseritur. *Mediolani*, *è Collegii Ambros. Typ.* 1617. *in*-4°. *m. b. d. s. t.*

Voyez en la description au n°. 422 de la Bibliographie de Debure, de Boze n°. 123.

134 Pentateuchum fidei, sivè volumina quinque de Ecclesiâ, de Conciliis, de Scripturâ Sacrâ, de traditionibus et de Romano Pontifice. Auctore F. Antonio Perez. *Matriti*, *Tazo*, 1620, *in-fol. m. r. d. s. t.*

La rareté de cet ouvrage le rend très-précieux. (Voy. Debure, n°. 423. de Boze, n°. 126.)

135 Tractatus historico-politicus de judiciis Dei, Autore Joh. Christophoro Becmano. *Francofurti*, *André*, 1687. *in*-12. *v. br.* (Catalogue de Falconet, n°. 1025.)

136 Disquisitio Theologica de Sanguine Corporis Christi post resurrectionem ad Epistolam CXLVI Sancti Augustini, (Auctore Jacobo Boileau.) *Parisiis*, *Gab. Martin.* 1681. *in*-8°. *v. br.*

Ouvrage rare et curieux ; Voy. Niceron, tom. 12, p. 136. Cet exemplaire était un de ceux que le Cardinal le Tellier avait légué à l'Abbaye Ste. Geneviève de Paris.

137 Vitæ ac mortis humanæ terminalia, à Theophilo Raynaudo. *Aquis*, *Monerius*, 1652. *in*-8°. *velin.*

138 Petri de Marca, Archiepiscopi Parisiensis, dissertationes tres, editæ à Stephano Baluzio. *Parisiis*, *Muguet*, 1669, *in*-8°. *v. m.*

139 Opuscula Petri de Marca Archiepiscopi Parisiensis. *Parisiis*, *Muguet*, 1681. *in*-8°. *grand papier. v. br.*

140 Cogitationum novarum de primo et secundo Adamo, sivè de ratione salutis per illum amissæ, per hunc recuperatæ compendium. *Amstelædami*, *Aspidius*, 1700. *in*-12. *m. r. d. s. t.*

141 De purgatorio igne adversus Barlaam Petri Arkudii. *Romæ*, *Typ. Propag.* 1637. (l'Auteur est *Pantaléon Ligaridius*;) cet ouvrage est grec et latin. --- Utrùm detur purgatorium, et an illud sit per ignem, Auctore Petro Arcudio, Corcyræo. *Romæ*, *Propag.* 1632. *in*-4°. *v. f.* (Voy. Debure n°. 451 et 452. Il n'a pas connu l'auteur.

142 Georgii Callixti Theolog. de Conjugio Clericorum, tractatus. *Francofurti*, *Beckenstein*, 1653. *in*-4°. *v. f. filets.*

143 Gasparis Ziegleri de Diaconis et Diaconissis Veteris Ecclesiæ liber Commentarius. *Witebergæ*, *Hæredes Fincelii*, 1678. *v. br. in*-4°.

144 Gasparis Ziegleri de Episcopis et eorum juribus privilegiis et vivendi ratione. *Norimbergæ*, *Hoffmann.* 1686. *in*-4°. *v. f. d. s. t.*

Ces deux ouvrages appartiennent à la Jurisprudence Canonique. Nous les avons placés ici parce que leur ordre dans la Bibliothèque a presque nécessité ce déplacement.

145 Lucerna Fidelium, seu fasciculus decerptus

ab authoribus magis Versatis qui tractarunt de Doctrinâ Christianâ, authore F. Francisco Molloy, Hiberno Medensi. *Romæ*, *Typ. Propagand.* 1676. *in-8°. m. citron*, *d. s. t.*

Ce livre écrit en langue Irlandaise et en caractères particuliers, est cher et aussi rare que le N. Testament Basque, cité au n°. 10 de ce Catalogue.

146 Histoire des Cérémonies et des Superstitions qui se sont introduites dans l'Eglise. *Amsterdam*, *Bernard*, 1717. --- Préservatif contre le changement de religion. *Amsterdam*, 1717. Ratramne ou Bertrand, Prêtre, etc. 1717. *in-12. m. r. d. s. t.*

147 De Corpore et Sanguine Domini liber Ratramno ceu Bertramo assertus, etc. (Authore Jacobo Boileau) *Parisiis*, *Musier*, 1712. *in-8°. v. br.*

148 De Personali unione duarum naturarum in Christo et ascensu Christi in Cœlum, Auctore J. Brentio. *Tubingæ*, *Vid. Monhardi*, 1561. *in-4°. non relié.*

149 Ratramne ou Bertrand, Prêtre, du Corps et du Sang de J. C. *Amsterdam*, 1717. *in-12. v. m. filets.*

On trouve à la page 77 de ce livre le nombre des éditions qui en ont été faites en différens temps.

150 Traité de la Doctrine Chrétienne et orthodoxe, par Louis-Ellies du-Pin. *Paris*, *Pralard*, 1703. *in-8°. v. br.*

151 Traité des Excomunications, par M. PHBT. C. (Collet.) *Dijon*, 1683. *in-12. v. br.*

152 De Communione Veteris Ecclesiæ Syntagma ex Bibliothecâ Joannis Jonstoni Doct-

Medici. *Amsteledami* , *Elzevir* , 1658. *in*-16. *v. br.*

On pourrait rapporter ce traité aux Antiquités. Nous l'avons placé ici, parce qu'il traite de la Communion qui fait partie des Sacremens.

153 Opere del Padre Paolo dell'ordine de' Servi. *Venetia*, *Meietti*, 1677. *in*-12. 5 *vol. velin*.

154 Histoire des cinq propositions de Jansenius. *Trevoux*, *Ganeau*, 1702. *in*-12. 2. *tom. en* 1 *vol. v. br.*

Cette édition est la plus estimée : on la préfère à celles des années 1700 et 1699. L'auteur est Hilaire Dumas. (Debure, n°. 409.)

155 Josephi Olim Proregis Religio à criminationibus basnagii vindicata. Dissertatio Casti innocentis Ansaldi, ordinis prædicatorum. *Brixiæ*, *Bossinus*, 1747. *in*-8°. *v. m.*

Ce livre n'est pas commun.

156 Andreæ Riveti Theologica dissertatio de origine Sabbathi. *Lud. Batav. Commelinus*, 1633. *in*-24. *velin.*

157 Dissertations sur diverses matières de religion et de philologie, par M. l'Abbé de Tilladet. *Paris*, *Fournier*, 1712. *in*-12. 2. *vol. v. br.* (Falconet, n°. 827.

158 Les Provinciales (par Blaise Pascal) ou lettres écrites par Louis de Montalte à un Provincial de ses amis. Sixième édition. *Cologne*, *Schoute*, 1666. *in*-12. *v. br.*

Quoique cette édition porte le nom de *Schoute*, elle est des Elzevirs ; on la trouve difficilement ; Debure ne l'a pas citée. Il ne faut pas la confondre avec celle de 1669 qui est la septième édition d'un ouvrage fameux et si souvent réimprimé.

159 De l'ancienne coûtume de prier et d'adorer debout le jour du Dimanche et de Fête, et durant le temps de Pâque. *Liège*, *Wan-Rhyn*, 1700. *in*-12. 2. *vol. v. m.*

L'Auteur de ce livre est Jean le Lorain et non pas Jean Lorin. Voy. Osmont, tom. 1, p. 416.

160 Disquisitio theologica quæstionis famosæ, novæ et singularis, an Cephas quem reprehendit S. Paulus, fuerit S. Petrus? studio Jacobi Boileau. *Parisiis*, *Vincent*, 1713. *in*-12. *v. br.*

161 Traitez singuliers et nouveaux contre le paganisme du Roy-boit, par Jean Deslyons. *Paris*, *Ve. Savreux*, 1670. *in*-12. *v.b.* (Debure, n°. 440.)

162 Dissertation sur les mots de Messe et de Communion, par Dom Claude de Vert. *Paris*, *Florentin*, 1694. *in*-12. *v. br.*

163 Joannis-Francisci Budæi Theol. Doct. isagoge historico-theologica ad theologiam universam, singulasque ejus partes, novis supplementis auctior. *Lipsiæ*, *Fritschius*, 1730. *in*-4°. *v. f. d. s. t.* 2. *vol. filets.*

164 Joannis Fabricii Amænitates Theologicæ. Huic editioni accedunt IV Orationes et CCXXIV, Paradoxa. *Helmestadii.* 1689, *in*-4°. *v. m.*

Le titre est fait à la main, il imite supérieurement les caractères typographiques.

165 De primitivæ et priscæ Ecclesiæ Sacris publicis templis et diebus festis Enchiridion, operâ Joachim Hildebrandi. *Helmestadii*, *Muller*, 1652. --- De precibus Veterum Christianorum. 1655. --- Discussio Hæreseon Aerii. 1656. --- Rituale Orantium, vel compendium

veterum orandi rituum, 1656. --- De Veterum Concionibus. 1661. --- De Nuptiis Veterum Christianorum. 1661. --- Ars benè Moriendi, sivè de Veteris Ecclesiæ Martyribus. 1661. --- De Episcopis et de juribus Episcopalibus. 1662. *Le tout relié en un volume in-4°. v. br.*

166 De Sacris Ecclesiæ ordinationibus secundum antiquos et recentiores latinos, græcos, etc. à Joanne Morino. *Antuerpiæ* 1709. *in-fol. gr. et lat. d. s. t. v. f. filets*, beau.

(Debure, n°. 432.)

167 Francisci Collii de animabus paganorum, libri quinque. Editio secunda. *Mediolani*, *Richini*, 1738. *in-4°. 2 tom. en 1 vol. v. m. d. s. t. filets*, belle reliure.

Voyez Debure, n°. 448, pour l'historique des éditions de cet ouvrage.

168 Joan. F. Budæi Miscellanea Sacra. *Jenæ*, *Bielckius*, 1727. *in-4°. 3. vol. v. br. filets*, *d. s. t.*

169 Joan. Fr. Budæi Meditationes Sacræ. Recensuit et præfationem de mortuorum resurrectione adjecit M. Joh. David Leonhardus. *Jenæ*, *Ritterus*. 1725. *in-4°. v. br. d. s. t. filets.*

170 Hyeronimi Magi Anglarensis, de mundi exustione et die judicii libri quinque. *Basileæ*, *Henric. Petri*. 1562. *in-fol. m. v. d. s. t. filets.* (Falconet, n°. 1031.)

171 De Miraculis, libellus. Editio nova, auctore Phileleuthero Helvetio. *Edimburgi*, *Fox*. 1755. *in-8°. v. f. d. s. t. filets.* (Falconet n°. 962.

172 Eduardi Pocockii notæ Miscellaneæ,

curâ M. Christiani Reineccii. *Lipsiæ*, *Lanckisius*, 1705. *in*-4°. *v. br.*

Ces notes furent d'abord imprimées à Oxfort en 1655, sans les Commentaires de Reineccius. On peut regarder ce livre comme un second tome ; il est curieux par l'Index qu'il contient, et par l'Histoire de l'Auteur et de son ouvrage.

173 Defensio Fidei nicænæ, authore Georgio Bullo, Præsb. Anglicano. *Oxonii*, *Typ. Scheldonianis*, 1688. *in*-4°. *v. br.*

174 Assumptio Mariæ Virginis Vindicata à Jacobo Gaudino. *Parisiis*, *Muguet*, 1670. *in*-12. *v. br.*

175 De Disciplinâ arcani contrà disputationem Ernesti Tentzelii, dissertatio apologetica, per Emmanuelem à Schelstrate. *Romæ*, *Typ. Propag.* 1685. *in*-4°. *broché en carton.*

176 Elementa Theologica Caroli Duplessis d'Argentré. *Parisiis*, *Vid. Thiboust.* 1702. *in*-4°. *v. f. filets.*

177 Les Mœurs des Chrétiens, par M. Fleury. *Bruxelles*, *Broncart*, 1732 *in*-12. *v. f.*

178 Regle génerale de la Foi Catholique, par Fr. Veron. *Lyon*, *Anisson*, 1674. *in*-12. *v. br.*

179 Opuscula Theologica nova Nicolai Vedelii. *Franequerræ*, *Arcerius*. 1641. *in*-12. *velin.*

Ce livre est estimé et très-rare en France. — Voyez les notes que l'Abbé Rive y a placées sur le premier feuillet.

180 Hieronymi Savonarolæ triumphus Crucis

sive de Veritate Fidei. Lib. IV. *Lugd. Batavor*, *Maire* 1633 *in*-12. *v. br.*

Peu de gens connoissent l'Editeur de cet excellent traité. C'est Jean Ballesdens, Abbé et Avocat au Parlement de Paris, mort en 1675. Voyez la nouvelle édition de Morery, pag. 63, tom. 2.

181 De Diluvii universalitate dissertatio prolusoria. *Genevæ*, *Columerius*, 1667. *in*-12. *v. f. filets*, *d. s. t.*

On peut ranger ce livre parmi les critiques ou parmi les hétérodoxes.

182 De Baptismi antiquo usu ab Ecclesiâ instituto, dissertatio duplex, F. Joannis Nicolai, *Parisiis*, *Joan. Couterot*, 1668. *in*-12. *v. br.*

183 Petri de Marca dissertationes posthumæ, 1669. *in*-12. *v. b. filets doré sur plat.*

184 Joannis-Baptistæ Thiers Exercitatio adversùs Joh. Delaunoy dissertationem de autoritate negantis argumenti. *Parisiis*, *Lesourd*, 1662. *in*-8°. *velin* (rare.) Voy. Rothelin, n°. 767.

185 Ejusdem defensio adversùs Joh. Delaunoy appendicem, in quâ defensione Launoii fraudes, mala fides et inscientia aperiuntur. *Parisiis*, *Leonard*, 1664. *in*-8°. *velin*, rare.

186 Libri de Clericorum Sanctimoniâ, autor Cl. de Paris, Theologo. *Parisiis*, *Durand* 1650 *in*-8°. *velin*.

187 De Descensu J.C. ad inferos tractatus theologicus ac scholasticus. à J. Rodolpho Lavatero *Francofurti*, *Biermann*. 1610. *in*-8°. *velin*. livre rare.

188 Joan. Franc. Budæi Theol. Doct. institutiones theologicæ variis observationibus illustratæ. *Francofurti*, 1741. *in*-4°. 2 *vol. v. f. d. s. t.*

189 Observations sur l'histoire et sur les preuves de la Resurrection de J. C. Ouvrage traduit de l'Anglais de M. le Chevalier Gilbert West, sur la quatrième édition. *Paris*, *Tilliard*, 1757. *in*-12. *v. m.*

190 Paracletus seu de rectâ illiûs nominis pronunciátione tractatus, à Magno Benigno Sanrey. *Parisiis*, *Lebouc*, 1643. *in*-8°. *velin.*

Ce livre est bon, curieux et rare. Il ne se trouve que dans les Cabinets des amateurs. *Note de l'Abbé Rive.*

191 Traité des Superstitions, par J.B. Thiers. Troisième édition. *Paris*, *Dezallier*, 1712. *in*-12. 4 *vol. v. b.* (Debure, n°. 437.)

192 De Vicinitate extremi judicii et consummationis sæculi libri duo, authore Joanne-Frederico Lumnio, Pastore Antuerpiensi. *Antuerpiæ*, *Keerbergius*, 1594. *in*-12. *velin.*

Cette édition qui annonce le jugement dernier pour l'année 1613, est très-rare. Il ne faut pas confondre cet ouvrage avec un autre du même auteur : *De extremo Dei judicio*; Venise in-8°. 1569.

193 Traité historique des excommunications (par Dupin.) *Paris*, *Js. Estienne*, 1715. *in*-12. 2 *vol. v. br.*

194 De Festorum dierum imminutione liber à J. Bap. Thiers. *Lugduni*, *Guillimin*, 1668. *in*-12. *v. br.* (Falconet n°. 1008.)

195 Joannis Morini opera posthuma cum lucæ Hotstenii dissertationibus duabus. *Lutetiæ*, *Delaulne*, 1703. *in*-4°. *v. br. portraits.*

196 Essai sur les Erreurs et les Superstitions, par M. L. C. *Amsterdam*, *Arkée et Merkus*, 1765. *in*-12. *v. m.*

197 Le Directeur d'un jeune Théologien. *Paris*, *Babuty*, 1723. *in*-12. *v. b.*

198 Exercitatio de Stoicâ mundi exustione à M. Jacobo Thomasio. *Lipsiæ*, *Lanckisius*, 1676. *in*-4°. *v. f. filets.*

199 Tractandæ ac perdiscendæ theologiæ ratio. *Parisiis*, *Prault*, 1758. *in*-12. *v. m.*

200 De Inferno et Statu Dæmonum antè mundi exitium ab Antonio Rusca. *Mediolani.* 1621. *in*-4°. *v. f.*

Théologie Catéchetique et Parénétique, *Catéchismes et Sermons.*

201 Catechesis Ecclesiarum Polonicarum, per Johannem Crellium Francum, etc. *Stauropoli*, 1680. *in*-8°. *v. br.*

Ce livre, qui est très-rare, est rempli d'erreurs ; on pourrait le placer parmi les livres Hétérodoxes.

202 Sermones Aurei de Sanctis, Fratris Leonardi de Utino, Sacræ Theologiæ Doctoris, ordinis prædicatorum. *Colonie*, *Kolhof*, 1473, *in-fol. Goth. m. bl. d. s. t.*

Debure cite une autre édition antérieure à celle-ci de sept années. Voy. sa *Bibliographie*, tom. 1, pag. 325, n°. 512.

203 Sermons sur diverses matières importantes, par feu M. Tillotson, traduits par J. Barbeyrac. *Amsterdam*, *Humbert*, 1722. *in*-12. *6 vol. v. br.*

Théologie Morale, Controverse.

204 Joan Francisci Budæi Institutiones Theologiæ moralis. *Lipsiæ*, *Fritsch*, 1727. *in*-4°. *v. f. d. s. t. filets.*

205 Joannis Dallæi de Jejuniis et Quadragesimâ liber. *Daventriæ*, *Columbius*, 1654. *in-8°*. *velin.*

206 Joannis Launoii Constantiensis Elogium unà cum ejusdem notationibus in censuram duarum propositionum A. A. D. S. *Londini*, *Playford.* 1685. *in-12. v. br.*

207 Magni Theologi Salani historia critica theologiæ Dogmaticæ et Moralis. *Francofurti ad Mænum*, 1724. *in-40. v. b. d. s. t. filets.*

208 Joannis Dallæi de usu patrum ad ea definienda Capita Religionis quæ sunt hodie controversa. Libri duo latinè è gallico nunc primùm à J. Mettayero redditi, ab auctore recogniti et emendati. *Genevæ*, *Chouet.* 1655. *in-4°. v. b. filets*, *d. sur plat.* (rare.)

209 Idem Opus ex Editione Genevensi anni 1686. *in-4°. v. br.*

210 Apologia pro SS. Ecclesiæ patribus adversùs Joan. Dallæum de usu patrum. Authore Mathæo Scrivenero. *Londini*, *Wells*, 1672, *in-4°. v. f.* (rare.)

211 Historia Confessionis auricularis, ex antiquis Scripturæ, Patrum, Pontificum et Conciliorum monumentis. Autore Jac. Boileau. *Lutetiæ*, *Edm. Martin.* 1684. *in-8°. v. b.*

212 L'Avocat des Pauvres, par J. B. Thiers. *Paris*, *Dupuis*, 1676, *in-12. v. b.*

213 Disquisitio de mutuo quo probatur non esse alienationem. Auctore S. D. B. *Lugd. Batavor. Maire.* 1645. --- Epistola C. Ann. Fabroti de mutuo cum responsione Cl. Salmasii ad Ægidium Menagium. *Lugd. Bat. Maire*, 1645. --- Confutatio Diatribæ de mutuo, Auctore J. Jacobo, Vissembachio. *Ibid* 1645. --- Elenchus

de mutuo Joh. Ottonis Tabor. *Lugd. Bat. Maire*, 1644. *in*-8°. *velin.*

Ces ouvrages sont théologiques autant que relatifs à la Jurisprudence.

Théologiens Mystiques.

214 Consolatorium Theologicum à Joanne de Tombaco. *Parisiis*, 1493. *in*-12. *v. f. d. s. t.*

215 Le Paradis intérieur du Cœur de l'Homme Chrétien, par un Serviteur de Dieu. *Caen*, *Jouanne*, 1674. *in*-12. *fig. v. f. d. s. t.*

216 De la plus solide, la plus nécessaire et souvent la plus négligée de toutes les dévotions (l'Amour de Dieu,) par J. B. Thiers. *Paris*, *Denully*. 1703. *in*-12. 2 *vol. v. br.* (Voy. Debure, n°. 556.)

217 Méditations Chrétiennes. *Vienne*, *Trattner*, 1764. *in*-8°. *m. r. d. s. t. dentelles*, *papier lavé et reglé.*

Cet exemplaire avait été donné au Duc de S. Aignan par Mad. la Dauphine en 1764. Il est dans le Catalogue des livres de M. de S. Aignan, n°. 46, pag. 4. On croit que le Dauphin, père de Louis XVI avait composé cet ouvrage.

218 Forma Veræ religionis quærendæ et inveniendæ, liber unus, Auctore P. R. Michaele de Elizalde. *Neapoli*, *Passerus*, 1662. *in*-4°. *m. r. d. s. t.* (Debure, n°. 584.) Ouvrage très-rare.

Théologie Polémique.

219 Jacobi Frederici Reimmanni, historia universalis atheismi et atheorum. *Hildesiæ*, *Schroeder*, 1725. *in*-8°. *v. marb. d. s. t.*

220 Dissertations sur l'union de la religion, de la morale, et de la politique, tirées d'un ouvrage de M. Warburthon, (par M. de Silhouette.) *Londres*, *Darrés.* 1742. *in*-12. 2 *vol. m. r. d. s. t.*

(Voyez le Catalogue de Falconet, n°. 1254.)

221 Petit traité de Vincent Lirinensè pour la vérité et antiquité de la foi catholique, mis en nostre langue vulgaire, par G. Ruzé. *Paris*, *Vascosan*, 1561. *in*-8°. *v. f.*

222 Hugo Grotius de Veritate Religionis Christianæ ; editio nova. *Parisiis*, *Cramoisy*, 1640. *in*-12. *v. écaillé*, *filets.*

Grotius avait écrit cet ouvrage en sa langue maternelle. Il le traduisit lui-même en latin pour l'Abbé Bignon et le lui dédia. L'édition la plus recherchée est celle de Jene en 1727, *cum notis Variorum*. Debure ne cite que celle de Leyde en 1662 in-12, n°. 579. Le Catalogue de MM. de Thou en cite un autre de Leyde en 1633, n-16.

223 Traité de la vérité de la religion chrétienne, traduit du latin de Grotius, par P. Lejeune, avec deux dissertations de M. Leclerc. *Amsterdam*, *Ledet*, 1728. *in*-12. *v. m.* (Debure, n°. 580.)

224 L'avoisinement des Protestans vers l'Eglise Romaine, par M. l'Evesque de Belley, (J. P. Camus.) *Rouen*, *Ferrand*, 1648. *in*-8°. *velin.*

C'est ici la seconde édition. La première est de 1640 à Paris. Ces deux là sont les plus rares. Richard Simon en a donné une troisième édition à Paris en 1703. in-12. sous le titre de Moyens de réunir les Protestans avec l'Eglise. Voyez le Catal. de Falconnet, n°. 1311 et 1312.

225 Dissertation sur les Semiariens, dans laquelle on défend la nouvelle édition de S.

Cyrille, contre les Auteurs des Mémoires de Trevoux. *Paris*, *Vincent*, 1722. *in*-12. *br. en carton.*

Quelques personnes classent ce livre parmi les Hétérodoxes.

226 Théologie physique ou démonstration de l'existence de Dieu, tirée des œuvres de la Création, par Guillaume Derham, ouvrage traduit de l'Anglais par Jacques Lufneu. *Rotterdam*, *Beman*, 1743. *in*-8°. *grand papier*, *relié en carton.*

Debure, au n°. 590 de sa Bibliographie, cite une édition de 1730.

227 Stultitia et irrationabilitas atheismi demonstrationibus evicta octo orationibus sacris à Roberto Boyleo. In latinum vertit Daniel Ernestus Jablonsky. *Berolini*, *Rüdiger*, 1696. *in*-8°. *v. m.*

228 Pugio Fidei Raymundi Martini adversùs Mauros et judæos, curâ et auspiciis Thomæ Turco. *Parisiis*, *Hénault*, 1651. *in-fol. v. f. filets.*

229 Petri Danielis Huetii Alnetanæ quæstiones de concordiâ rationis et fidei. *Cadomi*, *Cavelier*, 1690. *in*-4°. *v. br.* (Falconet n°. 1247.)

230 Victoria porcheti adversùs impios hebræos in quâ monstratur veritas Catholicæ fidei, ex recognitione R. P. Aug. Justiniani, Ord. Præd. Episc. Nebiensis. *Parisiis*, *Regnault*, 1520. *in-fol. gothique m. r. d. s. t. filets.*

V. Debure, n°. 604; le Catalogue du Maréchal d'Estrées en cite un exemplaire imprimé sur velin au n°. 117

231 Joan. Francisci Budæi theses theologicæ de atheismo et superstitione, cum annotationibus Joannis Lulolfs. *Lugd. Batav. Maire*, 1767. *in*-4°. *v. f. d. s. t. filets.*

232 Philippi à Limborch de Veritate Religionis Christianæ. Amica collatio cum Erudito Judæo. (Isaac Orobio judæo Hispalensi.) Goudæ, Justus ab Hoëve. 1687. *in*-4°. *v. f. filets.* (Debure n°. 583.)

233 De Dogmatum Origenis cum philosophiâ Platonis comparatione, opus Paganini Gaudentii. *Florentiæ*, *Massa*, 1639. *in*-4°. *parch.*

234 Christiani Kortholti Paganus obtrectator, sivè de calumniis gentilium in Veteres Christianos libri tres. *Lubecæ*, *Wiedemeyer*, 1703. *in*-4°. *v. écaillé*, *filets*, rare.

235 Melchioris Lubeck de Crimine Atheismi. *Regiomonti*, *Eckart*, 1726. *in*-12. *v. f. filets.*

236 LETTRES. *Ne repugnate vestro bono*, etc. Dernière édition. *Londres.* 1750. *in*-12. *v. m.*

Il y a une belle édition de ces lettres in-8°, grand papier, sous le nom de Londres et de la même date de 1750. elle est rare ; elle contient trente lignes sur celles de ses pages qui sont entières.

237 La verità del diluvio universale vindicata dai dubbi e demostrata nelle sue testimonianze. Esame Critico dell'Avvocato Giuseppe-Antonio Constantini, autore delle lettere critiche. *Venezia*, *Bassaglia*, 1747. *in*-4°. *v. m.*

238 Fortalitium Fidei. *Editio primaria sine anni indicatione*, *in-fol. grand papier*, *gothique*, *sans réclame et sans signature. m. r. d. s. t. filets.* Debure n°. 599.)

239 Traité de religion contre les Athées,

les Déistes et les nouveaux Pyrrhoniens, par le R. P. (Mauduyt) de l'Oratoire. *Paris, David.* 1698. *in-12. v. br.*

La première édition est de 1677. Celle-ci est fort augmentée.

240 Dissertation sur le Messie, où l'on prouve aux Juifs que J.C. est le Messie promis. Par M. Jacquelot. *Amsterdam, Arktée.* 1752. *in-12. v. f. filets.* (Debure, n°. 610, cite une édition de 1699. in-8°. à la Haye.)

241 Joannis Morini Diatribe Elenctica de Sinceritate hebræi græci que textûs dignoscendâ adversùs hæreticorum Calumnias. *Parisiis, Vitray*, 1639. *in-8°. Velin.* (Debure, n°. 433.)

242 Summa Cardinalis Joannis de Turrecrematâ contra Ecclesiæ et Primatûs Apostoli Petri adversarios. *Romæ, Silber. Edit. princeps.* 1489. *in-fol. m. r. d. s. t. filets, gothique, papier velin.* (Superbe édition, exemplaire d'une belle conservation.)

Théologie Hétérodoxe. Traités sur la Tolérance, la Concorde, etc.

243 De Hæreticis, an sint persequendi? *Magdeburgi, Rausch*, 1554. — Brevis et accuratus tractatus de hæreticis religiosè servandâ fide. Per Jacobum Schultes. *Francofurti ad Mænum. Weissius*, 1652. *in-8°. m. r. d. s. t.*

244 Traité de l'authorité du Magistrat en la punition des hérétiques, par Théodore de Beze, traduit par Colladon. *Bladius*, 1560. *in-8°. m. r. d. s. t.*

245 Heriberti Ros-Weydi ultrajectini è Societate Jesu, de fide hæreticis servandâ ex decreto

decreto Concilii Constantiensis dissertatio cum Daniele Plancio. *Antuerpiæ*, *Plantin*, 1610. --- Assertio bonæ fidei advesùs præcipuas heriberti Ros-Weydi Jesuitæ Strophas. *Sedani* ; *Jannon*, 1619. --- Jacobi Capelli Vindiciæ pro Isaaco Casaubono, adversùs heribertum Ros-Weydum Recognitæ. *Sedani* , *Jannon*. 1619. --- Artes Romanæ Sedis à Jacobo Capello delineatæ in heriberti Ros-Weydi Jesuitæ librum de fide hæreticis servandâ. *Sedani*, *Jannon*, 1619. *in*-8°. *m. r. d. s. t.*

246 Quæstiones Miscellaneæ dè fide hæreticis servandâ, authore Martino Becano. *Moguntiæ* , *Albinus* , 1609. --- Ecclesiæ Venatus sivè altera ejus functio circà fidei ministerium in reducendis deviis, auctore Cornelio Loosæo Callidio. *Coloniæ Aggripinæ* , *Kempens*. 1585. *in*-8°. *m. r. d. s. t.*

247 Institution de la religion chrestienne , composée en latin par Jean Calvin, et translatée en françois par luy-mesme. *Genève*, *Gérard*, (*à l'Epée Flamboyante.*) 1553. *in*-8°. *m. r. d. s. t. grand papier à 2 colonnes.*

Cette édition est de toute beauté ; c'est un vrai chef-d'œuvre de typographie. Elle est remarquable d'ailleurs parce qu'elle est imprimée avant la mort de Servet qui arriva à la fin de l'année 1553. La première édition est de Basle , in-fol. 1535. On fait également quelque cas des deux éditions de Strasbourg , in-fol. en 1539 et 1543.

248 Umbra in Luce sivè consensus et dissensus religionum profanarum , Judaïsmi, Samaritanismi , etc. cum veritate christianâ : à M. Christiano Hoffmanno. Editio secunda. *Jenæ* ; *Bauhofer* , 1680. *in*-4°. *v. f. d. s. t. fig.*

249 Catholicæ circà SS. Trinitatem fidei

delineatio per Samuelem Gardinerum. *Londini, Tooke*, 1677. *in-8°. v. br.*

Livre très-rare en France. Cet exemplaire était dans la Bibliothèque de la Maison Professe des Jésuites de Paris, du nombre de ceux que M. Huet lui avait légués. (Voy. sur cet ouvrage Walchius, *Bibliot. Theolog. Select. tom.* 1, *p.* 955.

250 Andreæ Alciati tractatus contrà vitam monasticam, cui accedit Sylloge Epistolarum, etc. Edente Antonio Matthæo. *Hagæ-Comitum, Block*, 1740. *in-4°. grand papier, v. f. filets.*

Edition plus belle et plus estimée que celle de Leyde, in-8°. 1708.

251 Conciliabulum Theologistarum adversùs germaniæ et bonarum litterarum studiosos, Coloniæ celebratum xvj Kal. Maii, postquàm I Hohenstratus dejectus est ab officio prioratûs et ab officio inquisitoris. *Petit in-12. de 43 pages, sans signatures et sans nom de ville ni d'Imprimeur, m. bl. d. s. t.* (rarissime.)

252 Disquisitio an pelagiana sint ea dogmata quæ nunc sub eo nomine traducuntur. *in-12. brochure de 141 pages, sans frontispice.*

C'est une apologie du Pélagianisme. Ce livre est de la plus grande rareté ; on ne le trouve cité dans aucun des meilleurs Catalogues.

253 J. L. F. Meditatio de Controversiâ Circà Personam Christi inter Evangelicos agitatâ quâ eam in solis loquendi formulis et Scholasticorum terminorum ambiguitatibus consistere, adeòque reverà nullam esse, dilucidè demonstratur. *Heldelbergæ, Delbornus*; 1685, *in-4°.* non relié.

Ouvrage contre l'Incarnation.

254 Le Chemin du Ciel ouvert à tous les hommes, par le P. Cuppé, Genovefain. *Mst. in-4°. broché.*

Ce Manuscrit est plus correct et plus ample que l'imprimé fait en 1768 format in-8°. sur une mauvaise copie remplie de fautes énormes. (Voy. Debure, n°. 753.

255 Essai sur le Socinianisme, par Philippe Mesnard, Ministre. *Lahaye, Troyel*, 1709. *in-12. v. br. filets.*

256 Jacobi Usserii, Armachani, de reductione Episcopatûs ad formam regiminis Synodici, in antiquâ Ecclesiâ recepti, cum notis Joannis Hoornbeck. *Ultrajecti*, 1661. *in-8°. v. br.*

257 Tela Ignea Satanæ, hoc est, arcani et horribiles judæorum adversùs Christum Deum et Christianam Religionem libri anecdotoi. Joh. Christophorus Wagenseilius in lucem protrusit. *Altdorfi Noricorum, Schonnerstædt*, 1631. *in-4°. 2 vol. m. bl. d. s. t.* rare. (Voyez Debure, n°. 894.)

258 Theologiæ Judaicæ pars prima, de Messiâ, ab Antonio Hulsio. *Bredæ, Subbingius*, 1653. *in-4°. m. b. d. s. t.*

Ouvrage rare qui peut être regardé comme une suite du précédent. Il n'est paru que le premier volume.

259 Traité des anciennes Cérémonies, ou histoire contenant leur naissance, leur entrée en l'Eglise, etc. 1672. *in-8°. v. f.*

L'auteur de ce livre est Jonas Porrée ; son ouvrage est une critique du cérémonial Ecclésiastique.

260 Matthæi Larroquani adversariorum Sacrorum libri tres : Opus posthumum, authore

Daniele Larroquano M. Filio. *Lugduni Batavor. Vander Aa*, 1688. *in-12. v. m.*

261 Histoire de l'Eucharistie, divisée en trois parties, par Mathieu Larroque, Ministre de Vitré. *Amsterdam*, *Elzevir*, 1671. *in-8°. v. f. d. s. t.*

On connaît deux éditions de ce livre. La première est de 1669, in-4°. Elle est citée au Catalogue de Falconet, n°. 1363. Nous croyons qu'on doit préférer celle-ci à cause des additions et des corrections.

262 Dos tratados, el primero es del Papa; el segundo es de la Missa. Iten un exambre de los falsos miraglos, etc. Segunda edicion (por Cypriano de Valera.) 1599. *in-8°. m. r. tabis. d. s. t. dent.*

Ce livre n'est pas commun.

263 Pasquino in estasi nuovo è molto più pieno ch'el primo insieme c'ol viaggio dell'inferno, aggiunte le propositioni del medesimo da disputare nel Concilio di Trento. (per M. Celio secondo Curione.) *Roma*, sans date, *premiere édition de 136 feuillets, très-rare suivant les notes de l'Abbé Rive.*

264 Della Tragedia di M. Francesco Negro Bassanese. intitolata libero arbitrio. Editione seconda, con accrescimento; dell'anno 1550 *in-8°. m. r. d. s. t.*

Dans cette piece, l'Auteur personnifie la grace et le libre arbitre, qu'il amene à Rome devant une Assemblée de théologiens; à la fin de la tragédie le Pape est tué.

265 Ad librum hugonis Grotii quem de satisfactione Christi adversùs faustum Socinum se-

nensem scripsit, responsio Joannis Crellii Franci. *Racoviæ*, *Sternatius*, 1623, *in-4°. Velin.*

Livre très-rare, il est cité dans le *Bibliotheca Antitrinitariorum*, *pag.* 116. Il fut brûlé par la main du Bourreau.

266 Joannis Lodovici Vivis, valentini, de fidei Christianæ veritate Libri V. Editio nova. *Lugd. Batavor. Joan. Maire.* 1639. in-12. m. r.

267 Calvinus Judaizans, hoc est, judaicæ glossæ et corruptelæ quibus Joannes Calvinus illustrissima scripturæ sacræ loca corrumpere non exhorruit; per Ægidium Hunnium. *Witebergæ*, *vid. Welaci*, 1595. *in-8°. m. r. d. s. t.* (Debure n°. 651.) de Boze 163.

268 Friderici Spanheimii f. de veterum propter mortuos baptismo, diatriba. *Lugduni Batavorum*, *de Haes*, 1673, *in-8°. v. br. petit format.*

269 De Religione Politicâ, liber unus; authore Daniele Clasen. *Servestæ*, *Luderwald.* 1681. *in-8°. m. r. d. s. t.*

270 Latitudinarius Orthodoxus, in genere de fide in religione naturali, mosaica et christianâ; in particulari de christianæ religionis mysteriis: accesserunt vindiciæ libertatis christianæ, Ecclesiæ Anglicanæ et arthuri Bury contrà ineptias et calumnias P. Jurieu. *Londini*, *Buckley*, 1697 *in-12 v. f. d. s. t.*

271 Tractatus tres quorum qui prior Antinicenismus dicitur: in secundo brevis responsio ad G. Bulli defensionem synodi Nicenæ, auctore Gilberto Clerke. Argumentum postremi: vera et antiqua fides de divinitate Christi. 1695. *in-12. m. bl. d. s. t.*

272 Defensio adversùs axioma catholicum, id est, criminationem R. P. Roberti, Episcopi

Abrincensis, per Martinum Bucerum. *Argentorati, Apianus*, 1534 *in-12 broché.*

273 Joannes Huss, de Anatomiâ Antichristi, de Mysteriis iniquitatis Antichristi, cum appendice Othonis Brunnfelsii. *2 tom. en un vol. in-4°. sans date v. br.*

274 La Religion Chrétienne analysée. *Mst. in-4°. de 279 pages, reglé, v. écaillé, d. s. t. filets.*

Ce Mst. est contre la Religion du Christ.

275 De Orbis terræ Concordiâ, a Gulielmo Postello, Barentonio. *Basileæ (circà annum 1544 juxtà Bibliographiam Gulielmi Debure.)* Divi Vigilii Martyris episcopi Tridentini, opus ut vetustum ità quoque celeberrimum contrà Euthycen aliosque hereticos. *Tubingæ, Morhardus*, 1528.

On a réuni ces deux Ouvrages bien opposés, en un *vol. in-fol. v. br. pap. reglé.* (Voy. Debure, n°. 799 pour le premier.)

276 Scriptura S. Trinitatis revelatrix, authore Hermano Cingallo. *Goudæ, de Graef*, 1678. *in-12. petit format; v. br.*

Cet ouvrage est de Christophe Sandius le fils. Voy. le Catalogue de M. de Boze, pag. 42, n°. 200 et Bibliotheca Antitrinitariorum, pag. 170.

277 Petites Dissertations de M. l'Illustre Jean Frider, autrefois très-digne Recteur de Ruth touchant le Sang de J. C. remplies de différente érudition et tirées exactement des Monumens Sacrés et Profanes, que M. Auguste a recueillies et augmentées de tables. *Mst. in-4°. broché.*

C'est la seule copie qui existe de la traduction de cet ouvrage dont l'original est en Allemand.

278 Traicté de l'employ des Saincts Peres pour le jugement des différends qui sont aujourd'hui en la religion, par Jean Daillé, Ministre du S. Evangile. *Geneve*, *Aubert*, 1632. *in*-8°. *v. f. d. s. t.*

279 Mémoire théologique et politique au sujet des mariages clandestins des Protestans en France. 1755. --- Réponse d'un bon chrétien aux prétendus sentimens des Catholiques de France sur les mariages clandestins des Protestans. --- Lettre d'un Patriote sur la tolérance civile des Protestans en France. 1756. *Cette lettre est rare ; l'Abbé Rive en refusa* 9 *liv. d'un Colporteur qui voulait la faire réimprimer en* 1782. --- Reflexions d'un Citoyen catholique sur les loix de France relatives aux Protestans, par M. de Voltaire. *Maestricht*, 1778. *in*-8°. *v. écaillé. d. s. t. filets : jolie édition.*

280 Traité de la Religion Revelée, par M. Martin, Pasteur de l'Eglise d'Utrecht. *Amsterdam*, *Schagen*, 1723. *in*-12. 2. *vol. v. m.*

281. Histoire du Papisme de l'Eglise Romaine, par Jean-Henri Heydegger. *Amsterdam*, *Desbordes*, 1711, *in*-12. *v. m.* 2. *vol. petit format*, *filets.*

282 Les Livrées de Babel ou l'Histoire du Siège Romain, par Jacques Cappel. *Sedan*, *Jannon*, 1616 *in*-8°. *v. f. d. s. t.*

283 Joannis Rainoldi Angli de Romanæ Ecclesiæ idololatriâ in cultu Sanctorum, etc. *Genevæ*, *Stoer*, 1598. *in*-8°. *velin.* (Voyez Debure, n°. 717.)

284 Antichristi Excidium. *Londini*, *Streater*, 1664. *in*8°. *v. br.*

Livre très-rare, qui manque dans les meilleurs Catalogues. Il est contre le Pape.

285 Lettres sur le Déisme, par M. Salchi le fils, Professeur à Lausanne. *Paris*, *Guillyn*, 1759. *in-8°. v. m.*

286 Conformité des Eglises de France avec celles d'Asie et de Syrie dans leurs différences avec Rome. *in-8°. v. br. sans date.*

Ce livre est aussi intitulé : Extrait d'un Sermon prêché à St. Jean en Grève le 26 Janvier 1688. L'auteur (Pierre Facditius) y a joint sa lettre à Ménage du 19 mai 1688.

287 Extrait d'un Sermon prêché le jour de Saint Polycarpe à Saint-Jean en Grève (le 26 janvier 1688.) *Liège*, *Jean Henry*, 1689, *in-12. 2 vol. v. m.*

Cet ouvrage est comme nous venons de le dire de M. Faidit, Chanoine de Rioms. Voyez *David Clement*, *tom. 8. pag. 281 aux notes.* C'est le même que le n°. précédent.

288 Quæstio Theologico - Historica, an et quandò B. Petrus Fuerit Romæ? Proposita à Joh. Henrico Ottone, Tigurino, L. S. Professore. *Genevæ*, *Chouet*, 1656. *in-8°. v. f. d. s. t.*

289 Dispute de l'Eucharistie, par David Derodon, Professeur en Philosophie à Orange, *Geneve*, *Aubert*, 1655. *in-8°. m. r. d. s. t.* (Debure n°. 740.)

290 Tractatus de Spiritu Sancto qui Fidelibus datur, Authore Johanne Crellio Franco. 1650. *in-8°. m. r. d. s. t.*

291 Jacobi Pamelii, de Religionibus diversis non admittendis in uno loco. *Antuerpiæ*, *Plantin*. 1589. --- Pro Extirpandis Hæresibus, Joan. Vacquerii Soc. Sorbonicæ Doct. Oratio. *Rhemis*, *Bacnetius*, 1559, *in-8°. relié en carton.*

292 Prediche di Bernardino Ochino da Siena. 1542. *in-8°. petit format.*

Edition antérieure à celle que Debure cite sous le n°. 761.

293 Catechismo Overo Institutione Christiana di M. Bernardino Ochino da Siena, in forma di Dialogo. *Basilea*, 1561. *in-8°. v. f. d. s. t.* (Debure, n°. 762.)

294 Amphitheatrum æternæ providentiæ Divino-Magicum, autore Julio Cæsare Vanino. *Lugduni*, *Vid. de Harsy*, 1615. *in-8°. m. r. d. s. t.* (Debure n°. 836. de Boze, n°. 228.

295 Julii Cæsaris Vanini de admirandis Naturæ Reginæ, Deæque mortalium arcanis libri IV. *Lutetiæ*, *Perier*, 1616. *in-8°. m. r. d. s. t. filets.* (Falconet, n°. 1535. Voyez en la description dans la Bibliographie de Debure, n°. 837.)

296 Pantheisticon, sivè formula celebrandæ sodalitatis socraticæ. Præmittitur de antiquis et novis Eruditorum sodalitatibus Diatriba. (Auctore Joanne Tolando.) *Cosmopoli* 1720. *in-8°. formâ oblongâ. v. m. filets.* (Falconet, n°. 1545. Debure, n°. 870.)

L'édition de ce livre a été exécutée à Londres; elle est belle et rare. C'est un des livres les plus impies qui aient jamais existé.

297 Réfutation des erreurs de Spinosa, par M. de Fenelon, avec la vie de Spinosa, par Jean Colerus. *Bruxelles*, *Foppens*, 1731. *in-12. m. b. d. s. t. dent.* (Debure, n°. 869.)

298 Réflexions curieuses d'un esprit désintéressé sur les matières les plus importantes

au salut, tant public que particulier. *Cologne*, *Emmanuel* 1678. *in*-12. *m. bl. d. s. t. dent.*

299 Traité sur les miracles, dans lequel on prouve que le diable n'en saurait faire pour confirmer l'erreur, Par Jacques Serces. *Amsterdam*, *Humbert*, 1729, *in* 12. *v. b.* rare. (Debure, n°. 745.)

300 Petri Zornii Historia Eucharistiæ infantium ex antiquitatibus Ecclesiarum occident. et orient. Illustrata, *Berolini*, *Schmid.* 1736. *in*-8°. *v. f. d. s. t.*

301 Summa Colloquii Joannis Rainoldi cum Joanne Harto de Capite et fide Ecclesiæ, à Johanne Rainoldo Conscripta; Henrico Parræo interprete. *Londini*, *Norton.* 1611. *in-fol. m. v. d. s. t.*

302 Joannis Dallæi de Sacramentali sivè auriculari confessione latinorum disputatio. *Genevæ*, *Detournes*, 1661. *in*-4°. *v. f. filets.*

303 Dissertatio Epistolaris de mino celso sensi, in hæriticis coercendis quatenûs progredi liceat; auctore Claudio item Allobroge, etc. *Almæ*, *Bartholomæi*, 1748. *in*-4°. *broché.*

304 Henoticum Christianorum seu disputationis mini celsi senensis quatenùs in hæreticis coercendis progredi liceat; Lemmata potis sima recensita à D. Z. *Amsterodami*, 1662. *in*-12. *v. f.*

305 Acta et Scripta Theologorum Witembergensium etc. gr. et lat. *Witebergæ*, *Hær. Cratonis*, 1584. *in-fol. v. b.* rare.

Debure cite ce livre n°. 636. mais il ne le décrit pas. Voyez la Biblioth. de J. Albert Fabricius, tom. x. pag. 518. édition d'Hambourg en 1737.

306 De la véritable Religion. *Paris*, *Barbin*, 1688. *in*-4°. *v. m.*

L'auteur est Michel le Vassor, Pere de l'Oratoire qui passa ensuite dans l'Eglise reformée d'Angleterre.

307 Examen des Fondemens et de la Connexion de la Religion Naturelle, et de la Révelée, traduit de l'Anglois de M. Ashley Sykes. *Amsterdam.* 1742. *in*-12. *v. m.* 2. *v.*

308 L'incrédulité Judaïque confondue et la Bête et le faux Prophête jettez au feu, par Jean-Baptiste Renoult. *Londres*, *Duchemin.* 1701. *in*-12. *v. br.*

Dans ce livre le Pape est désigné par le nom de faux Prophête. L'auteur explique la cérémonie qui se fait en Angleterre lorsque le peuple brûle l'effigie du Pape.

309 Danielis Francisci Disquisitio accademica de papistarum indicibus librorum prohibitorum. Præmissa est Cl. Arnoldi ad autorem Epistola. *Lipsiæ. Lanckisius.* 1684. *in*-4°. *relié en carton.*

310 Hyeronimi Zanchii de Tribus Elohim, uno Eodemque Jehova libri XIII. *Francofurti ad Mænum.* 1572. *in-fol. velin.*

C'est le meilleur de tous les ouvrages de Zanchius: il est contre les Sociniens. Cette édition est la plus rare et la meilleure.

311 Défense du Christianisme, ou préservatif contre un ouvrage intitulé: Lettres sur la religion essentielle à l'homme, par Franç. Desroches, Pasteur de l'Eglise de Geneve. *Lausanne*, *Bousquet*, 1740. *in*-12. 2 *vol. v. m.*

312 Lettres sur les vrais principes de la religion, où l'on examine un livre intitulé: la Religion essentielle à l'homme. *Amsterdam*, *Cataffe*, 1741. *in*-12. 2. *vol. v. m.*

313 La Physique de l'Ecriture Sainte, ou Correspondance Philosophique entre deux amis.

Par M. P. L. G. D. G. *Amsterdam*, *Van Harrevelt*. 1767. *in*-8°. *v. f. d. s. t. filets*.

Il y a deux éditions de ce livre : La première est de 1766. On trouve dans cet ouvrage, les plus fortes objections contre la Physique et contre les mystères de l'Ecriture Sainte.

314 Incerti Monachi Weissemburgensis Catechesis Theotisca Sæculo IX Conscripta, nunc verò primùm edita à Jo. Georgio Eccardo. *Hanoviæ*, *Forster*, 1713. *in*-12. *v. f.*

Ce livre ne se trouve que difficilement. L'Abbé Rive ne l'avait vu cité que dans le Catalogue de Seniçourt. On l'attribue à Otfrid. Voyez la pag. 12 de l'ouvrage.

315 Réflexions sur la présence réelle du Corps de Jesus-Christ dans l'Eucharistie. *Lahaye*, *Troyel*, 1685. *in*-12. *velin*.

316 Campegi Vitringa de Decem viris otiosis ad sacra necessaria Veteris Synagogæ curanda deputatis liber singularis. *Franequerræ*, *Gyselcar*. 1687. *in*-4°. *v. b.*

317 Petri Wesseling probabilium liber singularis in quo præter alia insunt vindiciæ Verborum Joannis : Et Deus erat Verbum. *Franequeræ*, *Bleck*, 1731. *in*-8°. *v. f. d. s. t. filets*.

318 Réponse aux difficultez d'un Théiste, ou supplément aux lettres sur l'état présent du christianisme ; à quoi l'on a joint un Sermon sur la révocation de l'Edit de Nantes, par A. J. Roustan, Pasteur à Londres. *Londres*, *Brewman*. 1771. *in*.8°. *mouton rouge*.

319 Recherche sur la nature du feu de l'enfer et du lieu où il est situé, par M. Swinden. traduit de l'Anglois par M. Bion. *Amsterdam*, *Wetsteins*. 1728. *in*-8°. *v. f.*

320 Joannis Molani Sacræ Theologiæ Lovanii Professoris de fide hæriticis servandâ libri tres. *Coloniæ*, *Godefridus*, 1584. *in*-8°. *m. r. d. s. t.* (Falconet, n°. 1407.)

321 Ilias Malorum Regni Pontificio-Romani, hoc est, historica dissertatio de injustissimo Pontificis Romani in Ecclesiâ Dei dominatu; autore Leonharto Huttero. *Witterbergæ*, *Seuberlich*, 1609. *in*-4°. *v. f.*

322 D. Jo. Frid. Meyeri tractatus de osculo pedum Pontificis Romani. *Lipsiæ*, *Burghmannus*, 1712. — Adami Tribbechovi de Doctoribus Scholasticis liber singularis. *Giessæ*, *Vetstenius*, 1665. — Œuvres posthumes de M. Guy-Coquille sieur de Romenay. *Paris*, *Ve. Guillemot*, 1650. *in*-4°. *v. m.* (de Boze, n°. 175.)

323 Guillelmi Walli Shorehami, historia Baptismi infantum. Ex anglico latine Vertit Joh. Ludov. Schlosser. *Bremæ*, *Rump.* 1748. *in*-4°. 6. *vol. v. f. d. s t.* beau.

324 Telluris Theoria Sacra orbis nostri originem et mutationes generales quas aut jam subiit, aut olim subiturus est, complectens. Libri duo Priores de Diluvio et Paradiso. *Londini*, *Kettilby*, 1681. *in*-8°. *fig.*

325 Arcana Atheismi revelata philosophicè et paradoxè refutata per Franc. Cuperum. *Roterodami*, *Neranus*, 1676. *in*-4°. *v. f. d. s. t. filets.* (Voy. Debure, 623 et 867.)

326 La tradition de l'Eglise sur le péché originel. *Paris*, *Debats*, 1698. *in*-12. *v. br.*

Livre très-rare, (par J. Grancolas,) contre l'Immaculée Conception.

327 Conjectures sur les mémoires originaux, dont il paroît que Moyse s'est servi pour com-

poser le livre de la Génese. *Bruxelles*, *Frick*, 1753. *in*-12. *v. f. d. s. t. filets.*

328 De Confirmatione sivè Benedictione post Baptismum Solemni per impositionem manuum Episcopi celebrata, commentarius, ex sententiâ Ecclesiæ Anglicanæ ab H. Hammond. *Oxoniæ. Hall.* 1661. *in*-12. *v. f. filets.* (Falconet n°. 211.)

329 Défense de la Religion, tant naturelle que revelée contre les infidèles et les incrédules. trad. de l'Anglois de Gilbert Burnet, *la Haye*, *Paupie*. 1738. *in*-8°. 6 *vol. v. m.* (Debure, n°. 620.

330 Que la Religion Chrétienne est très-raisonnable, telle qu'elle nous est représentée dans l'Ecriture Sainte, par M. Jaquelot, *la Haye*, *Foulque*. 1710. *in*-12. 2 *vol. v. br.*

Ce n'est ici qu'une traduction d'un ouvrage composé en Anglois.

331 Traité de la Religion naturelle, par M. Martin, Pasteur de l'Eglise d'Utrecht. *Amsterdam*, *Brunel*, 1713. *in*-12. *v. m.*

Théologie Mahométane.

332 Alcorani Textus Arabicè. *in*-8°. *mst. papier reglé*, *relié en veau vieux.*

333 L'Alcoran de Mahomet, traduit par Duryer, *la Haye*, *Moetjens*, 1683. *in*-12. *v. vieux d. s. t.*

On joint cette édition aux Elzevirs François. Voy. Debure, tom. 1, n°. 399.

334 La Religion des Mahométans exposée par leurs propres Docteurs, tiré du latin de

M. Reland, et augmentée d'une Confession de foi Mahométane qui n'avoit point encore paru. *La Haye*, *Vaillant*, 1721. *in-12. m. r. d. s. t. grande marge.*

(Voy. Debure, n°. 904. de Boze, n°. 226. Falconet, 1529, etc.)

JURISPRUDENCE.

SECTION PREMIÈRE.

DROIT CANONIQUE.

Droit Canonique Ancien et Moderne, Capitulaires, Décretales, Bulles et Constitutions.

335 Codex Canonum Vetus Ecclesiæ Romanæ à Francisco Pithoeo ad veteres Mss. codices restitutus et illustratus. Accedunt ejusdem Pithoei Miscellanea. *Parisiis*, *Typ. Reg.* 1687. *in-fol. cartâ maximâ. v. m. beau.* (Debure, tom. 2, pag. 2, n°. 906.)

336 Decretum Divi Gratiani. *Lugduni*, *Pidæius*, 1554. *in-4°. m. r. d. s. t. filets*, *doré sur plat.*

Debure cite deux anciennes éditions de cet ouvrage aux n°s. 916 et 917.

337 Constitutionum Apostolicarum, unà cum Ceræmoniali Gregoriano de Electione Summi Pontificis Synopsis. Authore, Fr. Antonino Seraphino Camarda. *Reati*, *Mancini*, 1732. *in-fol. velin.*

338 Réflexions sur la Décrétale d'Innocent III pour l'Election du Patriarche de Constantinople. *Paris, Coignard*, 1689. *in-8°. grand format, m. r. d. s. t. filets d. s. p.*

389 Justi Henningii Boehmeri, institutiones juris Canonici. Editio quarta. *Halæ Magdeburgicæ*, 1760. *in-8°. grand papier, v. m.*

340 Henrici Lindens, de juribus Templorum et de Juris Canonici Origine et Auctoritate. *Jenæ, Muller*, 1674. *in-4°. v. br.*

341 Christophori Matthæi Pfaffii, origines Juris Ecclesiastici. *Tubingæ, Schrammius*, 1756. *in-4°. v. b. filets.*

342 Bulle de N. S. P. le Pape Sixte V, contre Henri de Valois et ses Complices. 1589. *in-8°. m. r. d. s. t. filets. Sans nom de ville ni d'imprimeur. On trouve dans le même volume :* Tombeau et Epitaphe sur la mort du Duc de Guyse. *Paris, Bichon*, 1589. --- Oraison funèbre de Loys de Loraine, Cardinal, et Henry Duc de Guyse, Frères. *Paris, Ve. Rosset*, 1589. --- Response aux justifications prétendues par Henri de Valois. *Paris*, 1589.

343 Francisci Salgado de Somoza, tractatus de supplicatione ad Sanctissimum à Litteris et Bullis Apostolicis. *Matriti, Quinones.* 1639. *in-fol. v.*

(Debure, n°. 941. Colbert, n°. 1017.

344 Instruction très-facile et nécessaire pour obtenir en cour de Rome toutes sortes d'expéditions de bénéfices, dispenses, etc. par Jacques Le Pelletier. Quatrième édition. *Paris*, 1682. *in-12. v. b. portrait, filets, avec des notes manuscrites.*

345

345 Histoire du Droit Canonique et du Gouvernement de l'Eglise. par M..... Avocat, *Avignon, Girard*, 1750. *in*-12. *v. m.*

346 Histoire du Droit-Canon, par M. Durand de Maillane. *Lyon*, *Bruyset*. 1770. *in*-12. *veau*.

347 Cautelæ circà præcognita jurisprudentiæ Ecclesiasticæ in usum Auditorii Thomasiani. 1712. --- D. Christiani Thomasii Schediasma in augurale juridicum de Concubinatu. *Halæ Magdeburgicæ*, *Rengerius*, 1713. *in*-4°. *v. f. d. s. t. filets.*

Traités de la hiérarchie de l'Eglise ; du Pape, de ses Droits et des Personnes Ecclésiastiques.

348 Jacobi Guttherii de Veteri jure Pontificio Urbis Romæ, libri quatuor. *Parisiis*, *Buon*, 1612. *in*-4°. *velin.*

349 Disputatio inter Clericum et militem super potestatem Prælatis Ecclesiæ atque principibus terrarum commissam sub formâ dyalogi. --- Compendium de Vitâ Christi. *in*-8°. *grand format*, *m. r. d. s. t. filets*, *sans date*, *sans nom d'auteur*, *de ville ni d'imprimeur.*

350 De origine et progressu officii Sanctæ inquisitionis. De Romani Pontificis potestate, etc. libri tres à Ludovico à Paramo. *Matriti*, *Typis Regiis*. 1598. *in-fol. v. f. filets.*

Cet exemplaire avait appartenu à Monsieur Colbert. V. le Catalogue de sa Bibliothèque.

351 De Cathedrâ Petri, seu de Episcopatu Antiocheno et Romano S. Apostoli Petri libri duo adversùs Baronium et Bellarminum, auctore Nicolao Vedelio. *Franekeræ Balk*, 1640. *in*-12. *v. f. d. s. t. filets.*

Traités singuliers de la Puissance Ecclésiastique et Politique.

352 Monarchia, sivè tractatus de potestate Imperatoris et Papæ autore Antonio de Rossellis de aretio. *Venetiis*, *Lichtenstein*. 1487. *in-fol. gothique. Lettres capitales colorées.* Papier velin.-- Ejusdem operis confutatio per Henricum Institoris, Ord. Prædicatorum. *Venetiis*, *de Leucho*. 1499. *in-fol. v. f.*

Voyez les notes Manuscrites placées à la fin de l'ouvrage.

353 Opus insigne cui fecit titulum autor Defensorem pacis, quod quæstionem illam jàm olim controversam, de potestate Papæ et Imperatoris excussissimè tractet, profuturum Theologis, jure consultis, etc. autore Marsilio, Patavino. 1522. *in-fol. v. br. filets.*

Cette édition est la première : Elle est très-correcte et très-rare. Il y a des figures gravées sur bois.

354 Dissertatio Theologica de Civili et Ecclesiasticâ potestate, autore Jacobo Triglandio. *Amstelodami*, *Jansson*. 1643. *in-12. v. f.*

De la Puissance Séculière dans le Gouvernement de l'Eglise.

355 Du pouvoir des Souverains et de la liberté de conscience en deux discours, traduits du latin de M. Noodt, par J. Barbeyrac. *Amsterdam*, *Humbert*, 1714, *in-12. v. f. filets.*

356 Traité du pouvoir du Magistrat politique

sur les choses sacrées ; traduit du latin de Grotius. *Londres*, 1751. *in*-12. *v. m.*

357 H. Grotii de imperio summarum potestatum circà sacra, Commentarius postumus. Editio tertia. *Hagæ-Comitis*, *Ulacq.* 1652. *in*-8°. *velin.* (Falconet n°. 1608.)

358 Traité de l'autorité des Rois touchant l'administration de l'Eglise, par M. Talon, ci-devant avocat général et depuis Président à Mortier au Parlement de Paris. Avec quelques pièces qui ont du rapport à la matière. *Amsterdam*, *Pain.* 1700. *in*-12. *v. br.*

On a corrigé à la main le frontispice de ce livre, et voici comment on l'a intitulé : *Traité de l'autorité du Roi dans l'administration de l'Eglise Gallicane, par M. Le Vayer, et non pas par M. Talon.* Cette édition est citée au Catalogue de Gaignat, n°. 700 L'exemplaire de l'Abbé Rive est surchargé des notes de M. Rassicod, à qui il a appartenu, de celles de l'Abbé Rive, etc. etc.

Traités Singuliers des Hérétiques et de ce qui les concerne.

359 Jacobi Gretzeri de jure et more prohibendi, expurgandi et abolendi libros hæreticos et noxios. *Ingolstadii*, *Ederinus*, 1603. *in*-4°. *velin.*

360 D. Conradi Bruci Jureconsulti libri sex de hæreticis in Genere. *apud S. Victorem Propè Moguntiam*, *Behem*, 1549. *in-fol.* *v. br. filets.*

Ce livre est curieux, très-rare et fort estimé. l'Abbé Rive l'a cherché vainement dans tous les Bibliographes, et dans les meilleurs Catalogues. Il est à remarquer que quoiqu'on lise sur le frontispice l'annonce des œuvres de S. Optat, elles n'ont jamais été jointes à cette édition. Ainsi l'ouvrage est complet. Niceron, au 42e. vol. de ses mémoires, p. 324 -- 339, n'a pas craint d'avancer le contraire.

361 Traité de l'absolution de l'Hérésie, par J. B. Thiers. *Lyon, Plaignard.* 1695. *in*-12. *v. br.* (Rothelin n°. 1265.)

362 Tractatus de Hæreticis et Sortilegiis omnifariam coïtu, eorumque pœnis. *Item* de quæstionibus, etc. Opus D. Pauli Brillandi Castilionei. *Lugd. Batav. Boninus.* 1536. *gothique in*-8°. *m. r. d. s. t.*

Traités Singuliers des choses Ecclésiastiques.

363 Apologia pro sententiâ Hieronymi de Episcopis et præsbyteris, autore Davide Blondello. *Amstelædami, Blaeu*, 1646. *in*-4°. *broché.*

364 Traité historique des Ecoles Episcopales et Ecclésiastiques pour les Droits des Chantres, Chancelliers, etc. par M. Claude Joly. *Paris, Muguet*, 1678. *in*-12. *v. f. d. s. t. filets.*

Exemplaire beau et rare.

Quelques Bibliographes placent ici des ouvrages que nous avons jugé à propos de citer parmi les Théologiens.

365 Marcelli Ancyrani Disquisitiones de residentiâ Canonicorum. *Parisiis, Couterot*, 1695. *in*-8°. *v. br.* (rare.) Falconet n°. 1660.

365 * Histoire du Syndicat d'Edmond Richer, par Edmond Richer lui-même. *Avignon, Girard,* (*Paris*) 1753. *in*-12. *v. m. filets.*

Traités Singuliers des Bénéfices, Dixmes, etc.

366 De Re Beneficiariâ liber singularis, curâ et Studio Theologi Parisiensis. 1710. *in*-16. *v. br.*

C'est un traité contre la pluralité des Bénéfices.

367 J. Philippi Slevogtii de Divisione Ecclesiarum et Beneficiorum. *Jenæ*, *Bielkius*, 1681. *in*-4°. *v. br.*

368 Dissertation sur les vacances des Bénéfices par devolut ; par M. (Lesure) Avocat. *Paris*, *Prault*, 1737. *in*-12. *v. br.*

369 Traité des Graduez, de leur établissement et de leurs Droits. *Paris*, *Grangé*, 1710. *in*-12. *v. br.*

370 Paraphrase du droict des Dixmes Ecclésiastiques et inféodées. Seconde impression. Par François Grimaudet. *Paris*, *Robert Etienne*, 1574. *in*-12. *v. f. d. s. t. filets.*

371 Franciscus de Roye ad Titulum de Jure Patronatûs libro III decretalium. Ejusdem de Juribus honorificis in Ecclesiâ libri duo. *Nannetis*, *Marie*, 1743. *in*-4°. *v. br.*

372 Dissertations Ecclésiastiques sur les principaux Autels des Eglises, les Jubés, la clôture du Chœur. Par J. Bte. Thiers. *Paris*, *Dezallier*, 1688. *in*-12. *v. b.*

373 Johannis-Baptistæ Thiers de Stolâ in Archidiaconorum Visitationibus gestandâ à Paræcis Disceptatio. *Parisiis*, *Dupuis*, 1674. *in*-12. *v. m.*

374 Johannis-Baptistæ Thiers de Stolâ, etc. *Parisiis*, *Dezalliers*. 1679. *in*-12. *v. br.*

375 Eunuchi Nati, Facti, Mystici ex Sacrâ et humanâ litteraturâ illustrati. Zacharias Pasqualigus, puerorum emasculator ob musicam, quo loco habendus. Responsio ad quæsitum per Epistolam J. Heriberti, Cæmeliensis, ad Philibertum Delamare. *Divione*, *Chavance*. 1655. *in*-4°. *v. b.*

Cet ouvrage de Théophile Raynaud est contre Zacharie Pasqualigo, qui soutenait dans ses *décisions morales*,

Veronæ, 1641. *in-fol.* l'usage d'avoir des Musiciens à voix de femme. Ce traité n'est pas commun. (Voyez Rothelin, n°. 776.)

Traités du Mariage, du Divorce, des Excommunications, Censures, etc.

376 Examen de deux questions importantes sur le Mariage. 1753. *in-4°. v. m.*

377 Jo. Henrici Bergeri de Matrimonio Comprivignorum disquisitio. *Lipsiæ*, *Gledtsch*, 1708. *in-4°. petit format, broché en carton.*

378 Joannis Zangeri de Excommunicatione majore dissertatio Theologico-Juridica, cum quæstione resolutâ ab Andræâ Seifardo. *Witebergæ*, *Gorman*, 1607. *broché en carton* (très-rare.)

379 Traité des Excommunications et Monitoires, par M. Jacques Eveillon. *Paris*, *Couterot*, 1672. *in-4°. v. br.*

380 Examen impartial des immunités Ecclésiastiques. *Londres*, 1751. --- Observations sur la nature des biens Ecclésiastiques. *Londres*, 1751. --- Avis d'un Docteur de Sorbonne au sujet de la Déclaration du Roi du 17 août 1750. *Berlin.* 1751. --- Essai sur le rachat des rentes et redevances foncières. *Londres*, 1751. *in-12. v. br.*

381 Réponse aux lettres contre l'immunité des biens Ecclésiastiques. 1750. *in-12. v. m. filets.*

382 Législation du Divorce. *Londres*, 1770. Cri d'un honnête homme qui se croit fondé en droit naturel et divin à répudier sa femme. (Par M. Philibert, Préteur royal de Landaw.) 1768. --- Mémoire à consulter et consultation pour un mari, dont la femme s'est remariée

en pays protestant, et qui demande s'il peut se remarier en France. *Paris*, *Cellot*, 1771.-- Refutation du systême porté à la consultation faite à Lucienne, que le mari que sa femme a quitté, peut obtenir le divorce. *Paris*, *d'Houry*, 1771. --- Mémoire à consulter et consultation sur la validité d'un mariage contracté en France suivant les usages des Protestans. *Paris*, *Cellot*, 1771. --- Consultation sur le divorce. *Paris*, *d'Houry*, 1771. *in*-12. *v. m.*

383 Joh. Meyeri Uxor Christiana, sivè de Conjugio, de incestu et divortiis. *Amstelædami*, *Waesberg*, 1688. *in*-4°. *v. f. filets.*

384 De Doctrinâ Canonum Corpore Juris inclusorum circà requisitum ad filiorum matrimonia parentum consensum, historica disquisitio ; auctore Joanne-Petro Gibert. *Parisiis*, *Emery*, 1709. *in*-12. *Mouton rouge d. s. t.*

385 Dissertatio de jure principum protestantium circà solemnia Matrimonii Ecclesiastica, Daniel-Benjamin Hartzmaun publico examini subjicit. *Halæ Magdeburgicæ*, *Hendelius* ; 1734. *in*-4°. *non relié.*

386 Traité des appellations comme d'abus. Par Edmond Richer. 1763. *in*-12. 2. *vol. v. br.*

387 De Matrimonio brevis et methodica explicatio, autore Basilio Monnero, V juris doctore. *Francofurti*, *Brubachius*, 1561. *in*-4°. *non relié.*

388 Hipparchus de religioso negotiatore. Lucubratio Renati à Valle. *Francopoli*, *Salvianus*, 1642. *in*-12. *v. br.*

389 Hipparque du Religieux Marchand, par René de la Vallée. 1645. *in*-12. *velin.*

390 Hipparque du Religieux Marchand, par René de la Vallée. 1645. *in*-12. *v. br. filets.*

Cet. ouvrage est de Théophile Raynaud, Jésuite. Il lui valut quleques mois de Prison. Ces exemplaires, quoique de la même édition, ont quelques différences très-sensibles.

391 Essai de dissertation ou recherche sur le mariage, en sa qualité de contrat et de sacrement. *Paris, Gab. Martin.* 1760. *in-12. v. m.*

DROIT ECCLESIASTIQUE DE FRANCE.

Actes du Clergé.

392 Actes de l'assemblée du Clergé de France sur la Religion. 1765. *in-12. v. m.* (On a joint à ce volume quelques pièces analogues au même sujet.)

393 Recueil des pièces sur les Immunités prétendues par le Clergé de France au sujet de la Déclaration du 17 août 1750. *in-12. v. m.* (Paris, *sous le nom de Londres.*)

Traités de la Politique Séculière et Ecclésiatique de France.

394 Nouveau Commentaire sur l'édit du mois d'avril, 1695, concernant la jurisdiction Ecclésiastique. Par M..... Conseiller au Présidial d'Orléans. *Paris, Debure*, 1757. *in-4°. v. m.*

395 Les très-humbles Remontrances du Parlement au Roi. 1753. --- Tradition des faits qui manifestent le systême d'indépendance que les Evêques ont opposé aux principes invariables de la justice souveraine du Roi, *in-12. v. m.*

396 Verisimilia Theologica, juridica ac politica : de regni subsidiis ac oneribus subditorum,

torum, per Philippum Melanthonem. *Francofurti, Saurius*, 1608. *in-8°. v. f.*

Livre très-rare que Meister n'a pas cité dans sa *Biblioth. Juris. Nat. et Gentium.* On trouve dans cet ouvrage des détails curieux contre l'abus du pouvoir des Rois et des Prêtres ; des recherches sur les différentes espèces de tributs. (*Note de l'Abbé Rive.*)

397 La Sausse-Robert, ou Avis Salutaire à Mre. Jean Robert, Grand Archidiacre de Chartres. 1679. *in-8°. v. br.*

398 La Sausse-Robert justifiée. — La Sausse-Robert ou Avis Salutaires à Messire Jean Robert, Grand Archidiacre de Chartres. 1679. *in-8°. m. b. d. s. t. filets.*

Voyez Gaignat, n°. 712. L'Abbé Rive nous apprend dans une note que c'est le même exemplaire qui existait dans cette Bibliothèque. On a placé la justification avant la pièce : c'est une faute du Relieur. (Debure n°. 989.)

399 Factum pour J. B. Thiers, contre le Chapitre de Chartres. *in-12. v. br. sans date.* (Debure, n°. 988.)

400 Dissertation sur les Droits des Curés. 1717. *in-12. v. br.*

401 Consultation de MM. Texier, Daudebert et de plusieurs autres Avocats, pour des Curez du Diocèse d'Auxerre. *Paris*, 1755. *in-12. v. m.*

402 Factum pour M. le Curé de S. Sauveur de Beauvais (Gui Drapier) contre les Chanoines de S. Vast de cette ville. *in-12. v. br.*

Pièce curieuse et rare. Brillon ne parle ni de cet ouvrage ni du procès qui lui a donné lieu.

403 Requeste au Roi et à Nosseigneurs les Commissaires, pour Jacques-Nicolas Colbert,

Arch. de Rouen, contre l'Archevêque de Lyon. *Rouen, Behourt.* 1698. *in-12. v. f. filets.*

Cette requête bien écrite fit maintenir Colbert en possession de la Primatie dont l'Archev. de Lyon voulait le dépouiller.

Traités des Elections et Nominations, de la Regale, etc.

404 De Sacrarum Electionum jure et necessitate, auctore Gil. Genebrardo. *Parisiis, Nivellius.* 1593. *in-12. v. br.*

Exemplaire qui appartenait à Huet, Evêque d'Avranches. Il y manquait depuis la page 73 jusqu'à 84, lorsque l'Abbé Rive l'acheta. Comme la plupart des exemplaires ont ce défaut, celui-ci qui est complet a beaucoup plus de valeur.

405 De Sacrarum Electionum jure et necessitate ad Ecclesiæ Gallicanæ redintegrationem, auctore G. Genebrado. *Parisiis, Nivellius*, 1593. *in-8°. v. br.*

Ce livre fut brûlé par arrêt du Parlement d'Aix en date du 26 janvier 1596. Cette édition est plus rare et plus recherchée que celle de 1601. On a joint à cet exemplaire un autre ouvrage intitulé : *De Sacris Unctionibus Libri tres, authore H. Moro.* Parisiis, Bichonius, 1593.

406 Traité général de la Regale. 1681. *in-4°. v. m.*

L'auteur est M. Caulet, Evêque de Pamiers. Cette édition est augmentée sur celle de 1680, de 4 chapitres dans la quatrième partie, et de deux Réponses à deux mémoires.

407 Traité des Annates. *Amsterdam*, 1718. *in-12. v. br.*

Ce traité est fort estimé. L'auteur est l'Abbé Beraud, aidé de l'Abbé de Longuerue.

408 Ludovici Von Hornitz, tractatus de Regali postarum jure. Editio tertia. *Francofurti ad Moenum*, *Beyerus*, 1663. *in*-12. *v. br.*

409 De Præjudiciis Transmarinis circà jura Regalia cavendis Argumentum. *Holmiæ*, *Typ. R. H. A.* 1738. *in*-4°. *petit format. v. br.*

410 Traité historique de l'élection de l'Empereur, de la Bulle d'Or, des Priviléges des Electeurs, etc. *Paris*, *David*, 1741. *in*-12. 2. *vol. v. m.*

Droit Ecclésiastique des Réguliers.

411 Apologie générale de la Doctrine et de l'institut des Jésuites. Seconde édition. *Soleure*, *Schoerer*, 1763. *in*-8°. *grand papier*, *v. f. d. s. t. filets.*

412 Traité de la Clôture des Religieuses, par J. B. Thiers. *Paris*, *Dezallier*. 1681. *in*-12. *v. br.* (Falconet, n°. 1722.)

413 Entretiens sur la clôture Religieuse, par M. P. C. (Collet, ex-Jésuite et Avocat à Dijon.) *Dijon*, *Michard*, 1697. *in*-12. *v. br.*

SECTION II.

DROIT CIVIL.

Droit de la Nature et des Gens, *Droit Public.*

414 Antonii Perezi J. C. jus publicum, quo arcana et jura principis exponuntur. *Amstelodami*, *Elzevir*, 1657. *in*-12. *v. f. d. s. t. filets.*

415 Juris et Judicii Fecialis sivè juris inter gentes et quæstionum de eodem explicatio, operâ R. Z. (Richard Zouchée.) *Hagæ-Comitis*, *Werhoeus*, 1659. *in*-12. *v. br.*

La première édition est d'Oxford, in-4°. On trouve dans ce traité beaucoup de faits historiques cités à propos, ce qui le rend précieux. *V. Vinhold in notitiam Scriptor. Jur. Natural. p.* 193.

416 Burcardi Gotthelffii Struvii, juris publici prudentia ex historiarum monumentis, legibus, etc. *Jenæ*, *Bielckius*, 1722. *in*-8°. *v. f. d. s. t. filets.* beau.

417 Questions de Droit public sur une matière intéressante (la Cour des Pairs.) *Amsterdam*, 1770, *in*-8°. *relié en carton*, *avec les pièces justificatives.*

418 Disquisitio academica de successione filiarum in regnis et principatibus; auctore Georg. Wilh. Lud. Beneke. *Giessæ*, *Lammers*, 1741. *in*-4°. *v. m.*

419 Recherche nouvelle de l'origine et du fondement du Droit de la Nature, par Frederic Henri Strube de Piermont. *S. Petersbourg*, 1740. *in*-8°. *format oblong. v. f. d. s. t. filets.*

420 Jo. Gottl. Heineccii Elementa Juris Naturæ et gentium. *Halæ*, 1738. *in*-8°. *v. br. grand papier.*

421 D. Jo. Laur. Fleischeri institutiones juris naturæ et gentium. *Lipsiæ*, *Heinsius*, 1741. *in*-8°. *v. f. d. s. t. filets.*

422 Essai sur l'histoire du Droit Naturel. *Londres*, 1757. *in*-12. 2. *vol. v. m.*

423 Jo. Gottl. Heineccii prælectiones academicæ in Samuelis Puffendorfii de officio hominis et civis lib. II. *Berolini*, *Rudiger*, 1742. *v. f. d. s. t. filets.*

424 Les Devoirs de l'Homme et du Citoyen, par Pufendorf, traduits du latin, par J. Barbeyrac. *Amsterdam, Ve. Decoup.* 1735. *in-8°. v. f. filets. portrait.* (beau.)

425 Henrici Koehleri Juris Socialis et Gentium ad jus naturale revocati Specimina VII. *Francofurti ad Mœnum, Varrentrapp*, 1738. *in-8°. v. f. d. s. t. filets.*

426 Jus Publicum universale à Godofredo Ernesto Fritschio. *Jenæ, Croekerus*, 1734. *in-8°. v. f. d. s. t. filets.*

427 Les Fondemens de la Jurisprudence Naturelle, par M. Pestel, traduits du latin, seconde édition. *Utrecht, Van Schoonhoven*, 1774. *in-8°. v. f. d. s. t. grand format, filets.*

Droit Romain.

428 Thesaurus Juris Romani Continens rariora meliorum interpretum opuscula in quibus Jus Romanum emendatur, explicatur, illustratur, cum præfatione Everardi Ottonis. *Trajecti ad Rhenum, Broedelet*, 1733. *in-fol.* 5. *vol. veau d'Irlande.*

Ce livre est estimé. On trouve dans cet exemplaire deux frontispices. Le premier, suivi d'une préface, porte la date de 1725, et la souscription de *Vanderlinden, à la Haye.*

429 Institutionum Justiniani Libri IV. Studio J. Crispini et J. Pacii. *Amstelædami, Blaeu*, 1642. *in-12. m. r. d. s. t. filets.*

430 Thomæ Lindemanni historia Juris Romani. *Rostochi, Hallevordius*, 1627. --- Dissertatio Juridica de Civili Romano Christ. Guilielmi à Dreschau. 1674. --- De Jure Papiriano Georgius-

Henricus Meiselbach. *Giessæ*, *Muller*, 1697. --- Jurisprudentiæ Justinianæ historia per quirinum Schacher. --- Historia Juris Civilis, Feudalis, etc. à Daniele Renser. 1663. *in*-4°. *v. f. filets.*

Il y a dans ce recueil quelques autres pièces, toutes fort curieuses et rares en France.

431 De Fontibus Juris Romani ab Ernest. Lud. Hensing. *Gissæ*, *Lammers*, 1742. --- Specimen Jurisprudentiæ Antijustinianæ à Georgio-Theodoro Schinemann. *Halæ Magdeburgicæ*, *Grunertus*, 1742. --- Jo. Salomon Brunnquelli Prolusio academica de Sectis et Controversiis Juris Justinianæi interpretum quos glossatores appellamus. *Jenæ*, *Ritterus*. 1725. --- Dissertatio historico-critica prima de Vitâ et Scriptis Quinticervidii Scevolæ. 1755. --- De Lege Cæciliâ et didiâ a Christ. Gottl. Einert. *Lipsiæ*, 1769. -- Historia Legis Scatiniæ à Johfrid. Christio. *Halæ*, *Krebslus*, 1727. *in*-4°. *v. f. filets.*

432 Jo. Augusti Bachii historia Jurisprudentiæ Romanæ quatuor libris Comprehensa. Editio secunda. *Lipsiæ*, *Junius*, 1766. *in*-8°, *v. f. d. s. t. filets.*

433 Georg. Brucksulbergii Memoriale juridicum, id est, Series nexusque librorum et titulorum juris Romani ab Ern. Cothmanno et Nicolao Everhardo. *Lugd. Bat.* *Gaesbeck*, 1676. *in*-16. *v. br.*

434 Histoire du Droit Romain, par M. Claude-Joseph de Ferrierre. *Paris*, *Knapen*, 1760. *in*-12. *v. m.*

435 Georgii Beyeri de utili et necessariâ judicorum et juris arti inservientium. Sche-

diasma. Secunda Editio. *Lipsiæ*, *Grossiani*, 1726. *in*-8°. *v. br. d. s. t. filets*, *fig.*

436 Bioi Nomikon sivè de jurisperitis libri tres à J. Bertrando. *Lugd. Bat. à Gelder*, 1675. *in*-8°. *v. br.*

437 Antonii Guibert Costani Tolosatis quæstionum juris liber unus. Ejusd. Polyhistor et apologeticon. *Hanoviæ*, *Antonius*, 1598. *in*-12. *velin.*

Il y a une édition de Lyon in-4°. 1561.

438 Vindiciæ Methodi quâ in Elementis juris Civilis usus est J. G. Heineccius. *Trajecti ad Rhenum*, *Basseling*, 1734. *in*-8°. *velin.*

439 Elementa Juris Civilis à Jo. Gottl. Heineccio. Editio quarta. *Amstelodami. Jansson.* 1738. *in*-8°. *grand papier. v. br.*

440 Eleytheria sivè de Manumissione servorum apud Romanos, libri IV. auctore Wilhelmo à Loon. *Uttrajecti*, *Ribbius*, 1685. *in*-12. *v. br.*

441 Gottlob Augusti Jenichen Thesaurus juris Feudalis. *Francofurti ad Mænum*, *Hutterus.* 1750. *in*-4°. *grand papier.* 3. *vol. v. f. d. s. t. filets.*

442 Jo. Gottlob. Heineccii Elementa juris Civilis. *Amstelædami*, *Waesberg*, 1640. *in*-8°. 2. *vol. v. br.*

443 Corpus juris Civilis cum notis Dyonisii Gothofredi. *Lutetiæ Parisiorum*, *Vitray*, 1628. *in-fol.* 2. *vol. v. m. pap. lavé et reglé*, *grand format.*

444 Abrahami Wielingi de furto per lancem et licium concepto diatribe. *Marburgi in Cattis*, *Muller*, 1719. *in*-8°. *v. f. filets.*

445 Paganini Gaudentii de Justinianæi Sæculi Moribus Nonnullis. Item de Successione Fœminarum. *Argentorati*, *Spoor*, 1654. *in-12. v. m.*

446 De Origine et Progressu juris Civilis Romani cum notis Arn. Vinnii et Variorum, autore et Collectore S. Leewio J. C. *Lug. Batavorum*, *Doude*, 1671. *in-8°. velin.*

447 Antonii Schultingii Dissertationes de recusatione judicis pro rescriptis Imperatorum Romanorum, etc. Accedit Oratio de Jurisprudentiâ M. Tullii Ciceronis. *Franequeræ*, *Halma*, 1708. *in-4°. velin.*

448 Jurisprudentia Vetus antijustiniana ex recensione et cum notis Antonii Schultingii. *Lugd. Batavor. Vanderlinden*, 1717. *in-4°. v. br.*

449 Joannis Nicolai Hertii de Selectis et rarioribus ex jurisprudentiâ universali argumentis; Edente Joh. Jacobo Hombergk. *Francofurti ad Mænun*, *Hort*, 1737. *in-4°. 2. vol. v. f. d. s. t. filets.*

450 Claudii Salmasii de Subscribendis et Signandis Testamentis, item de Antiquorum et Hodiernorum sigillorum differentiâ, tractatus contra Desid. Heraldum. *Lugd. Batav. Elsevir.* 1653. *in-12. v. br.*

451 De Exilio sivè de Exilii pænâ antiquâ et novâ, Exulumque conditione et juribus, libri tres, autore D. Nicolao Antonio, Hispalensi; *Antuerpiæ*, *Meursius*, 1659. *in-fol. velin brun.*

452 De Sectis et Philosophiâ jurisconsultorum opuscula Edente Gottlieb Slevogtio. *Jenæ*, *Vid. Meyer*, 1724. *in-8°. v. b. d. s. t. filets*, beau.

453 Nicolai Hieronymi Grandlingii Exercitationes academicæ de jurisprudentiâ. *Halæ*, *Rengerius*,

Rengerius, 1736. *in*-4°. *v. f. d. s. t. filets*, 2 *vol.*

454 Jo. Gottl. Heineccii ad Legem Juliam et Papiam Poppæam Commentarius. *Amstelædami*, *Wostenius*, 1726. *in*-4°. *v. f. d. s. t.* beau.

455 Gabrielis Palæoti Tractatus Singularis de Nothis Spuriisque filiis. Accessit huic Editioni tractatus Ponti Heleutheri Delfii de Libera Hominis Nativitate, seu de Liberis Naturalibus. *Hagæ Comitis*, *Verhoeve.* 1655. *in*-12. *v. f. d. s. t. filets.*

456 De Servis Hominibus propriis et Famulis, Friderici Husani, Hyppoliti Bonacossæ et Joan. Eucharii Erhardi tractatus, cum præfatione Dn. Joh. Ottonis. *Gissæ*, *Velstein*, 1663. *in*-8°. *velin.*

Des Trois Auteurs de ce livre, Fabricius ne cite que le premier dans sa *Biblioth. antiq.* Il est vrai qu'il ne fait mention que de l'édition in-8°. de Hambourg, 1590.

457 Jacobi Rævardi Brugensis Jurisconsulti opera omnia. *Lugduni*, *Prost*, 1623. *in*-8°. *v. f.*

L'Auteur explique à la page 645 et suiv. le *Puteal Libonis* d'Horace. (*Note de l'Abbé Rive.*)

Droit François, Plaidoyers, Arrêts des Parlemens, Mémoires, etc. Ordonnances et Edits.

458 Ordonnances de Louis XIV pour les Armées Navales et Arsenaux de la Marine. *Paris*, *Prault*, 1734 *in*-12. *v. b.*

459 De Usu et Authoritate Juris Civilis Romanorum in Dominiis Principum Christianorum libri duo, authore Arthuro Duck. *Lugd. Batavor. Elzevir.* 1654. *in*-12. *petit format. velin.*

460 De Veteribus Regum Francorum Diplomatibus Disceptatio ad R. P. Mabillonium, auctore P. Bartholomæo Germon. *Parisiis*, *Anisson*, 1703. *in*-12. *v. b.*

461 Traite de la Chambre des Comptes, de ses Officiers et des matières dont elle connoist. *Paris*, *Morel*, 1702. *in*-12. *v. b.*

472 Arrestum sive placitum Parlamenti Tholosani Continens Historiam, etc. Cum annotationibus Joh. Corasii, doctissimo viro Hugone Suræo interprete. Accedit arrestum ex Papone in eadem controversiâ. *Francofurti*, *Wechel*, 1576. *in*-12. *v. b.*

463 Arrest mémorable du Parlement de Tolose, contenant une histoire prodigieuse de nostre temps, avec cent belles et doctes annotations de M. Me. Jean de Coras. *Paris*, 1565, *in*-8°. *v. f. d. s. t. filets*, rare et curieux.

Le n°. précédent est une traduction latine du même ouvrage. Falconet, n°. 2188.

464 Institutions au Droit Français, par M. Argon. Dixième édition. *Paris*, *Knapen*, 1771. *in*-12. 2 *vol. v. f. filets.*

465 Arrêt du Parlement sur la Bulle du Pape, concernant les Franchises dans la ville de Rome, avec le plaidoyé de M. Talon, Avocat général --- Conjectures physiques sur deux colonnes de nue, etc. par le P. Lamy, Bénédictin. *Paris*, *Cramoisy*. 1689. *in*-12. *v. br. fig.*

466 Le Droit Public de France, par M. Bouquet. *Paris*, 1756. *in*-4°. *v. br. d. s. t. filets.*

467 Remonstrance ou harangue solemnelle faite en la Cour de Seneschaucée et Siege Présidial d'Agenois, par Maistre Jehan Dar-

nalt, etc. *Paris*, *Huby*, 1606. *in*-8°. *v. f. d. s. t. filets.*

468 Les Reliefs Forenses de Me. Sebastian Roulliard de Melun. Seconde édition. *Paris*, *de Laruelle*, 1610. *in*-4°. *velin.*

469 Mémoires présentés au Regent par le Comte de Boulainvilliers. 1727. *in*-12. *v. b.* 2 *tom. en* 1 *vol.*

470 Tractatus de Testamentis Piis à D. Jo. Melano. *Coloniæ*, *Demenius*, 1661. *in*-12. *v. br.*

471 Ordonnance du Roi concernant les Substitutions. *Paris*, *Prault*, 1749. *in*-16. *v. b.*

472 Recueil de dissertations sur la contrariété des loix et coûtumes. Extraites de celles de Me. Boullenois, ancien Avocat au Parlement. *Mss. in*-4°. *de* 313 *pages*, *broché en carton.*

473 Principes et usages concernant les Dixmes, par M. Louis-François de Jouy. *Paris*, *Durand*, 1751. *in*-12. *v. b.*

474 Mémoires concernans le Contrôle des rentes. *Paris*, *Lemercier*, 1717. *in*-12. *velin vert.*

475 Maximes du Droit Public - Français. Seconde édition double de la précédente. *Amsterdam*, *Rey*, 1775. *in* 4°. *broché.*

476 Recueil des arrêtés de M. le premier Président de Lamoignon. *Paris*, *Merlin*, 1777. *in*-4°. *broché*, *portrait.*

477 Recueil des écrits qui ont été faits sur le différend d'entre Messieurs les Pairs de France et les Présidens au Parlement de Paris, pour la manière d'opiner aux lits de Justice. *Paris*, 1664. *in*-4°. *broché.*

Le Duc de Luynes est l'Auteur de ces Mémoires.

478 Les erreurs et impostures de l'examen

du traité de M. Jean Savaron de la souveraineté du Roi par ledit Savaron. --- Examen du traité de M. Savaron, 1615. --- *Paris*, *Chevalier*, 1616. *in*-8°. *velin*.

479 De Seditiosis liber singularis ad interpretationem juris Claudio Mondain Lugdunensi authore. *Lutetiæ*, *Morellus*. 1567. *in*-12. *v. f. filets. d. s. t.*

Droit Etranger.

480 Bucardi Gotthelffii Struvii jurisprudentia Feudalis ex jure germanico demonstrata. *Jenæ*, *Bielckius*, 1727. *in*-8°. *v. f. d. s. t. filets.*

481 Historia juris Civilis Romani ac Germanici, auctore Jo. Gottl. Heinneccio, Studio J. Dan. Ritteri. *Argentorati*, *Bauerus*, 1751. *in*-8°. *v. f. d. s. t. filets.*

482 Joannis Stephani Putteri Elementa juris publici germanici. Editio legitima tertia. *Goettingæ*, *Bossiegel*, 1760. *in*-8°. *v. f. d. s. t. filets.*

483 Jacobi Hasæi de Berytensi jureconsultorum academiâ liber singularis. *Halæ Magdeburgicæ*, *Ringerius*, 1716. *in*-8°. *v. br.*

484 D. Jo. Jac. Mascovii principia juris publici imperii Romano-Germanici. Editio quarta. *Lipsiæ*, *Breitkopff*. 1750. *in*-8°. *v. f. d. s. t. filets.*

485 D. Jo. Jac. Mascovii de jure Feudorum in imperio Romano-Germanico liber. Editio tertia. *Lipsiæ*, *Breitkopff*. 1763. *in*-12. *v. f. d. s. t. filets.*

486 Joannis Schilteri institutiones juris Feudalis Germanici et Longobardici. *Lipsiæ*, *Gleditsch*, 1728. *in*-12. *v. f. d. s. t.* 2. *tom. en un vol. filets.*

487 Octoviratus, seu de S. Romano-Germanici Imperii Electoribus eorumque origine, titulis, etc. tractatio juris publici. Editio novissima ab Henrico Guntero. *Francofurti*, *Rudiger*, 1688. *in-4°. v. br.*

488 Jus Aulicum antiquum norvagicum linguâ antiquâ norvagicâ et à Jano Dohnero dano in linguam danicam et latinam translatum. *Haffniæ*, *Godianus* 1673. *in-4°. v. f. filets* (rare.)

489 Elementa juris Germanici Joh. Gottl. Heineccii. Editio nova. *Halæ*, 1736. *in-8°. 2. vol. v. br. fig. grand papier.*

490 Jo. Schitteri juris publici Romano-Germanici tomi duo. *Argentorati*, *Dulssecker*, 1696. *in-12. 2. vol. fig. v. br.*

491 Burcardi Gotthelffii Struvii Corpus juris publici imperii nostri Romano-Germanici. Editio tertia, auctior longe et emendatior. *Jenæ*, *Bielckius*, 1738 *in-4°. v. br. fig. d. s. t. filets.*

492 Ludolphi Hugonis jurisprudentia particularis Germanica. 1708. *in-8°. v. br..*

493 Phillipi Reinhardi Vitriarii Jcti. institutiones juris publici Romano-Germanici Selectæ. *Lugd. Batavorum*, *Boutestein*, 1714. *in-8°. v. br. d. s. p.*

494 Notitia della vera libertà fiorentina considerata nè suoi giusti limiti, per l'ordine de'secoli. Con la sincera disamina è Confutazione delle scritture, e tesi che in vari tempi sono state publicate per negare ed impugnare i sovrani diritti degli augustissimi imperadori è del sacro Romano impero soprà la citta è lo stato di Firenze è il Gran Ducato di Toscana. 1724. 3 *vol. in-fol. v. f. d. s. t. filets.*

Cet ouvrage, dont l'auteur est Philippe, Baron de

Spannaghel, a été tiré à cinquante exemplaires seulement pour les Ministres de la Cour de Vienne. Il est par conséquent excessivement rare.

495 Alberici Gentilis Jurisc. Hispaniæ Advocationis libri duo. *Amstelredami*, *Ravesteinius*, 1661. *in*-12. *v. br.*

496 Code des Loix des Gentoux ou Réglemens des Brames, trad. de l'Anglois. *Paris*, *Stouppe*. 1778. *in*-4°. *broché.*

SCIENCES ET ARTS.

SECTION PREMIÈRE.

PHILOSOPHIE.

Ouvrages des Philosophes Anciens et Modernes:

Logique.

497 Scipionis Aquiliani de placitis philosophorum qui ante Aristotelis tempora floruerunt. *Lipsiæ*, *Korn*, 1756. *in*-4°. *v. br.*

498 L. Annæi Senecæ Philosophi opera omnia et M. Annæi Senecæ Rhetoris quæ extant. *Lugd.-Batavor*, *Elzevir*, 1640. + Gronovii notæ in Senecam. *in*-12. 4 *vol. m. r. d. s. t. filets.*

Belle édition. Voy. Debure, n°. 1287.

499 L. Annæi Senecæ philosophi opera omnia, ex justi-lipsi emendatione. M. Annæi Senecæ Rhetoris quæ extant, ex And. Schotti recensione. *Amstelodami*, *Cæsius*, 1628. *in*-12.

petit format, pap. lav. et reglé, à 2 colonnes; m. r. d. s. t. filets, d. s. p.

500 Les Œuvres de Seneque le Philosophe, traduites en françois par feu M. Lagrange avec des notes. *Paris, Debure*, 1778, *in-12. 7 vol. v. éc. filets.*

501 De variâ Aristotelis fortunâ in Academiâ Parisiensi, liber, autore Joanne de Launoy. *Hagæ Comitum, Ulacq.* 1656. *in-4°. broché en carton.* (Falconet, n°. 2377.)

502 Institutiones Philosophiæ Wolfianæ, operâ Ludovici Thumingii. Editio nova. *Francoforti, Rengerius*, 1746. *in-12. v. br. d. s. t. filets.*

503 Jacobi Bruckeri Institutiones historiæ philosophicæ. Editio Secunda. *Lipsiæ, Breilkopfius*, 1756. *in-8°. grand papier, v. f. d. s. t. filets.*

504 Platonis opera quæ extant omnia, gr. et lat. ex novâ Joannis Serrani versione et interpretatione. *Parisiis, Henr. Stephanus*, 1578. 3 *vol. in-fol. m. r. d. s. t. filets, grand format.*

Voyez Debure, n°. 1258.

505 Aristotelis opera omnia gr. et lat. edente Guillelmo Duval Pontesiano. *Parisiis, Typ. Reg.* 1619. *in-fol. carta maxima*, 2 *vol. m. r. d. s. t. filets. or sur plat. papier lavé et reglé: belle conservation.*

Voyez Debure, n°. 1275.

506 Philosophiæ naturalis adverus Aristotelem libri XII à Sebastiano Bassone D. M. *Amsterodami, Elzevir*, 1649. *in-12. v. m.*

Superbe édition d'un livre rare et curieux que Morhof

et Thomasius n'ont pas connu. Cet exemplaire est très beau. Falconet en cite une édition de Geneve in-8°, en 1620.

507 Iamblici Chalcydensis de Mysteriis liber, ex editione Thomæ Gale. *Oxonii*, *Sheldonius*, 1678. *in-fol. v. f. d. s. t. gr. et lat.* (Falconet n°. 2333.)

508 Discours philosophiques de Maxime de Tyr, traduits du grec, par M. Formey. *Leyde*, *Luchtmans*, 1764. *in-12. v. f. d. s. t. filets.*

509 Summulæ naturalium Magistri Pauli Veneti ordinis Eremitarum S. Augustini. *Medionali*, *Valdefer*, 1476. *in-fol. grand papier*, *relié en carton*, *colorié et calligrafié.*

Ce livre se trouve difficilement ; cependant on en fait peu de cas.

510 M. Frid. Christ. Baumeisteri philosophia definitiva, hoc est, definitiones philosophicæ ex systemate lib. Bar. à Wolf. Editio octava. *Vitembergæ*, *Ahlfeldius*, 1752. *in-8°. broché en carton.*

511 Ejusdem Baumeisteri Institutiones philosophiæ rationalis methodo Wolfii Conscriptæ. Editio decima auctior et emendatior. *Vitembergæ*, *Ahlfedius*, 1746. *in-12. broché en carton.*

A chaque feuillet on a placé une feuille de papier blanc pour des notes.

512 Pieces philosophiques, contenant, 1°. Parité de la vie et de la mort. 2°. Dialogues sur l'ame. 3°. J. Brunus redivivus, ou traité des erreurs populaires. 1771. *in-12. v. f. d. s. t. filets.* (*sans nom de ville.*)

513 Elémens de la philosophie moderne, par Pierre Massuet. *Amsterdam*, *Châtelain*, 1752.

1752. *in-12. v. f. d. s. t. filets.* 3. *vol. dont le dernier renferme les planches.*

514 Opere philosophiche del Conte Pietro Verri. Edizione novissima. *Parigi*, *Molini*, 1784. *in-8°. grand format. v. f. filets.*

515 Discours philosophiques de Maxime de Tyr, traduits du grec par M. Formey. *Leyde*, *Luchtmans*, 1764. *in-12. v. f. d. s. t. filets.*

516 Histoire universelle des systêmes de philosophie, tant anciens que modernes, touchant l'origine et la création du monde, traduite de l'Anglois. *Lahaye*, *Levier*, 1740. *in-12. v. br.*

Ce livre avait déjà paru en 1731 sous le titre *d'Introduction à l'histoire*, etc.

517 Opuscula Philosophica. *Amstelodami*, 1646. *in-12. m. r. d. s. t. dent. tabis* (Edition excessivement rare.)

518 Histoire critique de l'Eclectisme ou des nouveaux Platoniciens. 1766. *in-12. v. br. filets.* (*sans nom de ville ni d'imprimeur.*)

519 Cursus philosophicus, authore Petro Lemonnier. *Parisiis*, *Genneau*, 1750. *in-12.* 6 *vol. v. m. fig.*

520 Thomæ Hobbes opera philosophica omnia. *Amstelodami*, *Blaeu*, 1668. *in-4°.* 2. *vol. m. r. d. s. t. filets*, *fig.*

Debure, n°. 1297, donne une explication très-détaillée de cet ouvrage.

521 De Legibus naturæ disquisitio philosophica in quâ earum forma, summa capita, ordo, promulgatio, et obligatio è rerum naturâ investigantur; quinetiam philosophiæ hobbianæ Elementa refutantur à Ricardo Cumberland.

Dublini, *Carson*, 1720. *in-8°. grand papier*; *v. b. reliure Angloise.*

Debure, 1298 et 1299 pour la trad. française de ce livre.

522 Traité philosophique des loix naturelles, par Barbeyrac, *Amsterdam*, *Mortier.* 1744. *in-4°. v. m.*

523 Rabbi Mossei Ægyptii dux seu director dubitantium aut perplexorum, in tres libros divisus et summâ accuratione R. P. Augustini Justiniani ord. prædicatorum recognitus. 1520. *in-fol. m. r. d. s. t. filets.*

Ce livre n'est cité dans aucun des ouvrages Bibliographiques que j'ai consultés pour dresser ce Catalogue : il est sorti des presses du fameux Ascensius, et il y a lieu de croire que c'est une première édition.

524 Julii Cæsaris Vanini, de admirandis naturæ Reginæ Deæque mortalium arcanis libri IV. *Lutetiæ*, *Perier*, 1616. *in-8°. m. r. d. s. t. filets.*

525 L'action du feu central, bannie de la surface du Globe, et le Soleil rétabli dans ses droits contre les assertions de MM. le Comte de Buffon, Bailly, etc. par M. D. R. D. L. *Paris*, *Didot*, 1779, *in-8°. grand papier*, *v. écaillé*, *filets.*

526 Joannis Clerici opera philosophica. Editio tertia. *Amstelodami*, *Delorme*, 1704. *in-12.* 4. *vol. v. br.*

527 Histoire générale des dogmes et opinions philosophiques, tirée du Dictionnaire Encyclopédique. *Londres*, 1769. *in-8°.* 3. *vol. v. f. doré s. t. filets.* Superbe édition.

528 Fortunati Liceti de Luminis naturâ et efficientiâ libri tres. *Utini*, *Schiratus*, 1640. *in-4°. v. f.*

529 Ejusdem de mundi et hominis analogiâ : *Utini*, *Schirattus*, 1635. Accedunt de propriorum Operum historiâ libri duo. *Patavii*, *Frambottus* : 1634. *in-4°. v. f.*

530 G. J. Sgravesande philosophiæ newtonianæ institutiones in usus academicos. Editio secunda auctior. *Leidæ*, *Langerak*, 1728. *in-12. 2. vol. v. br.*

531 La Logique ou l'art de penser. *Paris*, *Desprez*, 1730. *in-12. v. br.*

On a fait plusieurs éditions de cet ouvrage. Falconet, n°. 2615, cite celle de 1664. Tout le monde sait que Pierre Nicole est l'auteur de ce livre, et qu'on lui a donné le nom de *Logique du Port-Royal.*

532 Traité des systêmes, où l'on en demêle les inconvéniens et les avantages. Par M. l'Abbé de Condillac. *Amsterdam*, *Arkstée*, 1771. *in-12. v. f. d. s. t. filets.*

533 De veritate prout distinguitur à revelatione, à Verisimili, à possibili et à falso. Hoc opus condidit Edoardus Baro Herbert de Cherbury in Angliâ. *Londini*, *Matthæus*, 1633. *in-4°. v. f.*

Falconet, n°. 2549.

534 De Causis Errorum, opus Edoardi Baronis Herbert de Cherburi rectum index sui et obliqui. 1656. *in-12. v. f. filets.* (*sans nom de ville.*)

535 Joannis Claubergii de cognitione Dei et nostri, quatenùs Naturali rationis lumine secundùm veram philosophiam potest comparari,

exercitationes centum. *Duisburgi ad Rhenum. Wyngaerden*, 1656. *in-8°. velin.*

Stollius dans son *Introductio in historiam litterariam*, cite cet ouvrage comme calqué sur les méditations de Descartes. Le Fleuron qui est sur le titre de cette édition, est copié d'après un emblême d'un livre intitulé : Antipathie de l'amour Divin et Profane.

536 Sexti Empyrici opera græcè et latinè pyrrhoniarum institutionum libri tres, cum Henrici Stephani versione et notis contrà mathematicos, etc. notas addidit Joh. Albertus Fabricius. *Lipsiæ*, *Gleditsch.* 1718. *in-fol. v. br.*

Falconet n°. 2447.

537 Jacobi Bruckeri historia critica philosophiæ à mundi incunabulis ad nostram usquè ætatem deducta. Editio secunda. *Lipsiæ*, *Weidemann.* 1767. *in-4°. 6. vol. v. f. d. s. t. fig. grand. papier.*

538 M. Friderici Christ. Baumeisteri Exercitationes Academicæ et Scholasticæ varii generis argumenta ad recentiorem philosophiam elegantiorisque stili cultum Spectantia complexæ. *Lipsiæ*, *Richter*, 1741. *in-4°. v. br. d. s. t. filets.*

539 Aloysii Antonii Verneii apparatus ad philosophiam et Theologiam. *Romæ*, *Palearini*, *in-8°. v. br. portrait*, *grand papier.*

Traités de Morale.

540 La Morale Universelle, ou les Devoirs de l'homme fondés sur la nature. *Amsterdam*, *Michel Rey*, *in-4°. broché.*

541 Essai sur les préjugés, ouvrage contenant l'apologie de la philosophie, par M. D. M. *Londres*, 1770. *in*-8°. *v. m.*

542 Georgii Bernhardi Bilfingeri de origine et permissione mali præcipuæ moralis Commentatio philosophica. *Tubingæ*, *Berger*, 1743. *in*-8°. *m. r. d. s. t. filets.*

543 De la sagesse, par Pierre Charron. *Leyde*, *Elzevir.* 1646. *in*-12. *petit format. m. r. d s. t. dent. tabis.*

C'est l'édition la plus recherchée. Falconet, 2667. Debure, 1321.

544 Christiani Thomasii introductio in philosophiam Moralem, sivè de arte rationaliter et virtuosè amandi. Editio novissima. *Halæ*, *Magdeburgicæ*, *Rengerius*, 1706. *in*-8°. *v. br. d. s. t. filets.* Superbe reliure.

545 Cl. Salmasii notæ et animadversiones in Epictetum et simplicium. *Lugduni Batavorum*, *J. Maire*, 1640. *in*-4°. *velin.*

546 Manuel d'Epictete, grec et françois, par Lefebvre de Villebrune. *Paris*, *Pierres*, 1783. *in*.16. *v. m. d. s. t. filets*, superbe édition.

547 De la philosophie de la nature, ou traité de Morale pour l'espèce humaine, tiré de la philosophie et fondé sur la nature. Troisième édition. *Londres*, 1777. *in*-8°. *grand papier*, 6 *vol. v. écaillé*, *filets*, *fig.*

548 La Morale d'Epicure avec des réflexions. *Paris*, *Guillain*, 1685. *in*-12. *v. br. portrait.*

Voyez les notes de l'Abbé Sepher et celles de l'Abbé Rive au commencement de ce vol.

549 Systême de Philosophie Morale, traduit

de l'Anglois de Hutcheson, par M. E. (Eidous) *Lyon, Regnault*, 1770. *in-12. v. m. filets.*

L'original est au Catalogue de M. Macarty sous ce titre: *A System of moral philosophy, by Franc. Hutcheson*: London, A. Millar, 1755. in-4°. 2. vol.

550 Jo. Gottl. Heineccii Elementa philosophiæ rationalis et Moralis. *Amstelædami, Wetstenius, in-8°. grand papier, v. f. d. s. t. filets.*

Traités de Politique.

551 Agapeti Diaconi ad Justinianum imperatorem et Basilii macedonis imperatoris ad Leonem philos. filium Adhortationes de benè administrando imperio. gr. et lat. cum notis Bernhardi Damke. *Basileæ, Schroter*, 1633. *in-8°. m. r. filets.*

552 Reflexions sur plusieurs matières politiques de France, par Henri de l'Hospital, sieur de Bellesbat, Conseiller au Parlement de Paris. *Manuscrit in-4°. relié en marroquin rouge. d. s. t.*

Ouvrage intéressant et rempli d'excellentes vues.

553 Traité Politique composé par William Allen, Anglois, et traduit nouvellement en françois, où il est prouvé par l'exemple de Moyse et par d'autres que tuer un tyran *TITULO VEL EXERCITIO*, n'est pas un meurtre. *Lugduni, anno* 1658. *in-16. de 94 pages. m. r. d. s. t. filets.*

Voyez Debure, n°. 1359.

554 Essai sur la différence du nombre des hommes dans les temps anciens et modernes; traduit

de l'Anglois de M. R. Wallace, par M. (Elie) de Joncourt. *Londres*, 1754. *in-12. v. m.*

555 Traité de la Cour, ou instructions des Courtisans, par M. du Refuge. dernière édition. *Amsterdam*, *Elzevir*. 1656. *in-12. v. br. filets.*

Bayle fait grand cas de ce livre ; il n'a pas connu cette édition : Sorel, dans sa Bibliothèque françoise, dit que cet ouvrage a passé avec approbation dans la main de toutes sortes de personnes.

556 Abrégé de la Police, accompagné de réflexions sur l'accroissement des villes, par Jean-Pierre Willebrand. *Hambourg*, *Estienne* 1765. *in-8°. v. éc.*

557 Les Soupirs de la France esclave qui soupire après sa Liberté. *Amsterdam*, 1690. *in-4°. m. bl. d. s. t. filets.*

558 Gulielmi Bellendini, de Statu libri tres. *Parisiis*, *Dumesnil*, 1615. *in-8°. v. f. d. s. t.*

559 Joannis Nicolai Hertii Elementa prudentiæ civilis ad fundamenta solidioris doctrinæ jacienda. *Francofurti ad Mœnum*, *Knochius*, 1711. *in-8°. v. f. d. s. t. filets. fig.*

560 Le Monarque, ou les devoirs du Souverain, par le P. Senault. *Paris*, *Lepetit*, 1662. *in-12. v. f. filets.*

561 Les Finances considérées dans le droit naturel et politique, ou examen critique de la théorie de l'impôt. *Amsterdam*, 1762. *in-12. v. br. filets.*

L'auteur de cet ouvrage est M. Buchet.

562 Lettre sur l'esprit de patriotisme, sur l'idée d'un Roi patriote, etc. Ouvrage traduit de l'Anglois. *Londres*, 1750. *in-8°. v. f. d. s. t. filets.*

563 Ethocratie, ou le Gouvernement fondé sur la Morale. *Amsterdam*, *Rey*, 1776. *in-4°. broché.*

564 Institution d'un Prince, ou traité des qualités, des vertus et des devoirs d'un Souverain, par M. l'Abbé Duguet. Nouvelle édition, avec la vie de l'auteur. *Londres*, *Nourse* 1743. *in-4°. m. r. d. s. t. filets.*

Debure, n°. 1352, a cité une édition de 1739.

565 Des Corps Politiques et de leur Gouvernement, seconde édition revue et très-augmentée. *Lyon*, *Duplain*, 1766. *in-4°. v. m. 2 tom. en 1 vol.*

Economie.

566 Roderici Zamorensis, Speculum Vitæ Humanæ. *in-fol. m. r. d. s. t. filets.*

Voyez pour sa description le Catalogue de la Valliere au n°. 1314 des livres rares.

567 Roderici Zamorensis Speculum Vitæ Humanæ. *in-4°. grand papier*, *m. r. d. s. t. filets.*

Ces deux éditions sans date, sans signatures et sans réclames, sont sorties des mêmes presses. On trouve dans l'édition in-4°. la note suivante de l'Abbé Rive. « Ce livre n'est pas le premier qui a été imprimé en France. Il n'est que de l'an 1472, et il a été exécuté par Pierre Cesaris, ainsi qu'on le reconnaît à ses caractères : nous l'avons eu de l'Abbaye de St. Nicaise de Rheims, dans le voyage que nous avons fait en cette ville le 2 août 1780. Cet exemplaire est sur grand papier. Sa hauteur est de 8 pouces 7 lignes, et sa largeur de 5 pouces 10 lignes. Cette édition est très-rare ; elle a été inconnue à Corneille de Brughem, à la Caille, à Maittaire, à Orlandi, etc. Ces trois derniers auteurs ont cité une autre édition de Pierre Cesaris, exécutée in-fol. après celle-ci ; elle porte le nom de cet Artiste et de Jean Stol son Associé. Les vers qu'on lit à la fin du du corps de l'édition citée ne sont pas les mêmes que dans celle-ci » (*note de l'Abbé Rive.*)

Debure cite au nº. 1330 l'édition faite par Cesaris et Stol. Mais il ne fait pas mention des deux éditions que nous possédons. L'une et l'autre commencent par un Prologue, fort court, qui annonce que l'ouvrage est dédié au Pape Paul II. A la fin du corps de l'ouvrage on lit les six vers suivans :

Edidit hoc lingue clarissima norma latine.
Excelsi ingenii vir Rodoricus opus.
Qui norma angelica est Custos bene fidus in arce.
Sub Pauli Veneti nomine Pontificis.
Claret in italici Zamorensis Episcopus ausis
Eloquii ; it superos gloria parta viri.

Dans l'édition in-4°. il y a encore des sommaires des chapitres qu'on a omis dans celle qui est in-fol. vient ensuite la table qui finit par cette souscription : *Finis Felix atquè optatus illius brevis tabulæ sivè repertorii per Alphabetum in præsentem librum : Speculum humanæ vitæ numcupatum.*

568 L'Economie ou la regle de la vie humaine, traduite de l'Anglois, par le sieur Michel Desprefays. *Londres. Vaillant*, 1751. in-12. *broché.*

On attribue cet ouvrage à Milord Chesterfield : il y en a trois versions françaises : la première est de *Daine.* Celle-ci est la seconde ; elle est préférée aux deux autres. La troisième est de l'Escalier sous le titre de *Bramine inspiré* : (*Berlin*, 1751.) Elle a été contrefaite à Amsterdam sous ce titre : *l'Art de vivre heureux dans la société par un ancien Bramine.* Je n'ai trouvé aucune de ces versions dans la Bibliographie de Debure.

Commerce et Finances.

569 L'Antifinancier. *Amsterdam*, 1763, *in-8°. broché en carton.*

Cet ouvrage est de M. Darigrand, Avocat : il est contre les Fermiers-généraux.

570 Réflexions politiques sur les finances et le Commerce. *Lahaye*, *Vaillant*, 1738. *in*-12, 2 *vol. v. m.*

571 Examen du Livre intitulé : Réflexions politiques sur les finances et le Commerce. *Lahaye Vaillant*, 1740. *in*-12, 2 *vol. v. m.*

572 Traité sur le commerce et sur les avantages qui résultent de l'intérêt de l'argent, par Josias Child, avec un petit traité de l'usure par Thomas Culpeper ; trad. de l'Anglais. *Amsterdam*, (*Paris*) *Guerin*. 1754, *in*-12. *v. m.* (*Falconet n*°. 2059.)

573 Considérations sur le commerce et en particulier sur les Compagnies, Sociétés et Maîtrises. *Amsterdam*, 1758, *in*-12. *v. f. filets.*

574 Essai politique sur le Commerce, nouvelle édition. 1736. *in*-12. *v. br.*

575 Le Négociant Anglois, ou traduction libre du livre intitulé : *The Brisish Merchant. Paris*, *Estienne*, 1753. *in*-12. *v. f. filets*, 2 *vol.*

576 Le Commerce et le Gouvernement considérés rélativement l'un à l'autre. Ouvrage élémentaire par l'Abbé de Condillac. *Paris*, *Jombert*, 1776. *in*-12 *v. f. d. s. t. filets.*

577 Théorie et pratique du Commerce et de la Marine, traduction libre sur l'espagnol de don Geronymo de Ustaryz. *Paris*, *ve. Estienne*, 1753, *in*-4°. *grand papier*, *broché.*

578 Francisci Rocci de Navibus et naulo, item de assecurationibus, Editio nova. *Ultrajecti*, *Visch*, 1710, *in*-8°. *velin.*

579 De officiis Mercatorum, seu diatriba que precipua Mercatorum pietatis inter Negotiandum continent officia, auctore Daniele Sauterio *Lugd. Batavor. Dorp*, 1615. Praxis Bancærup-

torum hujus sæculi ab eodem auctore. *Lugd. bat. Basson*, 1615. *in-8°. velin.*

580 J. Gothofredi dissertationes quinque de mutatione monetæ, etc. --- Epistola ad celeberrimum D. andream Rivettum. 1645. *in-8°. velin.*

581 Jo Gottlob Heineccii elementa juris cambialis. Editio septima. *Norimbergæ*, *felsecker*, 1764. *in-8°. v. f. d. s. t. filets.*

582. Réfutation du traité de la pratique des billets entre les Négocians. *Paris*, *Mariette*, 1702. *in-12. v. m.*

Métaphysique.

583 Theologia naturalis à Christiano Wolfio. Editio novissima emendatior. *Veronæ*, *Ramanzini*, 1738. *in-8°. 2. vol. grand papier broché en carton.*

584 Theologia Naturalis metaphysicis innixa principiis, à Jacobo Ode. *Trajecti ad Rhenum*, *Visch*, 1728. *in-8°. veau d'Irlande.*

585 Guilielmi Irhovii, de palingenesiâ veterum, seu metempsychosi libri III. *Amstelodami*, *Vleroot*, 1733, *in-4°. velin.*

586 Traité de l'infini créé, *Mss. in-4°. broché.*

On attribue cet ouvrage au P. Malebranche.

587 Phédon ou entretiens sur la spiritualité de l'ame par M. Moses Mendels-sohn, juif à Berlin, trad. de l'Allemand par M. Junker. *Amsterdam*, *Ulam*, 1773. *in-8°. v. f. d. s. t. filets*, *planches enluminées.*

588 De Naturalismo cùm aliorum, tùm maximè Jo. Bodini schediasma inaugurale, L. Jo. Diecmanni. *Lipsiæ*, *Krugerius*, 1684, *in-12. petit format*, *v. br.*

589. De fato libri novem, julio Sirenio brixiano auctore. Accesserunt Hieronymi Magii in eosdem libros periochæ. *Venetiis*, *Ziletti*, 1563, *in-fol. velin.*

Livre rare, savant et singulier : l'impression en est admirable. L'édition de Moreri de 1759 ne parle pas de *Jurius Sirenius*. G. J. Vossius écrit *Cyrenius* au lieu de *Sirenius*. (voyez la note instructive que l'Abbé Rive a placée au commencement de ce livre, et Debure n°. 1371.)

590 B. Adami Tribbechovii historia naturalismi. *Jenæ*, *Krebsius*, 1700. De naturalismo ex Mss. Jo. Bodini schediasma inaugurale à L. Jo. Diecmanno. *Jenæ*, *Krebgius*, 1700. --- Christiani Kortholti de tribus impostoribus liber, *Hamburgi*, *Reumannus*, 1701. *in-4°. v. m.*

On a joint à ce vol. un in-8° de 8 pages par Perini del Vago, *de tribus impostoribus*. L'Abbé Rive y a écrit au crayon ce qui suit : *Tolandus sub ficto nomine est auctor hujus epistolæ*.

591 Rodolphi Cudworthi systema intellectuale hujus universi seu de veris naturæ rerum originibus commentarii : J. Laur. Moshemius omnia ex anglico in latinum vertit. *Lugduni Batavorum*, *Luchtmans*, 1773. *in-4°. v. f. d. s. t. filets. 2 vol.*

Falconet au n°. 2814 cite une Edition de 1733. *Ienæ*, *Meyer*, *in fol.*

592 Joannis Bodini andegevensis colloquium heptaplomeres de abditis sublimium rerum arcanis, libris vj. digestum. *Mss. in fol. pap. reglé, m. r. d. s. t. dentelles.*

Ce Mss. est cité par Debure au n°. 833. Celui-ci paraît du commencement du dernier siecle.

593 Animæ rationalis immortalitas simùl cum ipsius verâ propagatione ex semine, ab Antonio Rocco. *Francofurti*, *Hertz*, 1644. *in-4°. broché en carton.*

C'est l'ouvrage d'un Athée, il dit dans un endroit de son livre que l'ame de l'homme *est in Semine humano sicut anima canina in Semine canis.*

594 Petri frid. Arpe de prodigiosis naturæ et artis operibus Talismanes et Amuletâ dictis, liber singularis. *Hamburgi*, *Liebereit*, 1717, *in-12. v. f. d. s. t. filets.*

Falconet n°. 2833.

595 Synopsis Metaphysicæ ontologiam et pneumatologiam complectens. Editio altera auctior. 1744. *in-12. v. br. sans nom de ville.*

596 Analyse démontrée, ou Méthode de résoudre les problêmes de mathématique, par le P. Reyneau de l'Oratoire, avec les remarques de Varignon. *Paris*, *Quillau*, 1736. *in-4°. 2. vol. v. m. fig.*

597 M. Frid. Christ. Baumeisteri Institutiones Metaphysicæ methodo Wolfii adornatæ. Editio nova. *Witembergæ*, 1762. *in-8°. v. f. d. s. t. filets.*

598 Traité de l'ame et de la connoissance des Bêtes, par A. D. (Dilly.) *Amsterdam*, *Gatlet*, 1691. *in-12. petit format. v. br.*

Moreri attribue cet ouvrage à Rohault : Bayle dit que l'auteur est Dilly, Prêtre d'Embrun, et que la première édition est de l'année 1676.

599 Hieronymi Cardani de Immortalite Animorum. *Lugduni*, *Gryphius*, 1545. *in-8°. v. f. filets.*

Cardan combat l'immortalité de l'ame en faisant semblant de l'établir. Ce livre est rare. Vanini dit dans son amphitéatre qu'il n'a pas pu se le procurer.

600 Johannis Beverovigii Epistolica quæstio de vitæ termino fatali an mobili ? Cum Doctorum Responsis. Secunda editio triplo auctior. *Lugd. Batav. Maire*, 1636, *in-4°. v. f. d. s. t. filets.*

Falconet, n°. 2829. Livre rare et curieux.

601 Dissertations sur l'immortalité et l'immatérialité de l'Ame. *Paris*, *Ve. Cavalier*, 1755. *in-12. v. f. d. s. t.*

602 La Palingénésie Philosophique, ou idées sur l'état passé et sur l'état futur des êtres vivans : par C. Bonnet. *Geneve*, *Philibert*, 1769. *in-8°. m. r. d. s. t. dent.* 2 *vol.*

603 Histoire Critique de l'Ame des Bêtes, par M. Guer, Avocat. *Amsterdam*, *Changuion*, 1749. *in-8°.* 2 *vol. v. m. d. s. t. filets*, *grand papier*, beau.

604 Hieronymi Rorarii Exlegati Pontificii, quod Animalia Bruta ratione utantur melius homine, libri duo. *Parisiis*, *Cramoisy*, 1648. *in-8°. m. r. d. s. t. filets*, rare. (Debure, 1443.)

605 Histoire des Causes Premières, ou Exposition Sommaire des pensées des Philosophes sur les principes des Êtres, par M. l'Abbé Batteux. *Paris*, *Saillant*, 1769. *in-8°. grand format*, *v. f. filets.*

606 Systême de la Nature, par M. Mirabaud. *Londres*, 1770. *in-8°. v. f.* 2 *vol. filets.*

607 Recherches sur l'Entendement humain, trad. de l'Anglais de Thomas Reid. *Amsterdam*, *Meyer*, 1768. *in-8°. v. f.* 2. *vol. d. s. t. filets.*

608 Georgii Bernhardi Bilfingeri Dilucida-

tiones Philosophicæ de Deo, animâ humanâ, etc. Editio tertia. *Tubingæ*, *Cotta*, 1746. *in-4°. m. r. d. s. t. filets.*

609 De origine mali, Autore Guilielmo King. *Londini*, *Tooke*, 1702. *in-8°. v. br. reliure Anglaise.*

Falconet, n°. 2824.

610 Le Systême des Anciens et Modernes sur l'état des ames séparées des corps. *Londres*, 1757. *in-12. 2 tom. en 1 vol. f. d. s. t.*

611 Petri Pomponatii Mantuani Tractatus de Immortalitate animæ. 1534. *in-12. v. br.* (*sans nom de ville ni d'imprimeur.*)

On a collé à cet exemplaire le portrait de Jerôme Savonarole.

612 Edonis Neuhusi Theatrum ingenii humani sivè de cognoscendâ hominum indole et secretis animi moribus. Editio novissima. *Amstelodami*, *Jansonius* 1648. *in-12. v. br.*

SECTION II.

PHYSIQUE.

Traités et Cours de Physique générale et particulière, Machines de Physique, etc.

613 Magisterium naturæ et artis, opus Physico-Mathematicum P. Francisci Tertii de Lanis Soc. Jesu. *Brixiæ*, *Ricciardus*, 1684. *in-fol. velin.* 3. *vol. grande marge, fig.*

Debure qui n'en annonce que deux volumes sous le n°. 1445, dit que c'est un ouvrage difficile à trouver.

614 Hieronymi Cardani, de Subtilitate libri XXI. *Basileæ*, *Lucius* 1554. *in-fol. broché en carton.*

Debure annonce une première édition en 1550, et celle-ci en 1553 : c'est une faute, puisqu'elle porte la date de 1554. Voy. sa Bibliographie n°. 1425.

615 Dialogus de Systemate Mundi, autore Galilæo Galilæi Lyncæo. *Augustæ Treboc*, *Elzevir*, 1635. *in-4°. broché en carton.*

616 De Suspectâ Poli Declinatione, à M. Joh. Prætorio. *Lipsiæ*, *Michael*, 1675. *in-4°. v. m.*

Livre très-rare, mais peu estimé par certains auteurs.

617 Curiositates Physicæ Gothofredi Voigtii. Ejusdem contrà nivis albedinem realem dissertatio physica. *Gustrovi*, *Sceippelius*, 1668. *in-12. v. m.*

618 Antonii Legrand Dissertatio de Carentiâ sensûs et cognitionis in brutis. *Londini*, *Martyn*, 1675. *in-16. v. br.* Belle édition.

Falconet, n°. 3200.

619 L'Oeconomie des trois Familles du Monde Sublunaire, à savoir Animale, Végétale et Minérale, et particulièrement de la nature de l'homme. Par Jean Pages, D. M. *Paris*, *Libert*, 1626. *in-8°. v. m.*

Falconet, n°. 3169.

620 L. Christ. Frid. Garmanni de Miraculis Mortuorum libri tres : *Dresdæ*, *Zimmermann*, 1709. *in-4°. v. b. d. s. t. filets*, *portrait.* Beau et rare. V. Falconet n°. 5732.

621 Henrici Kornmanni de Miraculis Mortuorum. *Kirchamæ*, *Wolffius*, 1610. *in*-8°. *m. r. d. s. t. filets.*

Edition rare. Voy. Thomas Crenius *de Furibus Librariis*, pag. 97. Bayle dit dans son grand Dictionnaire que les Traités de cet Auteur sont tous curieux. Voy. encore Debure n°. 1442.

622 Dilucida de Coloribus Dissertatio Scriptore Salomone Priezaco Danielis Filio. *Parisiis*, *d'Arbisse*, 1657. *in*-12. *velin.*

Ouvrage curieux, rempli d'érudition et de philosophie : aucun auteur n'a écrit la vie de Salomon Priezac. Voy. Niceron ; mém. xxxvii pag. 29.

623 Institutions de Physique. *Paris*, *Prault*, 1740. *in*-8°. *v. m. fig.*

La Préface de ce livre n'est pas adhérente au corps de l'ouvrage.

624 Traité abrégé de physique à l'usage des Colleges, par M. de Saintignon. *Paris*, *Durand*, 1763. *in*-12. 6 *vol. v. m.*

625 Considérations sur les Corps organisés, par *C.* Bonet. *Amsterdam*, *Rey*, 1762. *in*-8°. 2 *vol. v. f. d. s. t. filets.*

626 Principales Merveilles de la Nature, tirées des meilleurs Auteurs anciens et modernes. *Amsterdam*, *Marret*, 1723. *in*-12. *v. br. fig.*

Cette édition est de Rouen, de même que celle de 1726, citée dans le Catalog. de Falconet, n°. 3412.

627 Dictionnaire des Merveilles de la Nature, par M. A. S. J. D. *Paris*, 1781. *in*-8°. 2 *vol. grand format. v. f. filets.*

628 Traité de la Sphere, par Rivard, *Paris, Desaint*, 1741. *in*-8°. *v. br.*

629 Contemplation de la nature, par C. Bonnet. *Amsterdam*, *Rey*, 1764. *in*-8°. 2 *vol. grand papier*, *v. f. d. s. t. filets.*

630 Considérations philosophiques de la Gradation Naturelle des Formes de l'Etre, ou les Essais de la nature qui apprend à faire l'homme, par J. B. Robinet. *Paris Saillant*, 1768. *in*-8°. *v. m. filets. fig.*

631 De la Nature. *Amsterdam*, *Harrevelt*, 1761. *in*-8°. *grand papier*, 4 *tom. en* 3 *v. fig.*

Ces deux ouvrages peuvent être placés dans la classe de la Métaphysique.

632 Recueil de différens traités de Physique et d'Histoire Naturelle, par M. Deslandes. *Paris*, *Quillau*, 1750. *in*-12. 3 *vol. v. m. fig.*

633 Dissertation sur la dureté, la mollesse et la fluidité des corps. Par le P. Dufech. *Bordeaux*, *Brun*, 1735. *in*-12. *v. m. d. s. t. filets.*

634 Dissertation sur les Variations du Barometre, par M. Dortous de Mairan. *Bezters*, *Barbut*, 1715. *in*-12. *v. f.*

635 Ocellus Lucanus de la nature de l'Univers, grec et françois, de la traduction de l'Abbé Batteux. *Paris*, *Saillant*, 1768. *v. f. filets.*

636 Leçons de Physique expérimentale sur l'équilibre des liqueurs, et sur les propriétés de l'air, traduites de l'Anglois de M. R. Côtes. *Paris, David*, 1742. *in*-8°. *v. br. fig. grand papier.*

637 Recherches Physiques sur la nature de l'air nitreux et de l'air déphlogistiqué, par M. l'Abbé Felix Fontana. *Paris*, *Nyon*, 1776. *in*-8°. *d. s. t. filets*, *grand papier.*

638 Essai sur les moyens de diminuer les dangers de la mer par l'effusion de l'huile, du goudron ou de toute autre matière flottante, traduit de l'Hollandois de M. de Lelyveld. *Amsterdam*, *Rey*, 1776, *in*-8°. *grand papier*, *v. f. filets*.

On trouve encore dans ce volume : Discours de M. d'Arcet sur l'état actuel des Pyrenées. *Paris*, *Cavelier*, 1776. --- Les Mémoires de l'Eléphant écrits sous sa dictée, et traduits par un Indien, par un Suisse. *Paris*, *Costard*, 1771. --- Recherches sur la préparation que les Romains donnaient à la Chaux dont ils se servaient pour composer leur mortier ; par M. Delafaye, *Paris*, *Impr. Roy.* 1777. --- Manière d'enluminer l'estampe posée sur toile, par M. L. B. D. S. J. *Londres*, 1773.

639 Œuvres physiques et géographiques de M. Pierquin, avec la vie de l'Auteur. *Paris*, *Simon*, 1744. *in*-12. *v. f. d. s. t. filets*, *fig.*

640 Recueil sur l'Electricité Médicale. *Paris*, *Lemercier*, 1752. 2 *vol. in*-12. *v. m.*

641 Mémoire sur l'Electricité. *Paris*, *Ve. David*, 1746. *in*-8°. *v. m. fig.* --- Dissertation sur le feu boréal, *Paris*, *Bullot*, 1733.

Ce Mémoire est de M. de Secondat, ancien Conseiller au Parlement de Bordeaux. Il a été omis dans le premier vol. de la France littéraire p. 402. Cet ouvrage est contre l'Abbé Nollet. Voy. le Journal des Savans du mois de Mai 1752, et de juin de la même année.

642 Histoire générale et particulière de l'Electricité. *Paris*, *Rollin*, 1752. *in*-12. 2. *vol. v. m.*

On trouve une note de l'Abbé Rive dans cet ouvrage, il aurait bien envie de l'attribuer à Dalibard, quoiqu'il n'assure pas qu'il en soit l'auteur.

643 Histoire de l'Electricité, traduite de l'Anglois de Joseph Priestley. *Paris*, *Hérissant*, 1771. *in*-12. 3 *vol. v. b. d. s. t. filets*, *fig.* neuf et beau.

664 Phenomena Electricitatis exposita ab Andreâ Gordon. *Erfordiæ*, *Nonnius*, 1744. --- Lettre sur l'Electricité, par Jean-Baptiste Beccaria, traduite de l'Italien par Delor. *Paris*, *Ganeau*, 1774. --- Réflexions contre l'usage de l'Electricité dans la Médecine. *Paris*, *Didot*, 1771. --- Nuove sperienze Elettriche secondo la teoria del Signor Franklin, è le produzioni del P. Beccaria, di Carlo Barletti delle scuole pie. *Milano*, *Galeazzi*, 1771. *in*-12. *broché en carton*, *fig.*

645 De his quæ mundo mirabiliter eveniunt; ubi de sensuum erroribus et potentiis animæ, ac de influentiis cœlorum, F. Claudii Cœlestini opusculum. De Mirabili potestate artis et naturæ, ubi de philosophorum lapide, F. Rogerii Bachonis, Anglici, Libellus. *Lutetiæ*, *Collinæus*, 1542. *in*-4°. *relié en carton*, *petit format.*

Livre curieux et rare. Le premier traité en est excellent; il mériterait d'être réimprimé : L'Abbé Lenglet n'en a pas connu la rareté, et il se trompe grossièrement lorsqu'il prétend qu'Oronce Finée en est l'auteur, tandis qu'il n'en est que l'éditeur. (*Note de l'Abbé Rive.*)

646 Adriani Turnebi de Methodo libellus. *Parisiis*, *Morellus*, 1600. --- Ejusden de calore et de iis quæ auditu percipiuntur, libelli. *in*-8°. *velin.*

647 Discours philosophique sur la création et l'arrangement du Monde. Par M. T. F. V. D. E. M. *Amsterdam*, *Marret*, 1700. *in*-12. *v. br.*

648 Remarques et expériences physiques sur la construction d'une nouvelle Clepsidre, sur les Barometres, etc. Par M. Amontons. *Paris, Jombert*, 1695. *in-12. v. m. fig.*

649 De igne subterraneo prolusio D. Joannis Nardii, Florentini. *Florentiæ, Delandis*, 1641. *in-4°. v. f.*

650 Claudii Dausquii terra et aqua, seu terræ flutantes. *Parisis, Leonard*, 1677. *m. r. d. s. t. or sur plat.*

SECTION III.

HISTOIRE NATURELLE.

Introductions à l'Histoire Naturelle. Traités Généraux de cette Science. Histoire Naturelle des Minéraux.

651 Recueil de divers traités sur l'Histoire Naturelle, par M. E. Bertrand. *Avignon. Chambeau*, 1766. *in-4°. v. écaillé.*

652 Caii Plynii Secundi, Naturalis Historiæ libri xxxvij. *Parmæ, Stephanus Corallius*, 1476. *grand in-folio, m. r. d. s. t. filets.*

Il y a une seconde édition de Pline à Trévise en 1479. Elle est moins belle que celle-ci. Debure ne cite aucune de ces deux éditions, quoique rares.

653 C. Plinii secundi historiarum naturæ libri XXXVII, post omnes omnium editiones, ipsamque frobenianam posteriorem. *Parisis*,

Joannes Parvus, 1532. *in-fol. grand papier*; *v. br.*

654 C. Plinii secundi naturalis historiæ libri cum variorum commentariis. *Lugd. Bat. Hackius*, 1669. *in-8°. 3 vol. velin.* Debure, n°. 1468.

655 Castigationes hermolai in plinium. Castigatissimæ. *Mediolani, à Darleriis*, 1493. *in-fol. relié en carton.*

Debure ne cite pas cette édition. On la trouve dans Maittaire, tom. 1, p. 594, et au tom. 2 de David Clement, pag. 413 et 414. Col. 2. de la note.

656 Hermolai Barbari Patricii Veneti in C. Plinii naturalis historiæ libros castigationes. *Basileæ*, *Walderus*, 1534. *in-8°. grand papier. v. f. filets.*

Debure, n°. 1475, cite l'édition de Rome en 1493.

657 In omnes C. Plinii secundi naturalis historiæ argutissimi scriptoris libros Stephani Aquæi, bituricensis, commentaria. *Parisiis*, *Poncet Lepreux*, 1530. *in-fol. pap. lavé et reglé, grande marge, relié en bois.*

Falconet, n°. 3363.

658 Nicolai Leoniceni de Plinii et aliorum medicorum erroribus liber. *Basileæ*, *Henric-Petri.* 1529. *in-4°. v. f. filets.*

659 Francisci Massarii Veneti in nonum Plinii de naturali historiâ librum Castigationes et annotationes. *Basileæ*, *Frobenius*, 1537. *in-4°. v. f.* (Falconet, n°. 3368.)

660 Johannis Woodwardi naturalis historia telluris illustrata et aucta. *Londini*, *Wilkins*, *in-8°. v. f. d. s. t. filets.*

Debure, n°. 1476.

661 Traduction des XXXIV, XXXV et XXXVII Livres de Pline l'ancien, avec des notes par Etienne Falconet. Seconde édition. *Lahaye, Monnier*, 1773. *in-8°. v. f. d. s. t. filets, grand papier, 2. vol.*

662 Georgii Agricolæ de re metallicâ libri XII. Ejusdem de animantibus subterraneis liber. *Basileæ, Frobenius*, 1556. *in-fol. v. f. figures gravées en bois.*

Debure, n°. 1480.

663 Introduction à la Minéralogie, ouvrage posthume de M. Henckel. *Paris, Cavelier*, 1756. *in-8°. v. m.*

664 Traité des Pierres de Théophraste, traduit du grec. *Paris, Hérissant* 1754. *in-12. v. m.*

Falconet, n°. 3607.

666 De historiâ naturali Veterum libellus, autore Joanne Beckmanno· *Petropoli, Dieterich*, 1766. *in-8°. v. f. d. s. t. filets.*

667 Dictionnaire des Fossiles propres et accidentels, par M. E. Bertrand. *Lahaye, Gosse*, 1763. *in-8°. v. m. grand papier.*

668 Dictionnaire d'histoire naturelle par Valmont de Bomare. *Paris, Brunet*, 1775. *in-4°. 6. vol. broché.*

669 Specimen historiæ naturalis globi terraquæi, autore Rudolpho Erico Raspe. *Amstelodami, Mortier*, 1763. *in-8°. grand papier, v. f. d. s. t. filets, fig.*

670 Th. Burneti Telluris Theoria Sacra, originem et mutationes generales orbis nostri quas aut jam subiit, aut olim subiturus est complectens. Accedunt Archæologiæ philo-

sophicæ. *Amstelædami*, *Wolters*, 1699. *in-4°. v. br.*

Falconet, n°. 3434. Debure, n°. 1435.

671 Traité singulier de Métallique, traduit de l'Espagnol de Perez de Vargas. *Paris*, *Prault*, 1743. *in-12. 2 vol. v. br.*

Debure ne cite pas cette traduction, il donne seulement la description de l'édition originale au n°. 1487 de sa Bibliographie.

672 Œuvres de Bernard Palissy, par MM. Faujas de Saint-Fond et Gobet. *Paris*, *Ruault*, 1777. *in-4°. grand papier*, *broché en carton.*

Cet exemplaire est orné de l'épitre dédicatoire à Francklin et de son portrait, superbe épreuve.

673 Sciagraphia lithologica curiosa, seu lapidum figuratorum nomenclator olim à celebri Joh. Jacobo Scheuchzero conscriptus, posmodò auctus à Jacobo Theodoro Klein. *Gedani*, *Schreiber*, 1740. – Ejusdem Klein descriptiones tubulorum marinorum. *Gedani*, *Gleditsch. in-fol. v. f. d. s. t. filets*, *fig.*

674 Saggio intorno ai cambiamenti avvenuti s'ul globo della terra. *Parigi*, *Prault*, 1746. --- Dell'antica condizion di Verona. *Venezia. Coleti*, 1719. *in-12. v. m.*

675 De omni rerum fossilium genere, operâ Conradi Gesneri. *Tiguri*, *Jac. Gesnerus*, 1565. *in-8°. m. r. filets. d. s. t. fig.*

676 La Restitution de Pluton, par Martine de Bertereau, Dame et Baronne de Beausoleil. *Paris*, *Dumesnil*, 1640. *in-8°. broché en carton.*

Debure, n°. 1497. Falconet, n°. 3568.

677 Recueil des Monumens des Catastrophes que le Globe de la Terre a essuïées, contenant des pétrifications dessinées, gravées et enluminées d'après les originaux ; commencé par feu M. George Wolfgang Knorr, et continué par ses héritiers, avec l'histoire naturelle de ces corps, par M. Jean - Ernest - Emmanuel Walch. *Nuremberg*, 1775. *in-fol. 4 vol. grand papier, fig. reliés en carton*, superbe collection.

678 Essai de Cristallographie par Romé Delisle. *Paris*, *Didot*, 1772. *in-4°. grand papier*, *v. f. d. s. t. filets*, *fig.*

679 De Crostacei è degli altri Marini Corpi che si truovano su' monti, libri due, di Anton-Lazzaro Moro. *Venezia*, *Monti*, 1740. *in-4°. grand papier*, *v.br. fig.*

680 Gemmarum et Lapidum quam olim edidit Anselmus Bootius de Boot, postea Adrianus Tollius recensuit, tertia editio longè purgatissima, cui accedunt Joannis de Laët de gemmis et lapidibus libri duo et Theophrasti liber de Lapidibus. *Lugduni Batavorum*, *J. Maire*, 1647. *in-8°. m. r. d. s. t. filets*, *fig.*

Çet ouvrage dont Debure n'a cité que la traduction suivante, est dans le Catalogue de Falconet sous le n°. 3636, pour l'édition de 1609 et au n°. 3637 pour l'édition de Leyde que nous annonçons.

681 Le parfait Joaillier ou histoire des Pierreries composée par Anselme Boece de Boot; et de nouveau enrichi de belles annotations, indices et figures, par André Toll. *Lyon*, *Huguetan*, 1644. *in-8°. m. r. d. s. t. filets*, *fig.*

Voy. Debure, n°. 1516.

682 Lettres philosophiques sur la formation des sels et des cristaux, par M. Bourguet, *Amsterdam*, *l'Honoré*, 1729. --- These de Médecine. *Paris*, *d'Houry*, 1705. --- Dissertation l'Asphalte. *Paris*, *Lottin*, 1721. *in*-12. *v. br. fig.*

683 Joannis Henrici Schuttei Orygtographia, sivè fossilium in agro jenensi descriptio. *Lipsiæ*, *Hermann*, 1720. *in*-12. *fig. velin vert.*

684 Martini Schoockii tractatus de turffis ceu cespitibus bituminosis. *Groningæ*, *Collenus*, 1658. --- Ejusdem liber de cerevisiâ, *ibid.* 1661. *in*-12. *v. br. filets.* (Falconet, n°. 3599.

685 Le Pilote de l'Onde vive, ou le secret du flux et reflux de la mer. Seconde édition. *Paris*, *d'Houry*, 1689. *in*-12. *v. f. d. s. t. filets.*

V. Falconet, n°. 3297. * La première édition est de 1678. Celle-ci est moins commune et plus recherchée. L'auteur est Maturin Eyquem, sieur du Martineau.

686 Isaaci Vossi, de motu marium et ventorum liber. *Hagæ Comitis*, *Ulacq*, 1663. *in*-4°. *vel. fig.*

687 Traité des vents alisez ou reglez, des vents frais, etc. de la Zone torride; par le sieur Dampier. *Amsterdam*, *Marret*, 1701. *in*-12. *v. f. cartes.*

688 Dialogo del flusso è reflusso del Mare d'Alseforo Talascapio. *Lucca*, *Busdnagho*, 1561. *in*-4°. *velin.*

Livre rare et presque introuvable. Les noms *d'Alseforo* et de *Talascopio* sont pseudonymes. Le vrai nom de l'Auteur est *Girolamo Borro*, *d'Arezzo*. Girolamo Ghirlanda n'en est que l'éditeur. Cette édition est la première. (*note de l'Abbé Rive.*) Falconet cite au n°. 3285 une édition in-8°. de Florence, 1577, avec le nom de Girolamo Borro.

689 Dissertation sur la cause de la salure des eaux de la Mer, par le P. Sarrabat. *Bordeaux*, *Ve. Brun*, 1728. --- Dissertations du même auteur sur les causes et les variations des vents. *in*-12. *v. m.*

690 Histoire physique de la Mer, par Louis-Ferdinand, Comte de Marsilli. *Amsterdam*, 1725. *in-fol. grand papier. fig. velin vert.*

691 Paradoxes ou traittez philosophiques des pierres et pierreries contre l'opinion vulgaire, par Estienne de Clave. *Paris*, *Chevalier*, 1635. *in*-8°. *v. f. d. s. t. filets*, *fig.* très-rare.

692 Guilielmi Laurembergii historica descriptio ætitis seu lapidis aquilæ. *Rostochi*, *Feber*, 1627. *in*-16. *velin.*

693 De re metallicâ Sueo-Gothorum Schediasma à Laurentio Benzelio. *Upsaliæ*, *Wernerius*, 1703. --- De officinis ferrariis et ferro specimen academicum Laurentii Boor. *ibid.* 1780. *in*-12. *v. f. d. s. t. filets.*

694 De origine fontium tentamen philosophicum per Robertum Plot. *Oxonii*, *Sheldonius*, 1685. *in*-12. *v. br.*

695 De l'origine des Fontaines. *Paris*, *Lepetit*, 1674. *in*-12. *v. br.*

696 De Vesuviano incendio nuntius in lucem iterum editus, auctore Julio-Cæsare Recupito è Soc. Jesu. *Neapoli*, *Longus*, 1632. et *Beltranus*, 1633. *in*-12. *v. m.*

697 Istoria dell' incendio del Vesuvio Scritta per l'accademia delle Scienze. Seconda edizione. *Napoli*, *Vocola*, 1740. *in*-12. *v. f. d. s. t. filets*, *fig.*

Ouvrage estimé et peu commun en France.

698 Compendio istorico degl'incendio del Monte Vesuvio, da Antonio Bulifon. *Napoli*, 1701. *in-12. petit format*, *v. br. fig.*

699 Vesuvius ardens, sivè Exercitatio medico-physica ad motum et incendium Vesuvii, a Vincentio Alsario Crucio, Genuensi. *Romæ*, *Facciotti*, 1632. *in-4°. v. f. d. s. t. filets.* (Falconet, n°. 3481.)

Debure, n°. 1479.

700 Lettres sur la Minéralogie et sur divers autres objets de l'histoire naturelle d'Italie, par M. de Diétrich. *Strasbourg*, *Baller*, 1776. *in-8°. v. f. filets.*

701 Joh. Laurentii Bauschi Schediasmata de lapide hæmatite et ætite. *Lipsiæ*, *Trescher*, 1665. *in-12. v. br. fig.*

702 Schediasma posthumum de Cœruleo et Chrysocollâ à D. Joh. Laurentio Bauschio. *Jenæ*, *Trescher*, 1668. --- Joh. Dan. Majoris Dissertatio de Cancris et Serpentibus Petrefactis. *Jenæ*, *Sellgiebelus*, 1664. *in-12. v. br.*

703 De Antiquis Auri, Argenti, Stanni, Aeris, Ferri, Plumbique Fodinis, Blasii Caryophili Opusculum. *Viennæ*, *Trattner*, 1757. *in-4°. v. m.*

704 P. Gasparis Schotti è Soc. Jesu Anatomia Physico-Hydrostatica Fontium ac Fluminum. *Herbipoli*, *Hertz*, 1663. *in-8°. v. br. fig.*

705. Scrutinium Cinnabarinum seu triga Cinnabriorum quæ sistit naturam Cinnabaris, Antimonii, etc. Autore Godofredo Schulzio. *Hall. Saxon. Hubner*, 1680. *in-8°. velin*, rare.

706 Description des Zoolithes nouvellement découvertes, d'animaux quadrupedes inconnus et des cavernes qui les renferment, par J.

Frederic Esper ; trad. de l'Allemand par Jacques-Frédéric Isemflamen. *Nuremberg, Heritiers de Knorr.* 1774. *in-fol. relié en carton ; grand papier, avec* 14 *planches coloriées.*

707 De Auro Dialogi tres, Abrahamo è Portâ-Leonis, Mantuano Medico Hebræo, Auctore. *Venetiis, à Porta,* 1584. *in-4°. velin.*

Très-belle édition d'un livre rare, dans lequel l'auteur a totalement épuisé la matière qu'il y traite. V. Morhof dans son *Polyhistor :* Jean-Christ. Wolf, etc. L'Abbé Lenglet qui ne connoissait pas cet ouvrage, a osé dire qu'il est peu recherché ; il en cite 3 éditions, dont la première est absolument fausse, et la troisième très-douteuse. (*note de l'Abbé Rive.*) Voyez le Catalogue d'Estrées, n°. 7555. Celui de Falconet 3522. Ce dernier appelle l'auteur *à Porta* au lieu *d'è Portâ-Leonis* en hebreu, *Mischaar Arje.*

708 Jacobi Theodori Klein naturalis dispositio Echinodermatum : accesserunt lucubratiuncula de aculeis echinorum et spicilegium de Belemnitis. *Lipsiæ, Gleditsch,* 1778. *in-4°. v. f. d. s. t. filets, grand papier.*

Histoire Naturelle des Végétaux. Botanique et Agriculture.

709 Hyerophyticon sivè Commentarius in loca Scripturæ Sacræ quæ plantarum faciunt mentionem, auctore Matthæo Hillero. *Trajecti ad Rhenum, Broedelet,* 1725. *in-4°. v. m.*

710 Prosperi Alpini de plantis Ægypti liber. *Venetiis, de Franciscis,* 1592. *in-4°. v. f. d. s. t. filets. fig.*

Debure, n°. 1670.

711 Michaelis Friderici Lochneri Commen-

tatio de Ananasâ, sivè nuce pineâ indicâ Vulgò Pinhas. *in-4°. v. f. fig.* (*sans date.*)

712 Dissertatio de Plantarum vegetatione, habita per Kenelmum Digbæum, *Amstelodami, Duysbergius*, 1660. *in-16. velin.*

On voit dans le Catalogue de Colbert une édition in-12. de ce livre de l'année 1669 : l'exemplaire que nous citons était dans la Bibliothèque du célèbre Boerhaave.

713 Histoire admirable des plantes et herbes émerveillables, par M. Claude Duret. *Paris, Buon*, 1605. *in-8°. v. br. fig.*

Falconet, n°. 4173.

714 Curiositez de la nature et de l'art sur la végétation, par M. l'Abbé de Vallemont. *Bruxelles, Leonard*, 1723. *in-12. 2. vol. v. m. fig.*

Falconet, n°. 3986, cite une édition antérieure. Elle est de 1707, à Paris chez Moreau.

715 Essai sur la Police générale des Grains, sur leurs prix et sur les effets de l'Agriculture. *Berlin*, 1755. *in-12. v. br. filets.*

716 Rei Agrariæ Auctores Legesque variæ, curâ Wilelmi. Goesii : accedunt Antiquitates Agrariæ et notæ cum nic. Rigaltii observationibus et glossario. *Amstelredami, Jansson*, 1674. *in-4°. fig. v. br.* (Falconet, n°. 3934.)

717 Joannis-Baptistæ Confalonerii, de Vini naturâ disquisitio. *Basileæ, Palmarius*, 1535. *in-8°. relié en carton.*

718 Adriani Turnebi de Vino libellus, nunc primùm editus in lucem. *Parisiis, Morellus*, 1600. *in-8°. broché.*

Première édition inconnue à Debure. Voyez sa Bibliographie, n°. 1853.

719 Petri Andreæ Canonherii Philosophi, Medici, etc. De admirandis vini virtutibus, libri tres. *Antuerpiæ*, *Verdussius*, 1627. *in-8°. velin.*

Livre recherché et rare. Voyez la note de l'Abbé Rive à la tête de l'ouvrage. Debure l'a cité au n°. 1852.

720 Juliani Palmarii de Vino et Pomaceo libri duo. *Parisiis*, *Auvray*, 1588. *in-12. v. b.* rare. (Debure, n°. 1851.)

721 De Naturali vinorum historiâ, de vinis italiæ et de conviviis antiquorum libri septem ab Andreâ Baccio, Elpidiano medico. Accessit de factitiis ac cervisiis tractatio. *Romæ*, *Mutius*, 1596. *in-fol. velin.*

Voyez Debure au n°. 1850 pour la rareté et l'historique de cet ouvrage.

722 Ampelographia, sivè vitis viniferæ ejusque partium consideratio physico-philologico-medico-chymica, à Philippo-Jacobo Sachs. *Lipsiæ*, *Trescher*, 1661. *in-12. velin sale.*

723 Hortorum Secreta, Cultus et auxilia amænæ voluptatis et inenarrabilis utilitatis abundè plena ; Auctore Antonio Mizaldo. *Lutetiæ*, *Morellus*, 1575, *in-12. v. f. d. s. t. filets.*

Ce livre n'est pas commun.

724 Honorati Fabri è Soc. Jesu Tractatus duo quorum prior de plantis et de generatione animalium, posterior de homine. *Parisiis*, *Muguet*, 1666, *in-4°. v. br.*

725 Myrrhologia, seu Myrrhæ disquisitio curiosa, à Gothofredo-Samuele Polisio, D. M. *Norimbergæ*, *Endterus*, 1707. *in-4°. v. m.*

726 Georgii Wolffgangi Wedelii Opiologia; *Jenæ*, *Vid. Khrebsii*, 1682. *in*-4°. *v. br. fig.*

Il y a dans le même volume trois autres ouvrages sur l'opium, savoir : *Michaelis Etmuleri de Virtute Opii : Augusti-Quirini Rivini Censura Medicamentorum Officinalium ;* et *Michaelis-Friderici Lochneri Papaver.* Cette quatrième pièce est rare. L'Abbé Rive l'estimait seule de 15 à 30 liv.

727 D. Samuel Gotthilff Manitii, de ætatibus Zedoariæ relatio. *Dresdæ*, *Kettner*, 1691. --- Panacæa vegetabilis Calida ; sivè majorana nostra à Georgio Grav. *Jenæ*, *Bielkius*, 1689. -- Homines *Enudrobioi* hoc est, sub aquâ viventes, à Salomone Sprangero. *Lipsiæ*, *Gleditsch*. 1692. *in*-12. *v. br.*

728 Histoire naturelle du Cacao et du Sucre. *Paris*, *d'Houry*, 1719. *in*-12. *v. br. fig.*

729 Matthiæ Thilingii Lilium Curiosum seu accurata lilii Albi Descriptio. *Francofurti ad Mænum*, *Seyler*, 1683. *in*-8°. *v. br.*

Falconet, n°. 4277.

730 Crocologia seu Croci Curiosa enucleatio à Joanne Ferdinando Hertodt. *Jenæ*, *Trescher*, 1671. *in*-12. *v. br. fig.*

731 Hermanni Grube Lubecensis Analysis mali Citrei compendiosa. *Hafniæ*, *Godianus*, 1668. *in*-12. *v. f. filets.*

732 Tabacologia, hoc est Tabaci seu nicotianæ descriptio, per Josephum Neandrum, Bremanum. *Lugduni Batavorum*, *Elzevir*, 1622. *in*-4°. *fig. m. r. d. s. t. filets.*

Voyez les notes que l'Abbé Rive a insérées à la main dans cet exemplaire. Debure, n°. 1611.

733 Melchioris Guilandini Papyrus. *Venetiis*, *Ulmus*, 1572. Ejusdem apologia adversus Petrum Andream Matthæolum. *Patavii*, *Perchacinus*, 1558. *in-4°. v. f. fig.*

Il y a dans ce livre des notes marginales de la main de Joseph Scaliger, qui le rendent infiniment précieux outre sa rareté.

Histoire Naturelle des Animaux.

734 Olai Wormii historia animalis. *Hafniæ*, *Lamprechtius*, 1653; --- J. Dan. Majoris, historia anatomica calculorum. *Lipsiæ*, *Ochlerus*, 1662. *in-4°. vel. fig.*

Ce dernier ouvrage est détaché. Voy. Falconet, n°. 4650.

735 Georgi Gasp. Kirchmajeri, de Basilisco unicornu phoenicè Behemoth, Leviathan, Dracone, Araneo, Tarantulâ et ave Paradisi Dissertationes aliquot. Editio altera. *Witebergæ*, *Bergerus*, 1669. *in-12. v. f. filets.*

736 Georgii Agricolæ, de animantibus subterraneis liber. *Basileæ*, *Frobenius*, 1549. *in-12. v. f. d. s. t. filets.*

737 De Gigantibus eorumque reliquiis, authore Joanne Cassanione. *Basileæ*. 1580. *in-12. v. f. d. s. t. filets.*

Livre rare. c'est ce que le Libraire Martin n'a pas su lorsqu'il a laissé vendre à bas prix, celui qui était dans la Bibliothèque de Colbert. (*Note de l'Abbé Rive.*)

738 Specimen Zoologiæ Geographicæ quadrupedum domicilia et migrationes sistens, ab Eberh. Aug. Guilielm. Zimmermann. *Lugduni Batavorum*, *Haak*, 1777, *in-4°. v. f. d. s. t. filets, cartes.*

739 Jacobi Theodori Klein summa dubiorum circà quadrupedum èt amphibiorum classes cum figuris. *Gedani*, *Schreiber*, 1743. *in*-4°. *grand format*, *v. f. d. s. t. filets*, *fig*.

740 Ejusdem Klein quadrupedum dispositio brevisque historia naturalis. *Lipsiæ*, *Schmidt*, 1751. *in*-4°. *v. f. grand papier*, *d. s. t. filets*, *fig*.

741 Le Regne animal divisé en IX classes par M. Brisson, lat. et franc. *Paris*, *Bauche*, 1756. *in*-4°. *grand papier*, *v. f. filets*, *fig*.

742 Oligeri Jacobæi de Ranis observationes. Accessit Gaspari Bartholini de Nervorum usu in motu musculorum Epistola. *Parisii*, *Billaine*, 1676. *in*-8°. *velin*, *fig*.

743 Baldi Angeli Abbatii Med. Physici eugubini de admirabili Viperæ naturâ. *Hagæ Comitis*, *Broun*, 1660. *in*-16. *v. br. fig*.

744 Thomæ Bartholini de unicornu observationes novæ, secundâ editione auctiores et emendatiores, editæ à filio Gasp. Bartholino. *Amstelædami*, *Vetsteinius*, 1678. *in*-12. *v. f. fig*.

745 Elaphographia, sivè Cervi descriptio phisico-medico-chymica, à Joanne Andreâ Graba. *Jenæ*, *Trescher*, 1667. *in*-12. *v. f. filets*.

746 Gammarologia, sivé Gammarorum Vulgò Cancrorum consideratio Physico-Philologico-Historico-Medico-Chymica, à Philippo Jacobo Sachs. *Francofurti*, *Fellgibelius*, 1665. *in*-8°. *fig. velin*, rare.

747 De Monocerote seu unicornu à Wolfgango Gabelchover libellus. *Stutgardiæ*, *Frusterus*, 1598. *in*-12. *v. m*.

748 Traité du Rossignol, qui enseigne la manière de les connoître et de les élever. *Paris*, *Prud'homme*, 1707. *in*-12. *v. f. fig*.

749 Brevis et Accurata Animalium in Sacro Cumprimis Codice memoratorum historia, operâ Jo. Henrici Maji. *Amstelodami*, *Vanderberge*, 1664. *in-16. v. f. d. s. t. filets.*

750 Christiani Francisci Paullini Lagographia Curiosa, seu Leporis descriptio. --- Ejusdem de Salvià Tractatus. *Augustæ Vindelicorum*, *Brechenmacher*, 1691. *in-12. v. br. fig.*

751 Exercitationum Subsecivarum Francofurtensium tomi duo. *Francofurti*, *Schrey*, 1720. *in-12. 2 vol. velin.*

752 Conradi Gesneri, Medici Tigurini, Historiæ Animalium. *Tiguri*, *Froschoverus*, 1551. *in-fol. 4 vol. m. r. d. s. t. filets.*

Debure, n°. 1692.

753 Caroli Nicolai Langii Methodus nova et facilis testacea marina in classes distribuendi. *Lucernæ*, *Wyssing*, 1722. *in 4°. v. m.*

Debure, n°. 1749.

754 Jacobi Theodori Klein Mantissa Icthyologica de sono et auditu piscium. *Lipsiæ*, *Gleditsch*, 1746. *in-fol. v. m.*

755 Ejusdem Klein Historiæ Piscium Naturalis promovendæ Missus primus de lapillis eorumque numero in Cranis piscium cum præfatione de piscium auditu. *Gedani*, *Schreiber*, 1740. *in-4°. v. f. d. s. t. filets*, *grand papier*, *fig.*

756 Jani Dubravii Episcopi Olomucensis de Piscinis et piscium qui in eis aluntur naturis libri v. Accedunt ejusdem argumenti ex Veterum recentiorumque Scriptis excerpta. Omnia Herm°

Coringii curâ iterum edita. *Helmstadii*, *Muller*, 1671, *in-4°. v. f. filets.*

Falconet, n°. 4564. Catalog. d'Estrées, n°. 6028.

757 Dictionnaire raisonné et universel des animaux, ou le Regne Animal, par M. D. L. C. D. B. *Paris*, *Bauche*, 1759. *in-4°. 4 vol. v. f. filets.*

758 Explication des planches des 4 volumes de Roesel sur les insectes. *Manusc. in-fol. écrit à pages alternatives*, *relié en carton.*

Cabinet de curiosités extraites des Trois Regnes de la Nature.

759 Description méthodique d'une collection de minéraux du Cabinet de M. R. D. L. par le même Romé de l'Isle. *Paris*, *Didot*, 1773. *in-4°. v. f. d. s. t. grand papier*, superbe édition, *filets.*

SECTION IV.

MÉDECINE.

Ouvrages rélatifs à la Médecine et à la Chirurgie théorique et pratique.

760 L'art de vivre longuement sous le nom de Médée, par Pierre Jaquelot. *Lyon*, *Testefort*, 1630. *in-8°. velin.*

Ce livre est un des plus rares qu'on connoisse : il était chez Falconet. Voy. le n°. 5425 ; mais il fut réservé pour la Bibliothèque du Roi. On ne connoissait pas la rareté de ce livre lors de la vente de la Bibliothèque du Ml. d'Estrées ; il n'y fut vendu que 24 sols. J'ai parcouru beaucoup de Catalogues sans l'y avoir vu : depuis vingt ans que je suis à Paris, il n'est passé dans aucune vente. (*Note de l'Abbé Rive.*)

761 Lindenius renovatus, sivè Johannis Antonidæ Vanderlinden, de Scriptis medicis libri duo continuati et amplificati à Georgio-Abrah. Mercklino. *Norimbergæ*, *Endterus*, 1686. *in*-4°. 4 *vol. v. br.*

Il y a des feuillets blancs intermédiaires, à chaque volume : le quatrième ne renferme que la table des trois autres.

762 Thomæ Bartholini de Medicis Poetis dissertatio. *Hafniæ*, *Godianus*, 1669. *in*-12. *v. f. filets.*

763 D. Georgii Franck de Franckenau, satyræ medicæ xx editæ ab autoris filio. *Lipsiæ*, *Weidmann*. 1722. *in*-12. *v. f. filets.*

764 De morbis venereis libri novem, auctore Johanne Astruc, editio altera. *Lutetiæ*, *Cavelier*, 1740. *in*-4°. 2 *vol. grand papier*, *v. m. filets.*

Debure, n°. 1856.

765 Gasparis Questelii de pulvinari morientibus non subtrahendo dissertatio Academica. *Jenæ*, *Gollnerus*, 1678. *in*-4°. *relié en carton.*

Je n'ai pas eu le temps de lire ce livre, mais je crois qu'il appartient à la Médecine, quoique dans le Catalogue de Falconet on l'ait rangé parmi les ouvrages de Liturgie, n°. 457.

766 Histoire de la Médecine, par Daniel le Clerc. *Amsterdam*, 1723. *in*-4°. *v. m. fig. grand format.*

Debure cite une édition de Lahaie en 1729. Celle-ci est plus rare.

767 Jo. Phil. Laur. Withof, Méd. Doct. de

Castratis Commentationes IV. *Lausannæ*, *Chapuis*, 1762. *in*-12. *v. f. filets.*

768 Histoire de la Médecine par J. Freind, traduite de l'Anglois par Etienne Coulet. *Leyde*, *Langerak*, 1727. *in*-4°. *v. f. d. s. t. filets*, 3 *tom. en* 1 *vol.*

769 Cornelii Celsi de Medicinâ libri VIII. *Florentiæ*, *Nicolaus*, 1478. *in-fol. m. b. d. s. t. filets.*

Debure croit que cette édition est la première. Voyez sa Bibliographie, tom. 2, pag. 462. n°. 1801.

770 Prosperi Alpini de Medicinâ ægyptiorum libri quatuor. *Venetiis*, *de Franciscis*, 1591. *in*-4°. *v. f. d. s. t. filets.*

771 Ysterotomolokias (idest) Cæsarei partûs assertio historiologica : item fætûs lapidei vigeoctennalis causæ, Franc. Rosseto auctore. *Parisiis*, *Duvallius*, 1590. *in*-8°. *velin.*

Quelques Catalogues citent cet ouvrage en françois à la date de 1581.

772 Ludovici Nonni Diæteticon sivè de re cibariâ libri IV. secunda éditio auctior. *Antuerpiæ*, *Beller*, 1645. *in*-4°. *v. f. filets.*

773 Frid. Hoffmanni opuscula physico-medica. *Ulmæ*, *Bartholomæi*, 1736. *in*-12. *v. m.* 2. *vol.*

774 Petri Petiti de naturâ et moribus antropophagorum dissertatio. *Trajecti ad Rhenum*, *Zill*, 1688. — Ejusdem homeri nephentes seu de helenæ medicamento. 1689. *in*-8°. *velin*, *grand papier.*

Ces deux ouvrages sont remplis de remarques savantes. On trouve l'éloge de M. Petit, par l'Abbé Nicaise, à la tête de la seconde dissertation.

775 Evonymus. Conradi Gesneri de remediis secretis liber physicus, medicus et partim chymicus. *in*-12. *v. f. filets.*

On ne connaît pas le lieu de l'impression de cette première édition, belle et rare. En 1569 il y a eu une suite qui porte le nom de Ville et d'Imprimeur : *Tiguri apud Froschoverum.* (*Note de l'Abbé Rive.*)

776 Melchioris Frid. Geuderi diatriba de fermentis cum dissertatione de motu animalium. *Amstelædami*, *Wolters*, 1689. --- Joannis Munnicks tractatus de Urinis, editio altera. *Trajecti ad Rhenum*, *Zyll*, 1683. *in*-12. *v. br.*

777 Joh. Nicolaï Pechlini de habitu et colore Æthiopum qui vulgò nigritæ, liber. *Kiloni*, *Reumannus*, 1677. *in*-8°. *v. f. d. s. t. filets.*

Falconet, n°. 5729.

778 Monstrorum historia memorabilis à Joanne Georgio Schenckio. *Francofurti*, *Beckerus*, 1609. -- Lithio-Genesia ejusdem. 1608. -- Adriani Spigelii de Lumbrico lato liber. *Patavii*, *Pasquati*. 1618. -- Botanotheca Laurembergiana, Mauritii Hoffmanni. *Altdorffi*, *Hagen*, 1662. *in*-4°. *velin*, *fig.*

779 Fortunius Licetus de Monstris, ex recensione Gerardi Blasii, M. D. et P. P. editio novissima. *Amstelodami*, *Frisius*, 1665. *in*-4°. *v. br. fig.*

Debure cite cette édition au n°. 1755.

780 Traité méthodique et dogmatique de la goutte, par M. Paulmier. *Angers*; *Barriere*, 1769. *in*-12. *v. m.*

781 Les Médecins à la Censure, ou entre-

tiens sur la Médecine, par G. de Bezançon, D. M. *Paris*, *Gontier*, 1687. *in-12. v. br.*

782 Le Prestre Médecin, avec un traité du Café et du Thé de France, par M. Aignan, Médecin du Roi. *Paris*, *d'Houry*, 1696. *in-12. v. br.*

783 Traité de la couleur de la peau humaine en général, et de celle des negres en particulier, par M. le Cat. *Amsterdam*, 1765. --- Jo. Friderici Blumenbachii de generis humani varietate nativâ liber. *Goettingæ*, *Vid. Vandenhoeck*, 1776. *in-8°. grand papier*, *v. m. fig.*

784 Essai sur la conformité de la Médecine des anciens et des modernes, ou comparaison entre la pratique d'Hippocrate, Galien, Sydenham et Boerhaave; par M. J. Barker, trad. de l'Anglois par M. R. Schomberg. *Amsterdam*, *Mortier*, 1749. *in-12. v. m.*

785 Questions naturelles et curieuses touchant le régime de santé, par P. Bailly, D. M. *Paris*, *Petitpas*, 1628. *in-12. v. éc. filets.*

786 Discours sur l'impuissance de l'homme et de la femme, par Vincent Tagereau, Angevin. *Paris*, *Dubrayet*, 1612. *in-8°. m. r. d. s. t. filets.*

Falconet, n°. 7071, cite cette édition et celle de 1611 qui est la première.

787 Traité méthodique de la goutte et du rhumatisme, par M. Ponsart. *Paris*, *Desventes*, 1770. *in-12. v. m.*

788 Des hermaphrodits, accouchemens des femmes et traitement, par Maistre Jacques Duval. *Rouen*, *Geuffroy*; 1612. *in-12. v. f. fig.*

789 Traité de la cause de la digestion, par

par J. Astruc. *Toulouse*, *Colomiez*, 1714. *in*-12 *v. br.*

790 Petri La Sena J. C. Neapolitani Cleombrotus, sivè de iis qui in aquâ pereunt Philologica dissertatio. *Romæ*, *Faciotti*, *in*-8°. *m. citron*, *d. s. t. fil. fig.*

791 Disputatio perjucunda quâ Anonymus probare nititur mulieres homines non esse, cui opposita est Simonis Gedicci defensio sexûs muliebris. Editio secunda. *Hagæ-Comitis*, *Burchomius*, 1641. *in*-16. *m. b. d. s. t. filets.*

792 De Luminis affectionibus Specimen Physico-Mathematicum Joannis Rizetti. *Tarvisii*, *Bergami*, 1727. *in*-8°. *velin.*

793 Mechanica expositio venenorum Richardi Mead. *Lugd. Batavorum*, *Langerak*, 1737. — Ejusdem de imperio Solis et Lunæ in corpora humana.--Medica Sacra, sivè de Morbis qui in bibliis memorantur. *Amstelædami*, *Mortier*, 1749. *in*-8°. *v. m. fig.*

794 Riposta di Piero Cassiani al dicorso soprà il Bever Fresco. *Bologna*, *Benacci*, 1603. *in*-12. *v. m.*

795 Del Bever caldo costumato dagli antichi Romani, trattato d'Antonio Persio. *Venetia*, *Ciotti*, 1593. *in*-8°. *v. br.*

796 Recueil de pièces de Médecine et de Physique, traduites de l'Italien, de Cocchi. *Paris*, *d'Houry*, 1763. *in*-12. *v. m.*

L'auteur de cette traduction est de Puisieux.

797 Anchora Sacra vel Scorzouera ad normam et formam Academiæ Naturo-Curiosorum, à Jh. Michaele Fehr. D. M. *Jenæ*, *Bauhofer*, 1666. *in*-8°. *v. br.*

798 Sylvius Confutatus, seu Ludov. *Le Vasseur* in pseudoschuylii Veteris falsò dictæ ab eo Me-

dicinæ defensionem animadversiones. *Parisiis*, *d'Houry*, 1673. *in*-12. *v. f. filets*.

799 Kreophagia, sivè de esu Carnium libri quatuor, authore Petro Castellano. *Antuerpiæ*, *Verdussius*, 1626. *in*-8°. *v. f. d. s. t. filets*.

800 Christiani Theophili de sanguine vetito Disquisitio uberior pro Thom. Bartholino. *Francofurti*, *Drulmannus*, 1676. *in*-8°. *velin*.

801 Traité des dispenses du Carême (par Philippe Hecquet,) Médecin. (*Paris*, *Fournier*,) 1701. *in*-12. *v. br*.

802 Le Régime du Carême considéré par rapport à la nature du corps des alimens, par Nicolas Andry. *Paris*, *Coignard*, 1610. *in*-12. *v. br*.

803 Athanasii Kircher Scrutinum Physico-Medicum Contagiosæ luis quæ dicitur pestis, cum præfatione D. Christiani Langii. *Lipsiæ*, *Banerus*, 1671. *in*-4°. *v. br*.

804 Paradoxorum Medicinæ libri tres à D. Leonardo Fuchsio. *Parisiis*, *Bogardus*, 1546. *in*-12. *v. f. d. s. t. filets*. Rare.

805 Georgii Wolfgangi, Wedelii, Theoria Saporum Medica. *Jene*, *Krebsius*, 1703. *in*-4°. *v. f. filets*.

806 Joannis Tardini, Turnonensis Medici, disquisitio physiologica de Pilis. *Turnoni*, *Michael*, 1609. *in*-12. *v. br*.

807 Danielis Vink, Med. Doct. Amænitates Philologico-Medicæ. *Trajecti ad Rhenum*, *Croon*, 1730. *in*-12. *v. f. d. s. t. filets*.

808 Martini Schoockii de Sternutatione Tractatus Copiosus. *Amstelodami*, *Vanderberge*, 1664. *in*-16. *v. f. d. s. t. filets*.

809 M. A. Sinapii Tractatus de remedio doloris sivè materiâ anodynorum. Accessit visio

Aletophili Advocati de Sectâ et Religione Empyricorum panacæistarum. *Amstelædami*, *Waesberg*, 1699. *in*-12. *v. f. filets*.

810 Asylus languentium seu Carduus Sanctus, vulgò Benedictus, à Georgio Christoph. Petri. *Jenæ*, *Trescher*, 1669. *in*-12. *v. br. fig.*

811 Dipnosophia seu Sitologia esculenta et poculenta, auctore Joanne Bruyerino Campegio Lugdunensi ; ab Othone Casmanno E. S. locupletata et revisa. *Francofurti*, *Palthenius*, 1606. *in*-12. *v. f. d. s. t. filets*. Rare.

812 Francisci Bonamici Florentini de alimento libri v. *Florentiæ*, *Sermatellius*. 1602. *in*-4°. *v. m.*

813 Discursus duo Philologico-Juridici de Cornutis et de Hermaphroditis à M. Jacobo Mollero. *Francofurti*, *Zeitler*, 1692.--M. Alberti Wichgrevi oratio pro mikranthopois sivè homullis. *Francofurti* ; *Rotelius*, 1628. *in*-4°. *velin vert.*

814 Disquisitio physica ostenti duorum puerorum quorum unus cum dente aureo, alter cum capite giganteo Vilnæ in Lithuaniâ spectabatur anno 1673 ; à M. R. P. Adalberto Tylkowski, Soc. Jesu. *Typis Monasterii Olivensis*, 1674. *in*-12. *v.*

Voilà deux dents d'or, puisqu'il en était parue une en Silésie, l'an 1593. Le Jésuite qui fit l'ouvrage que nous citons ne se doutait pas qu'il y eût là dedans la moindre fourberie.

815 Mémoires sur la nature sensible et irritable des parties du corps animal, par M. Albert de Haller. *Lausanne*, *Bousquet*, 1756. *in*-12. *v. m.* 4 *vol.*

816 Thomæ Bartholini de Nivis usu medico observationes variæ et D. Erasmi Bartholini de

figurâ nivis dissertatio cum operum authoris Catalogo. *Hafniæ*, *Goddich*, 1661. *in*-12. *v. br. fig.*

817 Hermanni Grube de ictu tarantulæ. *Francofurti*, *Paullus*, 1679. --- Erasmi Bartholini de aere hafniensi dissertatio. *in*-12. *velin.*

818 Hermanni Boerhaave Methodus studii medici ab Alberto de Haller. *Amstelædami*, *Weststein*, 1751. *in*-4°. *broché.* 2 *vol.*

819 Joh. Beverovicii exercitatio in Hipocratis aphorismum de calculo. *Lugduni Batavorum*, *Elzevir*, 1641. *in*-16. *velin.*

Livre rare, curieux et inconnu à plusieurs Bibliographes.

820 Dissertatio Philosophica de genuinâ errorum indole. -- Dissertatio inauguralis medica Medicinam pseudomiraculosam aperiens. -- Dissertatio de Vampyris Serviensibus à Christ. Friderico Vandalen. *Duisburgi*, *Sas*, 1733. *in*-4°. *broché en carton.*

821 Hugonis Fridævallis Sampaulini de tuendâ Sanitate libri VI. *Antuerpiæ*, *Plantin*, 1568, *in*-12. *v. f. d. s. t. filets.*

Livre peu commun.

822 Schola Salernitana auctore Joanne de Mediolano, ex recensione Zachariæ Silvii. *Roterodami*, *Léers*, 1657. *in*-16. *v. f. d. s. t. filets.*

823 Salomonis Cellari Medicinæ Licentiati, origines et antiquitates medicæ. *Jenæ*, *Bielkius*, 1704. *in*-12. *v. f. filets.*

824 Joannis Nicolaï Pechlini, de Aëris et alimenti defectu, et vitâ sub aquis Meditatio. *Kiloni*, *Schubzen*, 1676. *in*-12. *v. f. d. s. t. filets.*

825 Flor. Schuyl pro veteri Medicinâ contrà

D. Levasseur. *Lugd. Batavor. Gaasbequii*, 1670. *in*-12. *velin*, *fig.*

826 Joh. Alphonsi Borelli de motu animalium, editio nova dissertationibus Joh. Bernoullii aucta et ornata. *Hagæ-Comitum*, *Gosse*, 1743. *in*-4°. *bróché*, *fig.*

Debure cite l'édition de Rome 1680. n°. 1448.

827 Thomæ Bartholini de luce hominum et brutorum libri tres. *Hafniæ*, *Godichenius*. --- Conradi Gesneri de raris et admirandis herbis. *Ibid.* 1669. *in*-12. *v. m.*

828 Roderici à Fonseca, Medici, de hominum excrementis libellus. *Pisis*, *Boschettus*, 1613. *in*-4°. *v. f.*

Ce livre avait appartenu à M. Colbert.

829 Fortunii Liceti de Vitâ libri tres. *Genevæ*, *Pavonius*, 1607. *in*-4°. *v. f.*

830 Ejusdem Athos perfossus, sivè rudens eruditus in Criomixi quæstiones de alimento. *Patavii*, *Frambottus*, 1636. --- Ejusdem Mulctra sivè de duplici Calore Corporum naturalium Dialogus Physico-Medicus. *Utini*, *Schirattus*, 1636. *in*-4°. *v. f.*

831 De Venenis et antidotis prolegomena: de canis rabiosi morsu et Curatione, auctore Andreâ Baccio, Elpidiano Medico. *Romæ*, *Accoltus*, 1586. *in*-4°. *v. f. filets.*

Debure, n°. 1860.

832 Recherches sur quelques points d'histoire de la Médecine. *Liège* (*Paris*, *Cailleau*,) 1764. *in*-12. 2 *vol. v. m.*

833 Syruporum universa ratio ad Galeni

Censuram diligenter expolita ; Michaele Villanovano auctore. *Parisiis, Collinæus*, 1537. *in*-8°. *m. bl. d. s. t. filets.* rare. (L'auteur est MICHEL Servet.)

Debure, 1861.

834 De ortu infantium contrà naturam per Sectionem Cæsaream tractatio à Theoph. Raynaudo. *Lugduni*, *Boissat*, 1637. *in*-8°. *peau verte.*

835 Friderici Hoffmanni Dissertationes Physico-Medicæ Curiosæ Electiores. *Lugduni Batavorum*, *Haak*, 1708. *in*-8°. 2 *vol. v. m.*

836 Essai sur l'usage et les effets de l'écorce du Garou, par M. A. L. *Paris*, *Didot*, 1767. -- Traité des maladies du Poumon, par M. Coste. *Paris*, *Hérissant*, 1767. -- Nouvelles observations ou méthode certaine sur le traitement des Cors, par M. Rousselot, Chirurgien. *Lahaye*, (*Paris.*) 1762. -- Nouvel essai de médecine pratique sur les Cancers, par J. Burrows *Londres*, (*Paris*, *Desaint*,) 1767. *in*-12. *v. br. filets.*

837 Traité des Eunuques, par M. D. 1707. *in*-12. *v. f. d. s. t.*

Ce livre porte des notes manuscr. de l'Abbé Rive.

838 Baptistæ Condronchi de morbis veneficis ac Veneficiis libri IV. *Mediolani*, *Bidellius*, 1618. *in*-12. *v. f.*

839 Dissertatio de loquelâ, auctore Joh. Conrado Anman, M. D. *Amstelædami*, *Wolters*, 1700. *in*-12. *v. f.*

840 Dissertation sur les parties irritables et sensibles des animaux, par M. de Haller, traduite du latin par M. Tissot. *Lausane*, *Bousquet*, 1755. *in*-12. *v. m. papier reglé.*

841 Discours Sceptique sur le passage du Chyle et le mouvement du Cœur. *Leyde*, *Maire*, 1648. *in*-12. *v. m.*

Cet ouvrage, dont l'auteur est désigné par ces deux lettres initiales SS, est contre la circulation du sang.

842 Petri Petiti Miscellanearum observationum libri IV. numquàm antehàc editi. *Trajecti ad Rhenum*, *Zyll*, *in*-8° 1682. *v. br.*

Livre curieux, savant et estimé. On voit dans cet ouvrage toutes sortes d'auteurs expliqués et corrigés avec beaucoup d'industrie et d'érudition ; et il se trouve peu de critiques qui aient rétabli les endroits corrompus et altérés avec plus de bonheur. *Niceron*, *tom.* XI. *p.* 71.

843 Commentatio de Medicis Equestri dignitate ornatis. Præmissa est Dissertatio de felicitate Medicorum. *Berolini*, *Bosse*, 1767. *in*-4°. *v. m. filets.*

844 Tractatus de Philosophiâ Medici, à Georgio Matthiæ. *Gottingæ*, *Vandenhoeck*, 1711. *in*-4°. *v. f. filets.* Beau.

845 Danielis Wilhelmi Trilleri Clinotechnia Medica antiquaria. *Francofurti*, *Fleischer*, 1774. *in*-4°. *v. br. d. s. t. filets.*

846 Christiani Wildvogelii Libellus de balneis et balneatoribus. *Francofurti.* 1754. *in*-4°. *v. br.*

847 Recherches critiques et historiques sur l'origine et sur les progrès de la Chirurgie en France. *Paris*, *Osmont*, 1744. *in*-4°. *grand papier*, *v. f. d. s. t. portrait.*

Traités Anatomiques.

848 Descriptio Anatomica oculi humani

iconibus illustrata à Joh. Gottfried Zinn. *Gottingæ*, *Vandenhoeck*, 1755. *in*-4°. *v. m. fig. grand papier.*

849 Exercitatio anatomica de motu cordis et sanguinis in animalibus, auctore Gulielmo Harvæo. *Lugd. Batav. Vankerckhem*, 1737. *v. m. in*-4°.

Chymie et Alchymie.

850 Jo. Jacobi Mangeti Bibliotheca chemica curiosa, seu rerum ad Alchemiam pertinentium thesaurus. *Genevæ*, *Chouet*, 1702. *in-fol.* 2 *vol. v. f. d. s. t. filets*, *portrait.*

Debure, n°. 1907.

851 Enchyridion physicæ restitutæ et arcanum hermeticæ philosophiæ opus. *Parisiis*, 1642. *in*-16. *v. f.*

Suivant une note Mste. qui se trouve au commencement de ce livre, l'auteur est *le Président d'Espagnet.*

852 La nature au découvert, par le Chevalier inconnu. *Aix*, *Roize*, 1669. *in*-16. *v. br.*

Cet ouvrage qui semble fait pour dégouter les hommes de la recherche de la pierre philosophale, est un ouvrage de piété, et le but de l'auteur a été de porter ses lecteurs à la connoissance des Mystères de la Religion.

853 Magni lapidis naturalis philosophia et vera ars, per Joan. Saignier. *Bremæ*, *Koelher*, 1664. *in*-4°. *velin.*

On y a joint un traité sur l'or potable, écrit en Allemand, dont l'auteur est *Albertus-Otho Faber.* Ces deux ouvrages sont rares et estimés.

854 Traité de la Chymie par feu Christophe Glaser. *Paris*, *d'Houry*, 1677. *in-12. v. br.*

855 Elementa Chemiæ ab Hermanno Boerhaave. *Lugduni Batavorum*, *Severinus*, 1732. *in-4°. fig. v. br. grand format.*

Debure, n°. 1902.

856 Edmundus Dickinson Med. Reg. et Theodorus Mundanus Philosophus adeptus de quintessentiâ philosophorum et verâ physiologiâ. Editio altera. *Rotterodami*, *Vander Slaart*, 1699. *id-8°. v. f. d. s. t. filets.*

857 Jacobi Reinboldi Spielmann institutiones Chemiæ. *Argentorati*, *Baccerus*, 1766. *in-8°. v. m. fig. grand papier.*

858 Le Triomphe Hermétique, ou la Pierre Philosophale Victorieuse. *Amsterdam*, *Wetstein*, 1689. *in-12. v. br. fig.*

859 Instructions pour les Mariniers, contenant la manière de rendre l'eau de la mer potable, par M. Hales. Traduit de l'Anglois. *Lahaye*, *Paupie*, 1740. *in-12. v. m. fig.*

860 Les douze Clefs de Philosophie de F. Basile Valentin, traduction Françoise. *Paris*, *Moët*, 1659. *in-8°. m. r. d. s. t. filets.* (Plus rare que l'édition de 1660 citée par Debure, n°. 1928.)

861 Traité des Vernis, où l'on donne la manière d'en composer un qui ressemble parfaitement à celui de la Chine. *Paris*, *d'Houry*, 1723. *in-12. v. m.*

862 Georgii Franci de Frankenau de Palingenesiâ sive ressuscitatione artificiali plantarum. *Halæ*, *Duserrè*, 1717. *in-4°. v. br.*

863 Recherches physiques sur la nature de l'air nitreux et déphlogistiqué, par M. l'Abbé

Felix Fontana. *Paris*, *Nyon*, 1776. *in-8°. grand papier*, *d. s. t. filets.*

Navigation.

864 Essai sur les moyens de diminuer les dangers de la mer par l'effusion de l'huile, du goudron, ou de toute autre matière flottante, traduit de l'Hollandois de M. de Lelyveld. *Amsterdam*, *Rey*, 1776. *in-8°. grand papier*, *v. f. filets.*

On a joint à cet ouvrage, les mémoires de l'Eléphant, *Paris*, *Costard*, 1771, et la manière d'enluminer l'estampe posée sur toile. *Londres*, 1773.

SECTION V.

MATHÉMATIQUE.

Traités de Mathématique et de Géometrie.

865 Réflexions sur l'utilité des Mathématiques, par J. P. de Crousaz. *Amsterdam*, *l'Honoré*, 1715 *in-12. v. br.*

866 Historia Matheseos universæ, autore Joanne Christophoro Heilbronner. *Lipsiæ*, *Gleditsch*, 1742. *in-4°. v. f. d. s. t. filets.* Belle édition. (Falconet, n°. 8360.)

867 Histoire des Mathématiques, par Montucla. *Paris*, *Jombert*, 1758. *in-4°. v. m. fig.* 2 *vol.*

868 Pensées critiques sur les Mathématiques. *Paris*, *Osmont*, 1733. *in-12. v. m. fig.*

869 Récréations Mathématiques et entretien facétieux de plusieurs plaisans problêmes. . .

Le tout pour passer le temps. *Pont à Mousson, Bernard*, 1629. *in-12. v. f. d. s. t. filets.*

870 Nouveaux Elémens de Géométrie. Seconde édition. *Paris*, *Desprez*, 1683. *in-4°. v. br. fig.*

871 Méthode de lever les plans et les cartes de terre et de mer (par Ozanam.) *Paris*, *Jombert*, 1750. *in-12. v. m. fig.*

872 Nouveaux Elémens d'Algebre et de la Géométrie, par M. Blaise. *Paris*, *Boudet*, 1743. *in-4°. v. br.*

Astronomie.

873 Théologie Astronomique, par Guillaume Derham, traduite de l'Anglois sur la cinquième édition. *Paris*, *Chaubert*, 1729. *in-8°. broché en carton.*

Debure cite cette traduction au n°. 591 de sa Bibliographie parmi les livres de théologie.

874 Jo. Friderici Weidleri Historia Astronomiæ, sive de ortu et progressu Astronomiæ, liber singularis. *Witembergæ*, *Schwartzius*, 1741. *in-4°. v. m. filets d. s. t.*

875 Histoire de l'Astronomie ancienne, par M. Bailly. *Paris*, *Debure*, 1775. *in-4°. broché.*

876 Histoire de l'Astronomie Moderne, par le même. *Paris*, *Debure*, 1779. *in-4°. broché.* 2 *vol. fig.*

877 Liber introductorius ad judicia stellarum à Guidone Bonato de Forlivio. *Venetiis*, *Locatellus*, 1493. *in-fol. goth. v. br.*

On trouve dans ce volume le *Centiloquium Ptholomæi.*

878 Considerazioni istoriche di D. Abondio

Collina Soprà l'origine della Bussola Nautica nell'Europa è nell'Asia. *Faenza*, *l'Archi*, 1748. *in-8°. grand papier*, *v. m.*

879 Sphœra Joan. de Sacrobosco emendata, Eliâ Vineto, Santone, interprete. *Parisiis*, *de Marnes*, 1577. *in-8°. broché*, *vélin.*

S'il faut en croire Jean Ephraïm Scheibels, ce livre est le premier ouvrage d'Astronomie qui ait été livré à l'impression. La première édition est de l'an 1472, in-4°. à Ferrare.

880 Description d'une Sphère mouvante par le moyen d'une pendule expliquée, et démontrée par J. Pigeon ou par G. Leroi son beau-fils. *Paris*, *Quillau*, 1714. *in-8°. v. br. fig.*

881 Lettre sur la Comete avec cette Epigraphe : *Tu ne quæsieris*, *Scire nefas.* 1742. *in-12. v. f. d. s. t. filets.* (*Paris.*) *sans nom de ville.* (Debure, n°. 1996.)

L'auteur est M. de Maupertuis.

882 Johannis Hevelii Prodromus Cometicus, quo historia Cometæ anno 1665 exorti exhibetur. *Gedani*, *Reiniger*, 1665. -- Ejusdem Descriptio Cometæ anni 1656. *Ibid.* 1666. -- Ejusdem dissertatio de nativâ Saturni Facie. *Ibid.* 1656. *in-fol. fig. broché en carton.* Rare.

Debure, n°. 1985.

883 La Théorie des Cometes, par M. Lemonier. *Paris*, *Martin*, 1743. *in-8°. v. f. d. s. t. fig. grand papier.*

884 De Lunæ subobscurâ luce libri tres, auctore Fortunio Liceto. *Utini*, *Schirattus*, 1642. *in-4°. v. f.*

885 Sphère historique ou explication des signes du Zodiaque. (par M. Lartigaut.) *Paris*, *Cailleau*, 1716. *in-12. v. f. d. s. t.*

886 La Sphère du monde selon l'hypothèse de Copernic, par M. l'Abbé de Vallemont. *Paris*, *Marchand*, 1707. *in-12. v. br. fig.*

887 Joannis Hevelii Selenographia, sivè Lunæ descriptio. *Gedani*, *Hunefeldius*, 1647, *in-fol. velin. fig.* Rare.

Debure, n°. 1984.

888 De vero Telescopii inventore, cum brevi omnium conspiciliorum historiâ. Accessit Centuria observationum microscopicarum, authore Petro Borello. *Hagæ Comitum*, *Ulacq*, 1655. *in-4°. velin.*, *fig.*

Astrologie : Traités de Magie : de Cabale, etc.

889 La physique oculte, ou Traité de la Baguette divinatoire, par M. L. de Vallemont. *Paris*, *Boudot*, *in-12. v. m. fig.*

Il y a une autre édition de cet ouvrage, faite à Paris sous le nom de Hollande, en 1696. Elle est fort jolie, mais moins complette que celle que nous citons.

890 Infinita naturæ secreta : physionomia Aristotelis : physionomia Michaelis Scotti : physionomia Coclitis ; chyromantia ejusdem cum approbatione Achilini. *Papie*, 1515, *Typis de Garaldis*, *in-fol- m. r. d. s. t. filets*, *gothique.*

C'est une première édition.

891 Abregé de l'Astronomie inférieure des sept métaux. *Paris*, 1645. *in-4°. v. m. filets.*

892 Signorum Cælestium vera configuratio aut asterismus, authore Guilielmo Postello. *Parisiis*, *Gourmontius*, 1553. *in-4°. broché en carton.*

Ce livre cité par Debure au n°. 816, est une critique impie de l'Etoile mystérieuse dont parlent les livres Saints.

893 Traité historique et dogmatique sur les apparitions, les visions, etc. par M. Lenglet Dufresnoy. *Paris*, *Leloup*, 1751. 2 *vol. in-12. v. m.*

Falconet, n°. 3023.

894 Kabbala Denudata, (Autore Christ. Knorrio à Rosenroth.) *Sulzbaci*, *Typis Abraham Lichtentaleri*, 1677. *in-4°.* 3 *vol. velin.*

Debure, 895. Rare et cher.

895 Philologemata abstrusa de pollice, interprete Joanne Prætorio. *Lipsiæ*, *Ocelius*, 1677. *in-8°. v.*

896 Jacobi Aconti tridentini stratagematum satanæ libri IIX. *Basileæ*, *Waldkirchus*, 1610. *in-8°. m. r. d. s. t.*

Debure, n°. 664. Falconet, n°. 2949. Le premier ne cite que la traduction.

897 Tractatus posthumus Jani Jacobi Boissardi de Divinatione et magicis præstigiis, *Oppenheimii*, *Gallerus*, (*sans date.*) Première édition.

Les figures sont de Théodore de Bry. Livre très-rare, voy. le Catalogue d'une magnifique collection de 1764. *Hollande in-8°. pag.* 40. Osmont, t. 1, pag. 119. Biblioth. Fayana, n°. 3810. Cet exemplaire est complet et très-beau d'épreuve.

898 Antoni de Haen, de Magiâ liber. *Lipsiæ*,

Kravs, 1775. *in*-8°. *grand papier*, *v. b. d. s. t. filets.*

899 D. Joh. Gaspari Westphali Pathologia dæmoniaca. *Lipsiæ*, *Lanckisius*, 1707. --- Dæmonum investigatio Peripatetica, Andreâ Cæsalpino de Blancis aretino authore. *Florentiæ*, *Juntæ*, 1580. *in*-4°. *v. br.*

Traités du Calendrier.

900 Romanum Calendarium cum Corollario Petri Gassendi de Romano Martyrologio. *Parisis*, *Dupuis*, 1654. *in*-4°, *velin.*

901 Calendarium Romanum magnum, auctore Jo. Stoeffer. *Oppenheim*, 1518. *in-fol. fig. relié en carton.*

Livre très-raro, les tables sont faites avec de l'encre rouge.

902 Histoire du Calendrier Romain, par M. Blondel. *Lahaye*, *Léers*, 1684. *in*-12. *v. f. filets*, *fig.*

903 La Chiave del Calendario Gregoriano del R. M. Hugolino Martelli, Vescovo di Glandeva. *Lione*, 1583. *in*-8°. *v. f. d. s. t. filets.*

Hugolin Martelli était de Florence; il fut nommé Evêque de Glandeves le 18 juillet 1572 par la protection de Catherine de Medicis qu'il avait suivie en France. On a de lui plusieurs ouvrages sur la Chronologie et le Calendrier.

904 Jos. Scaligeri Elenchus et Castigatio Calendarii Gregoriani à Christophoro Clavio Castigata. *Romæ*, *Zannetti*, 1595. *in*-8°. *velin.*

905 Christ. Gottolb. Haltausii Calendarium

medii œvi et præcipuè germanicum. *Lipsiæ*, *Schuster*. 1729. *in-8°. grand papier*, *v. f. d. s. t. filets.*

Optique et Dioptrique.

906 Essai d'Optique sur la gradation de la lumière, par M. Bouguer. *Paris*, *Jombert*, 1729. *in-12. v. f. d. s. t. fig.*

907 Samuelis Fuchsii Metoposcopia et Ophtalmoscopia. *Argentinæ*, *Glaser*, 1615. *in-12. v. f. d. s. t. filets*, *fig.* rare.

908 Opticæ Thesaurus Alhazeni arabis libri septem nunc primùm editi : ejusdem liber de Crepusculis et nubium ascensionibus. Item Vitellonis thuringopoloni libri X. illustrati et aucti à Federico Risnero. *Basileæ*, *Episcopii*, 1572. *in-fol. m. r. d. s. t. filets.*

909 La pratica della perspettiva di Monsignor Daniel Barbaro. *Venetia*, *Borgominieri*, 1568. *in-fol. velin*, *fig.* (*Editio princeps.*)

Cette édition est rare, parce qu'elle porte la date de 1668 sur son titre et dans sa souscription. C'est donc mal à propos qu'Apostolo Zeno sur Fontanini tom. 2, pag. 381, a avancé que cette première édition portait la date de 1568 au titre, et celle de 1569 à la fin. Debure ne cite de cet auteur que ses notes sur Vitruve.

910 La Dioptrique oculaire ; ou la Théorique, la Positive et la Méchanique de l'Oculaire Dioptrique en toutes ses espèces, par le P. Cherubin d'Orléans. *Paris*, *Jolly*, 1671. *in-fol. v. br. fig.* (Debure, n°. 2009.)

Statique et Hydraulique.

911 Lettre de M. de Mairan sur la question des

de forces vives. *Paris*, *Jombert*, 1741. *in-12. v. br. fig.*

On trouve dans ce volume quelques autres pièces sur le même sujet.

912 Del Tevere di M. Andrea Bacci, libri tre. *Venetia*; 1576. *in-4°. v. f. d. s. t. filets.* (Falconet, 8935. Debure, n°. 1522.)

913 Osservazioni soprà il fiume Clitunno detto in oggi le Vene, situato tra Spoleto è Fuligno. Dall'abbate Ridolfino Venuti. *Roma*, *Amidei*, 1753. *in-4°. v. f. filets; fig. grand papier.*

Falconet, n°. 8931.

Méchanique.

914 Traitez de Méchanique, de l'Equilibre des liqueurs, par le P. Lamy de l'Oratoire. *Paris*, *Pralard*, 1679. *in-12. v. br. fig.*

Musique.

915 Essai sur la Musique ancienne et moderne. *Paris*, *Pierres*, 1780. *in-4°. 4 vol. v. écaillé, filets.*

916 Entretiens sur l'état de la Musique Grecque vers le milieu du quatrième siècle de l'Ere Vulgaire. (Par M. l'Abbé Barthelemy.) *Paris*, *Debure*, 1777. *in-8°. broché en carton.*

Exemplaire surchargé de notes marginales de l'Abbé Rive.

917 Histoire de la Musique et de ses effets depuis son origine jusqu'à présent. *Amsterdam*, *Jeanne Roger*, *in-12. 2 vol. v. f. d. s. t. filets, sans date.*

918 Angelicum et divinum opus Musice Franchini Gafurii Laudensis Regii Musici. *Mediolani*, *Pontanus*, 1518. -- Recanetum de Musicâ aureâ à Mag. Stephano Vanneo. *Romæ*, *Doricus*, 1533. *in-fol. v. m. fig. filets*, *gothique.*

Livres rares. V. Osmont, tom. 1, pag. 297. Maittaire, tom. 2, pag. 314. Bibliotheca Augustiniana, pag. 912, pour Vanneus. Son ouvrage rélié dans ce volume, est de la première édition.

919 Antiquæ Musicæ auctores septem gr. et lat. Marcus Melibomius restituit ac notis explicavit. *Amstelodami*, *Elzevir*, 1652. *in-4°. m. r. d. s. t. filets*, *fig.*

Ce livre était dans la Bibliothèque de la maison professe des Jésuites de Paris ; il lui avait été donné par le P. de la Chaize. V. Debure, n°. 2035.

920 De tutte l'Opere de L. R. M. Gioseffo Zarlino da Chioggia ch'ei scrisse in buona lingua Italiana, il primo volume continente l'institutioni Harmoniche, etc. *Venetia*, *Franceschi*, 1589. *in-fol. 4 tom. en 2 vol. m. r. d. s. t. filets.* Belle reliure.

Dans le dernier tome, l'auteur traite de la patience, de la mort du Christ, du Calendrier.

SECTION VI.

ARTS.

Traités généraux relatifs aux Arts.

921 Nouvelle Encyclopédie portative. *Paris*, *Vincent*, 1766. *in-12. 2. vol. v. f. filets.*

922 Traité de l'incertitude des sciences,

trad. de l'Anglois. *Paris*, *Miquelin*, 1714. *in*-12. *v. f. d. s. t. filets.*

L'original est cité au Catalogue de Bunay, p. 449. vol. 1.

923 Encyclopédiæ seu orbis disciplinarum tàm sacrarum quàm prophanarum Epistemon, Pauli Scalichii de Lika. *Basileæ*, *Oporinus*, 1559. *in*-4°. *m. r. d. s. t. filets.*

Falconet, 12331 *. Ce livre est fort rare.

924 Reduccion de las letras y arte para enseñar a hablar los mudos por Juan Pablo Bonet. *Madrid*, *Abarca*, *de Angulo*. 1620. *in*-4°. *fig. m. r. d. s. t. filets.*

Falconet, 12340. Debure, 1439 *.

Ecriture.

925 Christiani Breithaupti ars decifratoria, sivè scientia occultas scripturas solvendi et legendi. *Helmstadii*, *Weygand*, 1737, *in*-12. *v. f. d. s. t. filets.*

926 Davidis Arnoldi Conradi Cryptographia denudata, sivè Ars deciferandi quæ occultè scripta sunt in quocunque linguarum genere. *Lugduni Batavorum*, *Bonk*, 1739, *in*-8°. *grand papier. v. f. d. s. t. filets.*

927 Paleográfia Espanola que contiene todos los modos conocidos que ha habido de escribir en Espana, etc. por el P. Estevan de Terreros y pando. *Madrid*, *Ibarra*, 1758. *in*-8°. *v. f. d. s. t. filets.*

Dessin, Peinture, Sculpture et Gravure.

928 Conversations sur la connoissance de la

Peinture, et sur le jugement qu'on doit faire des tableaux. *Paris*, *Langlois*, 1677, *in*-12. *v. m.*

L'auteur est Roger de Piles. V. Falconet, n°. 9067.

929 Lettre sur la Peinture, la Sculpture, l'Architecture. *Amsterdam*, 1749. *in*-12. *v. br.*

930 Cominciamento è progresso dell'arte dell'intagliare in rame da Filippo Baldinucci. *Firenze*, *Matini*, 1686. *in*-4°. *v. m.*

Cet exemplaire qui avait appartenu à Mariette, présente quelques notes de sa main. Il est cité par Debure au n°. 2079.

931 Traité de la Peinture en Mignature. *Lahaye*, *Van Dole*, 1708. *in*-12. *v. br.*

932 L'école de la Mignature, ou l'art d'apprendre à peindre sans maître. Nouvelle édition. *Paris*, *Musier*, 1782. *in*-12. *v. m. fig.*, *gravées en bois.*

Ces deux titres n'annoncent que le même ouvrage ou pour parler plus correctement deux éditions différentes du même livre.

933 Essai sur la Peinture en Mosaïque, par M. le V. (le Vieil, Vitrier à Paris, Montagne Ste. Génevieve) *Paris*, *Vente*, 1768. *in*-12. *v. m.*

Il y a dans ce traité beaucoup d'érudition. L'auteur promit un traité de la peinture sur verre. V. le Journal de Verdun du mois de décembre 1770. pag. 340.

934 Traité des Statues. *Paris*, *Seneuze*, 1688. *in*-12. *v. m.*

L'auteur est François Lemée.

935 Traité Historique et pratique de la

gravure en bois, par Jean-Baptiste-Michel Papillon. *Paris*, *Simon*, 1766. *in-8°. 2 vol. v. m. fig.*

Ce traité est intéressant : l'Auteur y a joint la vie des Artistes qui ont excellé dans cet art.

936 Essai sur la Peinture, la Sculpture et l'Architecture, par M. de B. (de Bachaumont.) Seconde édition, 1752. --- Mémoires sur le Louvre, par le même. --- Réflexions critiques sur différentes écoles de peinture. *Paris*, *Rollin*, 1752. *in-12. v. m.*

On lit dans les Mémoires de Trevoux, octobre 1752. pag. 2435, que le premier de ces ouvrages a fait les délices de tout le monde.

937 Moyen universel de pratiquer la perspective sur les tableaux ou surfaces irrégulières, par A. Bosse. *Paris*, 1653. *in-12. v. br. filets, fig.*

938 Cabinet de singularités d'Architecture, Peinture, Sculpture et Gravure, par Florent le Comte. *Paris*, *Cusson*. 1702. *in-12. 2. vol. v. f. d. s. t. filets.*

939 Catalogue raisonné des tableaux, Dessins et Estampes qui composent le Cabinet de feu M. Potier, Avocat au Parlement ; par les sieurs Hellè et Glomy. *Paris*, *Didot*, 1757. *in-12. broché en carton,*

940 Dictionnaire des Monogrammes, Chiffres, Lettres initiales, Logogryphes, rebus, etc. sous lesquels les plus célèbres Peintres, Graveurs et Dessinateurs ont dessiné leurs noms, traduit de l'Allemand de M. Christ. Par M.... de l'Acad. Imper. et de la Soc. Roy. de Londres. *Paris*, *Guillyn*, 1762. *in-8°. v. f. d. s. t. fig. filets, grand papier.*

Architecture Civile et Navale.

941 Les Dix Livres d'Architècture de Vitruve, par M. Perrault. *Paris*, *Coignard*, 1684. *grand in-fol. v. br. fig.*

Debure, n°. 2093.

942 Dictionnaire d'Architecture Civile, Militaire et Navale, par M. C. F. Roland le Vyrlois. *Paris*, 1670. *in-4°. grand papier*, 3 *vol. brochés*, *fig.*

943 Mémoires sur les objets les plus importants de l'Architecture, par M. Patte. *Paris*, *Rozet*, 1769. *in-4°. broché en carton.*

944 Ordonnance des cinq espèces de Colonnes selon la méthode des anciens, par M. Perrault. *Paris*, *Coignard*, 1683. *in-fol. mouton rouge.*

Il y a six planches dans ce livre : Les trois premières sont de Lepautre ; les deux suivantes de Chastillon, et la dernière de Sebastien Leclerc.

945 Mémoires critiques d'Architecture. (Par M. Fremin, Président au Bureau des Finances de Paris. *Paris*, *Saugrain*, 1702. *in-12. v. m.*

946 Caminologie, ou traité des Cheminées. *Dijon*, *Desventes*, 1756. *in-12. v. m. fig.*

Art Militaire.

947 Nouveau traité sur les fortifications, (par M. Querellet.) *Paris*, *Delespine*, 1745. *in-12. v. br. fig.*

948 Ecole Militaire, ouvrage composé par

ordre du Gouvernement. *Paris*, *Durand*, 1762. *in-12. 3 vol. v. m. filets.*

949 Les Ruses de guerre de Polyen, traduites du grec par D. G. A. L. R. B. D. L. C. D. S. M. avec les Stratagesmes de Frontin. *Paris*, *Ganeau*, 1739. *in-12. 2. vol. v. br.*

Debure cite les originaux de ces deux ouvrages sous les n°s. 1141 et 1142.

950 Essai sur la Cavalerie tant ancienne que moderne. *Paris*, *Jombert*, *in-4°. v. m. L'auteur est désigné par la lettre D.*

Gymnastique. Traités de la Chasse, de la Pêche, des Jeux, Danses, Sauts, etc.

961 L'art de nager, avec des avis pour se baigner utilement, par Thevenot. *Paris*, *Lamy*, 1782. *in-8°. v. éc. filets, fig.*

952 Trattato dell'invenzione et arte liberale del Gioco di Scacchi del Dottor Alessandro Salvio Napolitano. *Napoli*, *Sottile*, 1604 *in-4°. v. br.*

953 Della scienza chiamata Cavalleresca libri tre da Scipione Maffei. *Venezia*, *Pavino*, 1716. *in-8°. v. f. filets.*

954 L'école de la chasse aux chiens courants, précédée d'une Bibliothèque historique et critique des Thereuticographes, par M. le Verrier de la Conterie. *Rouen*, *l'Allemant*, 1763. *in-8°. v. écaillé, filets.*

955 La Fauconnerie de Jean de Franchieres, avec un recueil des oiseaux de proie à la fin du livre. *Paris*, *le Mangnier*, 1585. *in-4°. velin, fig.*

Edition belle et rare; elle n'a pas été connue par

l'auteur de la Bibliothèque des Thereuticographes, cités au n°. précédent. V. Debure sous le n°. 2178. Ce dernier ne rapporte pas le titre du livre tel qu'il est dans l'édition de l'Abbé Rive.

956 Traités de la Chasse composez par Arrian Athénien, et par Oppian. *Paris, Hortemels*, 1690. *in-12. v. f. d. s. t. filets.*

Cet ouvrage est de M. de Fermat.

957 Les Amusemens innocens, ou le parfait Oiseleur, traduit en partie de l'Italien d'Olina. *Paris, Didot*, 1774. *in-12. v. br.*

Arts Méchaniques, ou Métiers.

958 Gerardi Meerman et Doctorum virorum ad eum Epistolæ de Chartæ Vulgaris seu lineæ origine; edidit Jacobus Van Vaassen. *Hagæ Comitum, Van Daalen*, 1767, *in-12. v. f. d. s. t.*

BELLES-LETTRES.

SECTION PREMIÈRE.

GRAMMAIRE.

Principes et Traités généraux de la Grammaire, et des Langues en général.

960 Histoire naturelle de la parole, ou précis de l'origine du langage et de la parole universelle. Par M. Court de Gebelin. *Paris*, 1776. *in-8°. v. f. filets.*

961 Grammaire générale et raisonnée. *Paris, Lepetit*, 1666. *in-12. m. r. d. s. t. filets.*

Cet ouvrage, que nous devons aux soins d'Antoine Arnauld et de Claude Lancelot, renferme encore une Grammaire Italienne et une Espagnole. La première édition est de 1660. V. Debure, n°. 2194.

962 Aschema Academicon de linguâ, autore Petro Arnoldo Scheilbero. *Giessæ*, *Kargerus*. (Sans date.)

On y a joint plusieurs pièces du dernier siècle rares et curieuses sur les langues en général.

963 Meditationes Sinicæ, in quibus consideratur linguæ philosophicæ atque universalis natura, etc. Authore Stephano Fourmont. *Lutetiæ Parisiorum*, *Musier* 1737. *in-fol. fig. v. m.*

Debure, n°. 2210.

964 Observations fondamentales sur les langues anciennes et modernes, par M. Lebrigant, Avocat. *Paris*, *Barrois*, 1787. *in-4°. broché.*

965 Nonulla de linguarum divisione Babylonicæ turris ædificatores dispellente ; auctore Joh. Michaele Scydelio. *Annæbergæ*, *Richter*, 1720. *in-4°. v. f. filets.*

966 Thrésor de l'histoire des langues de cest univers, par Claude Duret. *Cologny*, *Benjon*, 1613. *in-4°. m. r. filets.*

967 Traite de la formation méchanique des langues. *Paris*, *Saillant*, 1765. *in-12. 2 vol. v. f. d. s. t. fig.*

968 Problema della parola humana. *Venetia*, 1683. *in-12. v. f. d. s. t. filets.*

969 Mithridates : de differentiis linguarum tùm veterum tùm quæ in toto orbe terrarum in usu sunt Conradi Gesneri, Tigurini, Observationes. *Tiguri*, *Froschoverus*, 1555. *in-12. v. f. fig.*

970 Synopsis universæ philologiæ, Miranda unitas et harmonia linguarum à Godofredo Henselio. *Norimbergæ*, *Heredes Homanniani*, 1741. *in-8°. v. f. filets.*

Grammaires et Dictionnaires des Langues Hébraïque, Chaldéene, Syriaque, Arabe, Turque, Egyptienne, etc.

971 Origines Hebrææ, ab Alberto Schultens. Editio altera. *Lugduni Batavorum*, *Luchtmans*, 1761. *in-4°. 2 tom. en 1 vol. broché en carton.*

972 Cursus grammaticalis linguarum Orien-

talium, à J. Bapt. Podesta. *Viennæ*, *Voigt*, 1691. *in*-4°. 2 *vol. v. f. fig.*

973 Dictionnaire Hébraïque traduit de l'Anglois du Chevalier Leigh, par M. Louis de Wolzogue. *Amsterdam*, *Vetstein*, 1712. *in*-4°. *v. f. d. s. t. filets.*

974 Thesaurus linguæ Sanctæ, à Gulielmo Robertson. A. M. *Londini*, *Roycloft*, *in*-4°. *v. b.*

975 Grammaire Hébraïque et Françoise. Manusc. transcrit du manusc. original de M. le Sueur. *A la Boullaye le 24 Janvier* 1647. *in*-4°. *m. r. d. s. t. filets. d. s. p.*

976 Franc. Masclef Grammatica Hebraïca. *Parisiis*, *Dumesnil*, 1731. *in*-12. 2 *vol. v. f. d. s. t. filets.*

977 Roberti Bellarmini Institutiones linguæ Hebraïcæ. *Genuæ*, *Faber*, 1619. *in*-12. *v. f. d. s. t. filets.*

978 Trattato della lingua Ebraïca è sue affini da P. Bonifazio Finetti. *Venezia*, *Zatta*, 1756. *in*-8°. *broché.*

979 Joh. Buxtorfii Lexicon Hebraïcum et Chaldaïcum. *Basileæ*, *Richter*, 1710. *in*-8°. *v. br.*

980 M. Jo. Gottfrid. Hauptmanni historia linguæ Ebrææ, primis lineis descripta. *Lipsiæ*, *Heinsius*, 1751. *in*-8°. *v. f. d. s. t. filets.*

981 Exercitationes de linguâ primævâ ejusque appendicibus, à Stephano Morino. *Ultrajecti*, *Broedelet*, 1694. *in*-4°. *v. f. d. s. t. filets*, *fig.*

982 Lexicon novum Chaldæo-Biblicum à

Johanne Leusden. *Ultrajecti*, *Halma*, 1687. *in*-8°. *v. f. d. s. t. filets.*

983 Porta Syriæ, sivè novi methodi Grammatica à Christophoro Cellario. *Cizæ*, *Bielkius*, 1677. *in*-4°. *v. f. d. s. t. filets.*

984 Grammatica Syriaca sivè Chaldaica Georgii Michaelis Amiræ Edeniensis è libano. *Romæ*, *Luna*, 1596. *in*-4°. *v. éc. filets.*

985 Dictionnarium novum Latino-Armenum; auctore P. Jacobo Villotte è Soc. Jesu. *Romæ*, *Typis Propag.* 1714. *in-fol. v. f. d. s. t. filets.*

Debure, n°. 2214.

986 Joh. Joachimi Schroderi Thesaurus linguæ Armenicæ antiquæ et hodiernæ. *Amstelodami*, 1711. *in*-4°. *v. f. d. s. t. filets.*

Debure, n°. 2213.

987 Thomæ Erpenii Grammatica Arabica cum fabulis Locmanni, etc. *Lugduni Batavorum*, *Luchtmans*, 1748. *in*-4°. *v. m. d. s. t. filets.*

988 Rudimenta Linguæ Arabicæ Thomæ Erpenii. *Lugd. Bat. Luchtmans*, 1770. *in*-4°. *v. f. d. s. t. filets.*

989 Francisci à Mesgnien Meninski institutiones linguæ Turcicæ. Editio altera, curante Adamo-Francisco Kollar. *Vindoboniæ*, *Schilgius*, 1756. *in-fol.* 2. *tom. en* 1 *vol. v. m. filets.*

Debure cite l'édition de Vienne de l'année 1680 à 1687, pour toutes les langues orientales.

990 Compendiosum lexicon Latino-Turcico-Germanicum à Joh. Christiano Clodio. *Lipsiæ*, *Zeidler*, 1730. *in*-8°. 3 *vol. v. f. d. s. t. filets.*

991 Jobi Ludolfi Grammatica Æthiopica. Editio secunda. *Francofurti ad-Mænum*, *Zunner*, 1702. *in-fol. v. f. d. s. t. filets.*

992 Grammatica Æthiopica D. Joh. Henrici Maji conscripta à Joh. Philippo Hartmanno. *Francofurti ad Mænum*, *Andreas*, 1707. *in-4°. v. f. d. s. t. filets.*

993 Rudimenta linguæ Persicæ, authore Ludovico de Dieu. *Lugd. Batav. Elzevir*, 1639. *in-4°. v. f. d. s. t. filets.*

994 Athanasii Kircheri è Soc. Jesu lingua Ægyptiaca restituta. *Romæ*, *Scheus*, 1644. *in-4°. v. f. d. s. t. filets.*

995 Ejusdem Prodromus Coptus, sivè Ægyptiacus. *Romæ*, *Typ. Propag.* 1636. *in-4°. v. br.*

Debure, n.os 2198 et 2199.

Langue Grecque.

996 Thesaurus Græcæ Linguæ ab Henrico Stephano Constructus. *Parisiis*, *idem Henr. Stephanus*, 1572. 4. *vol. in-fol. v. br. grand papier.*

Debure, n°. 2243.

997 Glossaria duo è situ vetustatis eruta ad utriûsque linguæ cognitionem et locupletationem utilia. Item de atticæ linguæ Comment. Henrici Stephani. *Parisiis*, *Ipsemet Henr. Steph.* 1573. *in-fol. peau verte.* (Grec et latin.)

Debure, n°. 2244.

998 Glossarium ad Scriptores mediæ et

infimæ græcitatis, auctore Carolo Dufresne, *Domino* Ducange. *Lugduni*, *Posuel*, 1688. *in-fol.* 2 *vol. brochés en carton.*

Debure, n°. 2248.

999 Epitome Græcæ Palæographiæ et de rectâ Græci Sermonis pronuntiatione, authore R. P. D. Gregorio Placentinio. *Romæ*, *Salvioni*, 1735. *in-4°. v. f. d. s. t. filets*, 2. *vol.*

1000 Novum Lexicon Græcum Christiani-Tobiæ Damm. *Berolini*, *Vossius*, 1765. *in-4°.* 2 *vol. brochés en carton.*

1001 Laurentii Ingewaldi Elingii historia Græcæ linguæ cum præfatione Adami Rechenbergi. *Lipsiæ*, *Gleditsch*, 1691. *in-12. v. f. d. s. t. filets.*

1002 Constantini Lascaris institutiones universæ cum plurimis auctariis, græcè et latinè. *Ferrariæ*, *Maciochius*, 1510. *in-4°. m. r. d. s. t. filets.*

Debure n°. 2219.

1003 Cornelii Schrevelii Lexicon manuale greco-latinum et latino-græcum. *Lugduni Batavorum*, *Hackius*, 1654. *in-8°. grand papier*, *v. f.* beau.

1004 Dictionarium ionicum græco-latinum à M. Æmylio Porto. *Francofurti*, *Palthenius*, 1603. *in-8°.* 2 *vol. v. f. filets.*

1005 Abrégé de la Méthode pour apprendre facilement et en peu de temps la langue grecque. *Paris*, *Mariette*, 1696. *in-12. v. br.*

1006 Nouvel Abrégé de la Grammaire

grecque, par M. Furgault. *Paris*, *Aumont*, 1774. *in-8°. grand format*, *carton*.

1007 Sylloge Scriptorum qui de linguæ grecæ verâ pronuntiatione Commentarios reliquerunt, à Siegeberto Havercampo. *Lugduni Batavorum*, *Potuliet*, 1736. *in-8°. 2 vol. velin*, *grand format*.

1008 Diatribe de linguæ græcæ Novi Testamenti puritate autore Sebastiano Pfochenio. *Amstelodami*, *Jansson*, 1629. *in-12. v. br.*

Richard Simon dit que ce livre mérite d'être lu plus d'une fois.

Langue Latine.

1009 M. Terentii Varronis opera quæ supersunt. Editio tertia. *Parisiis*, *Rob. Stephanus*, 1581. *in-12. v. f. d. s. t. filets*.

1010 Prisciani Cæsariensis Grammatici opera. *Venetiis*, *de Colonia*, 1476. *in-fol. m. r. d. s. t. filets*

Voyez Debure n°. 2258. Il n'a pas cité l'édition suivante.

1011 Prisciani Grammatici libri omnes. *Venetiis*, *Aldus*, 1527. *in-8°. m. r. d. s. t. filets*, *grand format*.

1012 Novus linguæ et eruditionis Romanæ Thesaurus à Jo. Matthiâ Gesnero. *Lipsiæ*, *Fritschius*, 1749. *in-fol. 4 tom. en 2 vol. brochés en carton*. *Portrait*.

1013 Glossarium ad Scriptores mediæ et infimæ latinitatis auctore Carolo Dufresne,

Domino Ducange. Editio nova, operâ Monachorum Ordinis S. Benedicti. *Parisiis*, *Osmont*, 1733. *in-fol.* 6 *vol. v. f. filets.*

Voyez Debure n°. 2286. L'exemplaire de l'Abbé Rive est complet.

1014 Glossarium ad Scriptores medii ævi tùm latinos tùm gallicos, à D. P. Carpentier. *Parisiis*, *Lebreton*, 1766. *in-fol.* 4 *vol. grand papier*, *v. f. d. s. t. filets.*

1015 Gerardi Joannis Vossii opera, in sex tomos divisa. *Amstelodami*, *Blaeu*, 1701. *in-fol. v. f. filets.*

1016 Joh. Nicolai Funccii de adolescentiâ latinæ linguæ tractatus. *Marburgi Cattorum*, *Muller*, 1723. *in-4°. v. br. filets.*

1017 Ejusdem Funccii de origine latinæ linguæ Tractatus. *Giessæ*, *Vid. Vulpii*, 1720. *in-4°. v. m. filets.*

1018 De Fœnicum litteris seu de prisco latinæ et græcæ linguæ caractere, auctore Guilielmo Postello. *Parisiis*, *Gaultherot*, 1552. *in-12. m. r. d. s. t. filets.*

1019 Phrases et Formulæ linguæ latinæ elegantiores Stephano Doleto authore. *Argentorati*, *Rihelius*, 1576. *in-8°. m. r. d. s. t. filets.*

Debure, n°. 2281, cite l'édition de Lyon en 1539 comme la meilleure. L'Abbé Rive préférait celle-ci.

1020 De linguæ latinæ in Germaniâ per XVII secula amplius fatis Commentaria auctore Jacobo Burckhard. *Hanoveræ*, *Foerster*, 1713. *in-12. v. f. d. s. t. filets.*

1021 L'harmonie Etymologique des langues Hébraïque, Grecque, Latine, etc. par M. Estienne Guichard. *Paris*, *Lenoir*, 1606, *in*-8°. *v. f. d. s. t. filets.*

Leon Pinelo cite cette édition et une postérieure de 1618 dans son *Epitome de la Bibliot. Orient. y Occidental.* Madrid, 1737. in-fol. *Col.* 527 et 528.

Langue Françoise.

1022 De Origine, usu et ratione vulgarium vocum linguæ Gallicæ, Italicæ et Hispanicæ, auctore J. B. (Jacobo Bourgoing) *Parisiis*, *Prevosteau*, 1583. *in*-4°. *v. br.*

L'Abbé Goujet n'a connu ni ce livre, ni son auteur (note de l'Abbé Rive.)

1023 La justesse de la langue Françoise, par l'Abbé Girard. *Paris*, *d'Houry*, 1718. *in*-12. *v. br.*

1024 Traité de la Conformité du langage François avec le Grec, par Henri Estienne. *Paris*, *Dupuis*; 1569, *in*-8°. *m. r. d. s. t. filets.*

1025 Gramere. *Paris*, *Wechel*, 1562. *in*-12. *v. f. d. s. t. filets.*

Ce livre est écrit d'une manière particulière, comme l'on parlait alors. Il est curieux et rare.

1026 Principes généraux et raisonnés de la Grammaire Françoise, par M. Restaut. *Paris*, *Lottin*. 1767. *in*-12. *v. m.*

1027 Joachimi Perionii Dialogorum de linguæ

Gallicæ origine libri quatuor. *Parisiis*, *Nivellius*, 1555. *in*-12. *v. f. d. s. t. filets*. Beau et assez rare.

1028 Institutiones Glotticæ, seu Grammatica triplex linguæ Gallicæ, Anglicæ necnon Danicæ præcepta complectens, labore Joan. Sterpini. *Hafniæ*, *Paulli*, *in*-12. *v. éc. filets*. (*sans date*.)

Cette Grammaire est en quatre langues.

1029 Projet du livre intitulé de la Précellence du langage François, par Henri Etienne. *Paris*, *Patisson*, 1579. *in*-8°. *velin. d. s. t. pap. lavé et réglé*.

Langue Italienne.

1030 Franç. Priscianese, Fiorentino, della lingua Romana. *Vinegia*, *Zanetti*, 1540. *in*-4°. *v. f. d. s. t. filets*.

1031 Della lingua Toscana di Benedetto Buommatei. *Napoli*, 1733. *in*-4°. *velin*.

1032 Vocabolario Catheriniano, edente Girolamo Gigli. (*Sans frontispice*.) *in*-4°. *grand papier*, *m. r. d. s. t. filets*.

Voy. Falconet n°. 10028. Ce Vocabulaire finit au mot *Raguardare*, pag. 320. L'article n'est pas complet, et il paraît qu'on n'a pas achevé d'imprimer l'ouvrage.

133 Vocabolario Toscano da Philippo Baldinucci. *Firenze*, *Franchi*, 1681, *in*-4°. *velin*.

1034 Vocabolario, Grammatica è Orthographia della lingua volgare d'Alberto Acharisio. *In Cento*, 1543. *in*-4°. *m. r. d. s. t. filets*.

1035 La Crusca Provenzale di Don Antonio Bastoro. *Roma*, *Rossi*, 1724. *in-fol. broché en carton.*

1036 Pier-Francesco Giambullari de la lingua che si parla in Firenze. *Firenze*, 1551. *in-8°. m. r. d. s. t. filets.*

1037 Grammaire Italienne à l'usage des Dames, par l'Abbé Antonini. *Paris*, *Rollin*, 1728. *in-8°. v. f.*

1038 Dittionario Toscano compilato dal signor Adriano Politi. *Vinetia*, *Barezzi*, 1647. *in-8°. velin.*

Langue Espagnole et Malthoise.

1039 Ensayo sobre los alphabetos de las lettras desconocidas que se encuentran en las mas antiguas Medallas y monumentos de Espana, per Don Luis Joseph Vilasquez. *Madrid*, *Sanz*, 1752. *in-4°. v. m.*

Cet ouvrage devrait être placé avec les antiquités ; nous l'avons trouvé à côté du suivant, et nous l'y avons laissé.

1040 Sobrino aumentado o nuevo Diccionario de las lenguas Espanola, Francesa y Latina, por Francisco Cormon. *En Amberes*, *de Tournes*, 1769. *in-4°. 3. vol. broché en carton.*

1041 Della lingua Punica Maltese dal Canonico Giopietro Francesco Agius de Soldanis. *Roma*, *Salomoni*, 1750. *in-8°. v. f. filets.*

Falconet, n°. 9477.

Langues Allemande, Russe, Celtique, etc.

1042 Mémoires sur la langue Celtique, par M. Bullet. *Besançon, Daclin*, 1754. *in-fol.* 3 *vol. v. m.*

1043 Christopher Rawlinson Henrici Wilhelmi Ludolfi Grammatica Russica. *Oxonii, theatr. Scheld.* 1696. *in-4°. velin.*

1044 Dictionnaire François, Allemand, Latin et Russe, *en* 4 *vol. in-8°. v. f. filets, d. s. t.*

1045 Jo. Georgii Eccardi historia Studii ætymologici linguæ Germaniæ. *Hanoveræ, Foerster*, 1741. *in-12. broché.*

1046 Christiani Gottlob Haltavs Glossarium Germanicum medii ævi. *Lipsiæ, Gleditsch*, 1758. *in-fol.* 2. *vol. v. br. d. s. t. filets.*

1047 Glossarium Germanicum continens origines et antiquitates totius linguæ Germanicæ à Joh. Georgio Wachtero. *Lipsiæ, Gleditsch*, 1737. *in-fol.* 2. *vol. v. f. d. s. t. filets.*

Debure cite cet ouvrage au n°. 2314 de sa Bibliographie.

1048 Glossarium Suiogothicum authore Joanne Ihre. *Upaliæ, Edmannius*, 1769. *in-fol. v. f. d. s. t. filets.* 2 *vol.* Beau et rare en France.

1049 Le grand Dictionnaire François-Flamand et Flamand-François de François Halma, Quatrième édition. *Amsterdam*, *Wetstein* ; 1733. *in*-4°. 2 *vol. v. m.*

Debure, n°. 2317.

1050 Nouveaux principes de la langue Allemande, par M. Junker. *Paris Musier*, 1768. *in*-8°. *broché.*

1051 Nouveau Dictionnaire François-Suédois et Suédois - François, par Levin Moller. *Stocholm*, 1745. *in*-4°. *v. f. d. s. t. filets.*

1052 Nouvelle Méthode pour apprendre la langue Allemande par le moyen de la Françoise. *Strasbourg*, *Dulsecker*, 1747. *in*-12. *v. m.*

1053 Recherches sur les langues ancienne et moderne de la Suisse et du pays de Vaud, par Elie Bertrand. *Geneve*, *Philibert*, 1758. *in*-8°. *v. f. d. s. t. filelets.*

Langues Anglaise et Portugaise.

1054 Grammaire Angloise - Françoise, par MM. Miége et Boyer, corrigée et augmentée par Mather Flint. *Paris*, *Briasson*, 1761. *in*-12. *v. br.*

1055 The Royal Dictionary Abridged in two parts by M. A. Boyer. *London*, *Bathurst*, 1771. *in*-8°. *grand format*, *m. v. d. s. filets.*

1056 Dictionarium Annamiticum Lusitanum Latinum ab Alexandro de Rhodes è Soc. Jesu. *Romæ*, 1651. *in*-4°. *v. f.*

Langues Étrangères Vivantes, Chinoise; Japonoise, etc.

1057 Linguæ Sinarum Mandarinicæ Hyerogliphicæ Grammatica duplex, ab Stephano Fourmont. *Lutetiæ Parisiorum, Bullot*, 1742. *in-fol. v. m.* Rare.

Debure, n°. 2211.

1058 Theophili Sigefridi Bayeri Museum Sinicum in quo sinicæ linguæ et litteraturæ ratio explicantur. *Petropoli, Typis Acad. Imperatoriæ*, 1730. *in-8°. v. f. d. s. t. filets.* 2 *vol.*

Debure, n°. 2212.

1059 Grammatica linguæ Amharicæ quæ vernaculæ est habessinorum à Jobo Ludolfo. *Francofurti ad Mænum, Zunner*, 1698. *in-fol. v. m.*

1060 M. Abraham Frenieli de originibus linguæ Sorabicæ libri duo. *Budisiniæ Lusatorum, Richter*, 1693. *in-4°. v. f. filets.*

1061 Grammatica Damulica seu Malabarica à Bartholomæo Ziegenbalk. *Halæ Saxonum*, 1716. *in-4°. v. f. filets, d. s. t.*

1062 Ars Grammaticæ Japonicæ linguæ à F. Didaco Collado. *Romæ, Typ. Propag.* 1632. *in-4°. v. f.*

1063 Dictionarium sive Thesauri linguæ Japonicæ Compendium à F. Didaco Collado. *Romæ, Typ. Propag.* 1632. *in-4°. v. f. d. s. t. filets.*

1064 Alphabetum Tibetanum Missionum Apostolicarum commodo editum à F. Augustino-Antonio Georgii. *Romæ*, *Typ. Propag.* 1762. *in-fol.* 2 *vol. v. f. d. s. t. filets.*

1065 Grammatica Laponica Henrici Ganandri. *Holmiæ*, *Salvius*, 1743. *in-12. broché en carton.*

1066 Grammatica Slavico-Bohemica à Paulo Doleschalio, cum prœfat. Mathiæ Bellii. *Posonii*, *Royer*, 1746. *in-8°. v. br.*

1067 Observationes Grammaticæ, quibus linguæ Tamulicæ idioma vulgare illustratur à Christophoro Theodosio Walthero. *Trangambariæ*, *Typis Missionis Regiæ*, 1739. *in-8°. v. br. filets.*

1068 Alphabetum Tironianum, seu notas Tironis explicandi Methodus labore et studio D. P. Carpentier. *Lutetiæ Parisiorum*, *Guerin*, 1747. *in-fol. grand papier*, *v. m.*

1069 In Originem et historiam alphabeti Sclavonici disquisitio à Clemente Grubissichio proposita. *Venetiis*, *Pasquali*, 1766. *in-8°. v. f. d. s. t. filets.*

Fin de la Première Partie.

CATALOGUE DES LIVRES DE FEU L'ABBÉ RIVE.

SECONDE PARTIE.

BELLES-LETTRES.

SECTION II.

RHÉTORIQUE.

Orateurs Grecs, anciens & modernes.

1070 Lysiæ opera omnia, edente Athanasio Auger. *Parisiis, Didot*, 1783. 2 *vol. du format in-8°. tirés sur grand papier d'Annonai, in-4°. m. r. d. s. t. filets.*

Debure ne cite dans sa bibliographie, n°. 2340, que l'édition de Londres, donnée par Taylor, in-4°. en 1739.

1071 Œuvres completes de Lysias, traduites en françois par M. l'abbé Auger. *Paris, Debure*, 1783. *in-8°. v. f. filets.*

1072 Isocratis opera omnia gr. & lat. Edidit Athanasius Auger. *Parisiis, Didot*, 1782, *in-4°. grand papier*, 3 *vol. tirés sur le format in-8°. m. r. d. s. t. filets.*

Debure cite quatre éditions anciennes de ce Rhéteur aux numéros 2343 & suiv.

1073 Œuvres completes d'Isocrate, traduites en françois, par M. l'abbé Auger. *Paris, Debure*, 1781. *in-8°. 3 vol. v. éc. filets.*

1074 Demosthenis orationes duæ & sexaginta, græcè. *Venetiis, Aldus*, 1504 *in-fol. m. r. d. s. t. filets.*

1075 Ejudem Demosthenis orationes cum sophistæ Libanii argumentis, græcè. *Venetiis, Aldus*, 1504. *in fol. m. bl. d. s. t. filets.*

Ces deux exemplaires différent par le titre, la table & la distribution du corps de l'ouvrage. C'est la première édition. v. Debure, n°. 2347.

1076 Œuvres completes de Demosthène & d'Æschyne, traduites en françois, par M. l'abbé Auger. *Paris, Debure*, 1784. *in-4°. 3 vol. v. f. d. s. t. filets, cartes & portraits.*

Orateurs latins, anciens & modernes.

1077 Tusculanarum quæstionum libri quinque. *Parisiis, in vico S. Jacobi, in-fol. gothique*, (sans date) *broché en carton.*

1078 M. Tullii Ciceronis opera omnia. *Lugduni Batavorum, Elzevir*, 1642 *in-12. 10 vol. m. v. d. s. t. grande marge, superbe exemplaire du comte de Vence.*

Voyez Debure, n°. 2371, pour le mérite de cette édition, & Falconet, n°. 10285.

1079 Marci Fabii Quintiliani institutiones oratoriæ. *Venetiis, Aldus*, 1514, *in-8°. m. r. d. s. t.*

Debure, n°. 2450 & n°. 2451 pour l'édition suivante.

1080 Ejusdem Quintiliani institutiones, cum notis variorum. *Lugduni Batavorum, Hackius*, 1665, *in-8°. 2 vol. v. f. d. s. t. filets , fig.* (Falconet, n°. 10394.)

1081 Jo. gottl. Heineccii fundamenta ſtyli cultioris cum notis & additamentis Matthiæ Geſneri & Nicolaï Niclas. *Lovanii , Typis Academicis*, 1773 , *in-4°. v. f. d. s. t. filets.* (Falconet , n°. 9729.)

1082 Comes ruſticus ex optimis linguæ latinæ ſcriptoribus excerptus. *Pariſiis , Mariette*, 1708 , *in-12. v. br.*

M. Pelletier, Miniſtre d'État , eſt Auteur de cette compilation eſtimée.

Orateurs Français.

1083 La manière de bien penſer dans les ouvrages d'eſprit. *Paris , Cramoiſy* , 1687. *in-4°. v. f. d. s. t. filets , grande marge.*

L'Auteur de ce livre eſt le P. Bouhours.

1084 Œuvres de J. Jacq. Rouſſeau de Genève , nouvelle édition. *Amſterdam , Rey* , 1769 , *in-8°.* 23 *vol. brochés , fig. grand papier.*

Orateurs Italiens.

1085 Della eloquenza italiana di Monſignor Giuſto Fontanini , libri tre. *Roma , Bernabo* , 1736 , *in-4°. velin , grand papier.*

1086 Eſami di vari autori ſoprà il libro intitolato : l'Eloquenza Italiana. *Venezia , Ochi* , 1739 , *in-4°. v. éc.*

SECTION III.

POÉSIE.

Poëtes Grecs, anciens & modernes.

1087 Analecta veterum poetarum græcorum, edente Rich. franc. phil. Brunck. *Argentorati, Heitz*, 1772. *in-4°. 3 vol. v. éc. filets.*

1088 Poetæ Græci Christiani in usum Gymnasiorum Soc. Jesu. *Lutetiæ Parisiorum, Chapeletus*, 1609, *in-8°. v. br. filets, pap. lavé & réglé.*

Ce livre est en Grec & en Latin.

1089 Isaaci Casauboni de satyricâ Græcorum, &c. libri duo. *Parisiis, Drouart*, 1605, *in-8°. v. éc. d. s. t. filets.*

On trouve dans le même volume un autre ouvrage intitulé : *Cyclops Euripidæ, latinitate donata à Q. Sept. florente Christiano.* Falconet cite le premier ouvrage au n°. 10584.

1090 Comicorum Græcorum sententiæ ab Henrico Stephano, latinis versibus redditæ. *Parisiis, idem Henricus Stephanus*, 1569, *in-16. v. f. filets.*

Falconet, n°. 10828.

1091 Poetæ Græci Principes heroïci carminis & alii nonnulli. Henrici Stephani Tetrasticon de hâc suâ editione. *Parisiis, ipsemet Henricus Stephanus*, 1566, *in-fol. 2 tom. en 1 vol. pap. lav. & réglé, m. r. d. s. t. filets, grand format.*

Voyez Debure, n°. 2477, & remarquez que cet exemplaire est d'une belle conservation. Falconet, n° 10808.

1092 Les quatre Poétiques d'Aristote, d'Horace, de Vida & de Despréaux, avec la traduction & des remarques de l'abbé Batteux. *Paris, Saillant*, 1771, *in-8°. grand papier, 2 vol. m. r, d. s. t. filets.*

1093 Homeri Ilias & Odyssæa, edente Cornelio Schrevelio. *Amstelodami, Elzevir*, 1656, *in-4°. 2 vol. v. f.*

Debure, n°. 2501.

1094 Aurea Catena Homeri à Ludovico Favrat. *Lipsiæ, Eslinger*, 1762, *in-8°. v. f. d. s. t. filets, fig.*

1095 Everhardi Feithii antiquitatum homericarum libri quatuor. Editio nova. *Argentorati, Steinius*, 1743, *in-8°. v. éc. filets, fig.*

Falconet cite une édition de ce livre à Leyde en 1677, in-12. n°. 10659.

1096 Leonis Allatii de patriâ Homeri. *Lugduni, Durand*, 1640. *in-8°. v. f.*

Falconet, n°. 10658.

1097 Hesiodi Ascræi quæ extant cum notis variorum. *Amstelodami, Elzevir*, 1658, *in-8°. v. f. d. s. t. filets.*

Poëtes Latins, anciens & modernes

1098 Plauti Comœdiæ XX operâ Joannis Sambuci. *Antuerpiæ, Plantin*, 1566. *in-16. 2. vol. m. r. d. s. t. dent.*

Cette édition est en lettres quarrées ; v. Debure, n°. 2597. Cet Exemplaire est bien conservé. Falconet, n°. 10850.

1099 Publii Terentii Afri comœdiæ sex ex editione Westerhovianâ recensitâ ad fidem duodecim ampliùs Manuscriptorum Codicum, &c. *Glasguæ*, *Urie*, 1742, *in-8°. m. r. d. s. t. filets.*

1100 Titi Lucretii Cari de rerum naturâ libri vj. *Lutetiæ*, *Coustelier*, 1744, *in-12*, *pap. lavé & réglé. m. r. d. s. t. tabis*, *dentelles*, *fig.*

Voy. Debure, n°. 2635. Falconet, n°. 10927.

1101 Catullus, Tibullus & Propertius cum fragmentis Cornelio gallo inscriptis. *Lugduni Batavorum*, (*Parisiis*) 1743. *in-12. papier lavé & réglé*, *m. r. d. s. t. dent.*

Debure cite cette édition au n°. 2653. Falconet, n°. 10946.

1102 P. Virgilii Maronis opera cum notis variorum. *Lugduni Batavor. Hackius*, 1680. *in-8°. grand papier. 3 vol. fig. velin.*

Debure, n°. 2688.

1103 Mauri Servii Honorati Commentarii in Virgilii Maronis opera; per Christianum Valdafer. 1471, *in-fol. gothique*, *m. r. d. s. t. filets.*

1104 Q. Horatii Flacci poemata à Joanne Bond illustrata. Editio nova. *Amstelodami*, *Elzevir*, 1676. *in-12. m. bl. d. s. t.*

Debure, n°. 2724.

1105 Altera Editio ejusdem Horatii poematum. *Avenione*, *Seguin.* 1785. *in-24. v. éc. caractères italiques.*

1106 Bernardi Parthenii Spilimbergii in Horatii carmina Commentarii. *Venetiis*, *Nicolinus*, 1584, *in-4°. m. r. d. s. t. filets*, *d. s. p.*

Falconet, n°. 11066.

1107 Publii Ovidii Nasonis opera cum notis variorum. *Amstelodami*, *Blaeu*, 1683. *in*-8°, 3. *vol. velin.*

Debure cite cette Edition dans sa note, sous le n°. 2758.

1108 Florilegium Epigrammatum Martialis ; Josephus Scaliger Jul. Cæsaris filius vertit græcè. *Lutetiæ Parisiorum*, *Rob. Stephanus*, 1607. --- Ejusd. opuscula diversa gr. & lat. *Parisiis*, *Beys*, 1605, *in*-8°. *m. r. d. s. t. filets.*

1109 Decii Junii Juvenalis & Auli Persi Flacci satyræ. *Londini*, *Tonson*, 1716, *in*-8°. *m. bl. d. s. t. filets*, *pap. lavé & réglé.*

Jolie Édition que Debure n'a pas citée & qu'on peut joindre à la Collection des *Variorum.*

1110 Auli Persi Flacci satyrarum liber cum notis Isaaci Casauboni. *Parisiis*, *Drouart*, 1605. *in*-8°. *v. filets.*

1111 Opera Ausonii nuper reperta. *Parmæ*, *Ugoletus*, 1499, *in*-4°. *v. f. d. s. t. filets*, *notes marginales en caractères gothiques.*

Édition inconnue à Debure, & curieuse. Cet exemplaire est bien conservé.

1112 Joannis Joviani Pontani opera poetica. *Venetiis*, *Aldus*, 1518 & 1533, 2 *tom. en* 1 *vol. in*-8°. *m. bl. d. s. t. filets.*

Debure, n°. 2888.

1113 Strozzii Poetæ pater & filius. *Venetiis*, *Aldus*, 1513, *in*-8°. *m. bl. d. s. t. filets.*

Debure, n°. 2889.

1114 Marci-Hieronymi Vidæ, Cremonensis, opera poetica. *Cremonæ*, 1535, *in*-8°. *grand papier. v. f. d. s. t. filets.*

Voyez Debure, n°. 2900, & 2901 pour l'édition suivante.

1115 Ejusdem Vidæ, cremonensis, albæ Episcopi poemata. *Cremonæ*, 1550, 2 *tom. en* 1 *vol. in*-8°. *m. r. d. s. t. filets.*

1116 Lælii Capilupi, Patritii Mantuani, carmina, ex recensione Jo. Matthæi Toscani. *Lutetiæ, Gorbinus*, 1577, *in*-16. *mouton rouge.*

C'est un Extrait d'un livre plus volumineux : le frontispice & plus de la moitié de l'ouvrage sont écrits à la main.

1117 Q. Sectani satyræ in phylodemum, cum notis variorum. *Coloniæ, Selliba*, 1698. *in*-8°. *velin.*

Debure cite cette Édition sous le n°. 2906 de sa Bibliographie ; une note écrite en italien par un Sr. Demarquet, sur le premier feuillet de ce livre, nous apprend qu'on l'attribue à *Lodovico Sergardi*, & que le savant Paul-Alexandre Maffei est l'auteur des notes qu'on y trouve.

1118 Ambrosii Novidii Fracci, ferentinatis, sacrorum fastorum libri xij. *Antuerpiæ, Bellerus*, 1559. *in*-12. *v. br.*

Fabricius fait mention de l'édition de Rome in-4°. en 1547.

1119 Theodori Bezæ Poemata Juvenilia. *Lutetiæ, Badius, cum prælis ascensianis*, 1548. *in*-8°. *papier lavé & reglé, m. bl. d. s. t. filets.*

1120 Antonii-Sebastiani Minturni, de poetâ libri sex. *Venetiis, Rampazetus*, 1559. *in*-4°. *v. br. d. s. t. filets.*

1121 Ejusd. Theodori Bezæ Veselii Poemata. *Édition rare à la tête de mort, sans date & sans nom de ville ni d'imprimeur, in-16. m. r. d. s. t. dentelles.*

Debure ne cite que cette Édition, n°. 2916.

1122 M. A. Mureti Juvenilia. *Parisiis, à portâ,* 1553. *in-8°. pap. lavé & reglé. m. bl. d. s. t. filets.*

Voyez Debure, n°. 2917.

1123 N. Parthenii Giannetasii Bellica. *Neapoli, Raillard,* 1699. *in-8°. v. br. dent. fig.*

1124 Danielis Heinsii poematum editio nova. *Lugduni batavor. Elzevir,* 1621. *in-12. m. v. d. s. t. filets.*

1125 Nicolaï Heinsii, Danielis filii, poematum nova editio, cum Joh. Rutgersii postumis. *Amstelodami, Elzevir,* 1660, *in-12. v. br.*

Debure cite une Édition de cet ouvrage de 1653.

1126 Joannis Secundi opera ex Musæo Scriverii. *Lugduni batavorum, Hegerus,* 1631, *in-12. velin.*

1127 Sidronii Hosschii è soc. Jesu Elegiarum libri sex: itèm Gulielmi Becani Idyllia & Elegiæ. *Lugduni, Anisson,* 1688, in-12. *v. f. filets.*

1128 Jacobi Palmerii à Grentemesnil Criticon Epicheirema, sivè pro Lucano Apologia. *Lugduni batavorum, Haaringius,* 1704, *in-8°. v. br.*

1129 Marcelli Palingenii Stellati, poetæ doctissimi, Zodiaci vitæ: hoc est de hominis vitâ, studio & moribus libri XII. *Lugduni, Tornaesius,* 1566, *in-12. m. r. d. s. t. filets, jolie édition.*

Debure, n°. 2887.

1130 Dominici Baudii amores, edente Petro Scriverio. *Amstelodami, Elzevir,* 1638, *in-12. velin.*

1131 Joh. Frederici Gronovii in P. Papinii Statii

ſilvas Diatribe. *Hagæ-comitis*, *Maire*, 1637, *in-8°*, *v. f.*

Falconet, n°. 11169.

Poéſie Macaronique.

1132 Joannis Reuchlin Comœdiæ duæ. *Coloniæ*, *Gymnicus*, 1537.

(Ouvrage écrit en ſtile macaronique contre l'Égliſe, le Pape, &c.) on y a joint : M. Friderici de pacificis, admonitio charitativa. --- La réponſe de Michau l'aveugle au premier livre de Monſeigneur Jules-Cæſar Boulanger, avec une lettre macaronique de Monſeigneur chargé audict S. Jules-Cæſar. 1595. --- Le Coutelier prescheur déferré, ou l'examen de la lettre macaronique du ſieur Clément Coutelier, à M. du Refuge, à l'occaſion des ſermons de M. Teſtard. --- Le Menteur confondu par le ſieur F. Clouet, ci-devant Père, Baſile, Capucin. *Sedan*, *Jannon*, 1639, *in-12*, *v. m.*

Poëtes Français, anciens & modernes.

1133 Hiſtoire de la Poéſie françoiſe, par feu M. l'abbé Maſſieu. *Paris*, *Prault*, 1739, *in-12. v. br. filets.*

1134 Les œuvres de Clement Marot. *La Haye*, *Moetjens*, 1714, *in-12. 2 vol. v. br.*

Debure cite cette édition au n°. 3116 ; il nous apprend qu'on peut la mettre au rang des *Elzevirs*.

1135 Le Roman de la Roſe, ſuivi des poéſies de Robin de Compiegne. *Mſt. du 15me. ſiècle*, *in-fol. v. br. filets.*

Voyez Debure, n°. 2983. *Nota*, que les dits de Robin ſont d'une exceſſive rareté.

1136 Contes & nouvelles en vers, par Jean de

ontaine. *Amsterdam*, 1762, *in-8°. 2 vol. v. éc. d. t. filets, fig.*

Cette Édition a été exécutée à Paris. V. Debure, n°. 161; les figures ont été gravées sur les dessins de M. sen.

1137 La Danse aux aveugles & autres poësies du XV. siècle, extraites de la bibliothèque des Ducs e Bourgogne. *Lille, Panckoucke*, 1748, *in-12. f. filets.*

Debure en cite une Édition de 1491, in-4°.

1138 Œuvres de M. Boileau Despréaux, édition donnée par M. de Saint-Marc. *Paris, David*, 1747. n-8°. 5 *vol. m. r. d. s. t. dent. portraits, vignettes, fleurons, papier d'Hollande.*

1139 Le Castoiement ou instruction d'un père à son fils; Chroniques de S. Magloire & autres pièces historiques & morales en vers du XIII. siècle, e tout précédé d'une dissertation sur la langue des eltes. *Paris, Chaubert*, 1760 *in-12. v. m.*

1140 Poésies satyriques du dix-huitième siècle. *ondres*, 1782, *in-12. v. m. d. s. t. cartouches coloriés & dorés.*

1141 Élite de poésies fugitives. *Londres*, 1764, -12. 3. *vol. v. m.*

1142 Commentaires sur la Henriade, par feu M. de la Beaumelle, revus & corrigés par Freron. *Paris, Lejay*, 1775, *in-4°. grande marge, papier lavé & reglé, v. f. d. s. t. filets.*

1143 La Religion, poëme. *Paris, Coignard*, 1742, n-8°. *grand format, v. m.*

1144 Les nouvelles de la Royne de Navarre. *Mst. in-fol. sur papier velin. m. bl. d. s. t. & s. p. papier lavé & reglé.*

Ce manuscrit précieux était à la Bibliothèque de Samuël Bernard. (Voy. son catalogue, n°. 1493, p. 143, *éditio de Paris, chez Barrois, en* 1734.) Il passa de-là chez Randon de Boisset, & l'abbé Rive l'acheta à la vente de sa Bibliothèque en 1777. Cet abbé ayant examiné avec attention le Mst. que nous citons, & reconnaissant qu'il est du tems de l'Auteur, ne douta pas que ce ne fût l'Autographe; il fut confirmé dans cette opinion par les armes de France qu'on a mis sur sa couverture. Au reste, ce qui rend cet ouvrage très-précieux, c'est que son stile & les nouvelles ont été changées dans les différentes éditions qui en ont été faites.

1145 S. Paulin, Evêque de Nole : Poëme, par M. Perrault de l'Académie françoise. *Paris, Coignard*, 1686, *in*-8°. *v. m.*

Poésie française dramatique, ballets & chansons.

1146 Recherches historiques & critiques sur quelques anciens spectacles, & particulièrement sur les mimes & pantomimes. *Paris, Mérigot*, 1752, *in*-12. *dos en basane.*

Falconet, n°. 11894,

1147 Histoire du théatre de l'opera en France. *Paris, Barbou*, 1753, *in*-8°. 2 *tom. en* 1 *vol. v. m.*

1148 Dictionnaire portatif, historique & littéraire des théatres, par M. de Léris. *Paris, Jombert*, 1763, *in*-8°. *v. m.*

1149 Recherches sur les théatres de France depuis l'année 1161 jusqu'à présent; par M. de Beauchamps. *Paris, Prault*, 1735; *in*-4°. *broché en carton, d. s. t.*

Cet Exemplaire fut donné à l'abbé Rive par le Duc de la Valliere, le jour de sa fête; il disait que c'était l'unie cadeau qu'il en avait reçu, & il l'estimait singulière-ent. Ce livre a un mérite plus général ; ce sont les notes ginales qui y ont été insérées pour en faire une nouelle édition. V. Debure, n°. 3175.

1150 Recueil de pièces de théatre de divers aueurs, avec des figures. *Paris (à différentes époes) in-12. 4 vol. v. m.*

1151 Recueil de dissertations sur plusieurs tragédies e Corneille & de Racine. *Paris, Gissey*, 1740, -12. 2. *vol. v. m.*

1152 Le Théatre de Pierre & de Thomas Corille. *Paris, David*, 1747 & 1748, *in-12. onze l. grand format, m. r. d. s. t. filets, portraits.*

Debure cite l'édition de 1738 au n°. 3283.

1153 Œuvres de Moliere avec des remarques, par Bret. *Paris*, 1773, *in-8°. 6 vol. fig. m. r. d. t. filets.*

Cette Édition est préférée à celles qui sont antérieures, e que l'Édition de 1734 citée par Debure, n°. 3286.

1154 Œuvres de Jean Racine, avec des commenres, par M. Luneau de Boisjermain. *Paris, Cellot*, 68, *in-8°. 7 vol. grand papier d'Hollande, avec figures doubles, les unes sans enluminure, les au-s coloriées avec dorure, m. r. d. s. t. filets, sube, édition.*

1155 La pratique du théatre, par l'abbé d'Aubiac. *Amsterdam, Bernard*, 1715, *in-8°. 2 vol. and papier, v. br.*

1156 Ballets, operas & autres ouvrages lyriques ordre chronologique, avec une table alphabéue des ouvrages & des Auteurs. *Paris, Bauche*, 60, *in-4°. broché.*

157 Des Ballets anciens & modernes selon les re-

gles du théatre. *Paris*, *Guignard*, 1682, *in*-1 *v. br.*

1158 Romances, par M. Berquin. *Paris*, *Ruault* 1767 *in*-8°. *v. éc. d. s. t. filets*, *grand papier*, *f* *par Delaunay*, *avec les airs notés à la fin.*

Poésie Italienne.

1159 L'Istoria della volgar poesia, da Gio-M Crescimbeni. *Venezia*, *Basegio*, *in*-4°. 6 *vol. s. t. fig.*

1160 Sonetti è Canzoni di diversi antichi Auto toscani in dieci libri raccolte. *Firenze*, *Giunta*, 151 *in*-12. *velin.*

C'est un livre extrêmement rare. Voyez le catalogue Jaksom, la bibliothèque de Haym, &c. &c.

1161 Della novella poesia, cioe del vero gen è particolari Bélleze della poesia italiana, libri t *Verona*, *Ramanzini*, 1732, *in*-4°. *m. r. d. s. filets.*

1162 Della satira italiana, trattato del Dottore seppe Bianchini di Prato. *Firenze*, *Manni*, 171 *in*-4°. *m. r. d. s. t. filets.*

1163 Della storia è della ragione d'ogni poes di Francesco-Saverio Quadrio. *Bologna*, 1739, 4°. 7 *vol. velin vert.*

1164 Della poetica di Francesco Patrici la D istoriale. *Ferrara*, *Baldini*, 1586, *in*-4°. *m. r. s. t. filets.*

1165 De' Ragguagli di parnasso del signor Traj Boccalini Romano. *Amsterdam*, *Blaeu*, 1669, *in*- 2 *vol. v. br.*

C'est la dixième Édition.

1166 Drammaturgia di Lione Allaci, accresciuta è continuata fino all' anno 1755. *Venezia, Pasquali*, 1755, *in-4°. v. m.*

1167 Dante col sito & forma dell' inferno. (*Per Alexandros Paganenses Benacenses fratres.*) *in-8°. sans date, v. f. d. s. t. filets, grand format.*

1168 Le terze rime di Dante, l'inferno, e'l purgatorio, e'l Paradiso. *Venetiis, Aldus*, 1502, *in-8°. m. r. d. s. t. filets.*

Debure, n°. 3329.

1169 La Divina Comedia di Dante Alighieri. *Padova, Comino*, 1727, *in-8°. velin.*

1170 Della Comedia di Danre Alighieri trasportata in verso latino eroïco, da Carlo d'Aquino della compagnia di Gesù. *Napoli, Mosca*, 1728, *in-8°. m. 3. vol. grand format.*

Cet ouvrage est en Italien avec la Version latine à côté.

1171 Le Rime del Petrarca brevemente sposte per Lodovico Castelvetro. *Basilea*, 1582, *in-4°.*

VoyezDebure, n°. 3378. Édition rare & recherchée.

1172 Le Rime di Francesco Petrarca, colle osservazioni di Tassoni, Muzio è Muratori. *Modena, Soliani*, 1711, *in-4°. m. r. d. s. t. filets.*

1173 Quadriregio, o poema de' quatro regni di Monsignor Federico Frezzi. *Foligno, Campana*, 1725, *in-4°. 2 vol v. br.*

Ce poëme, dont le véritable auteur est Nicolas Malpigli de Bologne, est très-rare. Debure en cite la première édition sous le n°. 3376.

1174 Orlando furioso di Lodovico Ariosto. *Biringham, Molini, da' torchi di G. Baskerville:* 1773, *in-8°. grand papier, 5. vol. m. r. d. s. t. tabis, dentelles.*

Le cinquième volume contient les planches de cette superbe édition.

1175 Roland furieux, poëme de l'Arioste, traduit par M. d'Ussieux. *Paris, Brunet*, 1775, *in8°. m. r. d, s. t. filets, grand papier*, 4 *vol. ornés de figures exécutées par des graveurs habiles.*

1176 Roland furieux, traduit de l'Italien de l'Arioste, par M. le Comte de Tressan. *Paris, Pissot*; 1780, *in-12. 5. vol. v. m.*

1177 Orlandino di Limerno Pitocco nuovamente stampato. *Londra (Parigi) Molini*, 1773, *in-8°. grande marge, v. f. filets.*

Debure cite trois éditions antérieures au n°. 3402 & suivans ; il nous apprend que le vrai nom de l'auteur est *Théophile Folengi.*

1178 Cyriffo Calvaneo novamente stampato. *Venetiis, de Bindonis*, 1518, *in-4°. figures en bois, v. f. d. s. t. filets*

Édition très-rare & la plus recherchée. V. Debure, n°. 3412.

1179 Di Gerusalemme conquistata del signor Torquato Tasso, lib. XXIV. *Parigi, Langelier*, 1595, *in-12. m. citron, d. s. t. filets (édition rare, inconnue à Debure.)*

1180 La Gierusalemme di Torquato - Tasso con gli argomenti del sig. Gio-Vincenzo imperiale. *Genova, Pavoni*, 1604, *in-12. m. bl. d. s. t. filets, avec les fig. de Corneille Galle.*

Debure, n°. 3435.

1181 La Gerusalemme liberata di Torquato Tasso

con

con le figure di Giam-Battista Piazzetta. *Venezia, Abrizzi*, 1745 *in fol. grand format, m. r. d. s. t. filets, dent. vignettes, fleurons.*

Superbe Exemplaire dédié à la Reine de Hongrie avec son Portrait. Debure, n°. 3440.

1182 La Gerusalemme liberata di Tasso. *Parigi, Delalain*, 1771, *in-8°. 2 vol. grand papier, m. r. d. s. t. fig. superbe édition.*

1183 La Gerusalemme di Tasso. *Parigi, Molini* 1783, *in-12. 2 vol. v. éc. filets.*

1184 Le satire di Benedetto Menzini, fiorentino, da Pier-Casimiro Romolini. *Leyda, Van Eet*, 1759, *in-8°. v. m. d. s. t. filets, grand format.*

1185 Il Pastor fido di Giambatista Guarini. *Parigi, Didot*, 1782, *in-8°. grand papier, m. r. d. s. t. filets.*

Voyez Debure pour les anciennes éditions, n°. 3519 & suivans.

1186 La Sechia rapita, Poema eroï-comico di Alessandro Tassoni. *Parigi, Prault*, 1766, *in-8°. and format, 2. vol. v. f. filets, fig. vignettes & fleurons.*

1187 Il Malmantile Racquistato di Perlone Zipoli (Lorenzo Lippi) colle note di Puccio Lamoni è d'altri. *Firenze, Moucke*, 1750, *in-4°. 2 vol. m. r. d. s. t. filets.*

L'Édition citée par Debure, au n°. 3526, est de 1731.

1188 Bertoldo con Bertoldino è Cacasenno in ottava rima, poëma da Giulio Cezare Crocce, è di Camillo Scaligero. *Bologna, Lelio della Volpe*, 1736, *in-4°. grand format, v. f. d. s. t. fil. fig.*

Debure, n°. 3527.

1189 Tutti i trionfi, Carri, Mascheratte andati per Firenze fin' all anno 1559. *Cosmopoli*, 1750, *in-8°. v. f. d. s. t. filets. fig. 2 vol.*

Voyez Debure, n°. 3312.

1190 Tragedia di franç. Negro Bassanese, intitolata : *Il libero arbitrio.* 1546, *in-4°. v. f. d. s. t.*

C'est ici la première édition de cet ouvrage. Elle est moins recherchée que la seconde, dont nous avons donné la description dans la classe de Théologie, au n°. 264. Voyez Debure, n°. 3532.

1191 La Rosa d'oro pontificia, racconto istorico di Carlo Cartari, Orvietano. *Roma, stamp. della Camera Apostolica.* 1681. *in-4°. velin.*

Première Édition, rare en Allemagne & en France.

1192 La visiera alzata hecatoste di scrittori che vaghi d'andare in maschera fuor del tempo di carnovale sono scoperti da Gio-Pietro-Giacomo Villani Senese. *Parma, heredi del Vigna*, 1689, *in-12. m. r. filets, d. s. p.*

Cet ouvrage très-rare a pour Auteur *Angelius Aprosius.* V. le *Théatr. Pseudonymorum*, pag 603.

☞ 1193 La Tenda Rossa risposta di Girolamo Nomisenti à i dialoghi di falcidio Melampodio. *Francfort*, 1613 ; avec la devise : *Ignem gladio ne fodias, in-12. m. bl. d. s. t. filets.*

Cet ouvrage est d'Alexandre Tassoni. Cette Édition est l'originale ; elle est si rare, que l'abbé Rive assure que cet exemplaire est unique en France.

1194 I. Romanzi di M. Giovan-Battista Pigna. *Vinegia, Valgrisi*, 1554, *in-4°. m. r. d. s. t. filets.*

1195 Tutte le opere di M. Giulio Clemente. *Vinegia, Ferrari, in-12. velin.*

Ces pièces dramatiques ne sont pas communes.

1196 Nimfale fiesolano nel quale si contiene l'innamoramento di Affrico è Mensola : poëmetto di Gioanni Boccaccio. *Londra (Parigi, Molini)* 1778, *in-8°. grand papier, v. f. filets.*

Debure cite la première édition au n°. 3757, d'après Maittaire.

1197 Aminta, favola pastorale di Torquatto Tasso. *Parigi, Didot*, 1781, *in-8°. m. r. d. s. t. grand papier.*

1198 La Favola di circe commentata dà Ridolfino è Venuti. *Roma, Bernabò*, 1758, *in-4°. v. m. figures.*

1199 Teatro italiano, ò sia scelta di Tragedie per uso della scena. *Venezia, Orlandini*, 1746, *in-8°. 3 vol. v. m. d. s. t. filets.*

1200 Opere scelte di ferrante Pallavicino, colla vita dell' autore. *Villafranca*, 1673, *in-12. 2 vol. v. f.*

Debure ne cite de cet Auteur que la *Rettorica delle Putane*, & le titre sous lequel il l'annonce, est fautif. (Voyez sa Bibliographie, n°. 3968.) L'édition que nous possedons est plus recherchée que celle de 1662, parce qu'elle est plus complete.

1201 Dissertation sur les tragédies espagnoles, traduites de l'Espagnol, par M. d'Hermilly. *Paris*, *Quillau*, 1754, *in-12. 2 tom. en 1 vol. v. m.*

MYTHOLOGIE.

Fables, *Facéties*, *Contes*, *Romans anciens & modernes.*

1202 Opuscula Mythologica, Physica & Ethica, gr. & lat. *Amstelædami*, *Wetstenius*, 1688, *in-8°. veau d'Irlande*, *filets*, *d. s. p.*

1203 Mythographi latini, cum notis variorum. *Amstelodami*, *vid. à Someren*, 1681, *in-8°. 2 vol. v. br.*

Voyez Debure, n°. 3556. L'Éditeur de cet ouvrage est Thomas Muncker.

1204 Apollodori Atheniensis Bibliotheces, sivè de Diis, libri tres, cum notis Tanaquilli Fabri, gr. & lat. *Salmurii*, *Lenerius*, 1681, *in-8°. v. br.*

Debure cite l'Édition originale chez Bladus en 1555, in-8°. au n°. 3558.

1205 Fables de la Fontaine. *Paris*, 1765, *in-8°. 6 vol. v. éc. d. s. t. filets*, *fig.*

Ce livre est gravé en taille-douce par Montuley ; les figures sont de Fessard.

1206 Laus asini tertiâ parte auctior cum aliis festivis opusculis. *Lugd. batavorum*, *Elzevir*, 1629, *in-16. velin.*

1207 Le nauffrage de la Pucelle. *Mst. sur velin*, *gothique*, *avec des figures coloriées & dorées*, *in-8°. lavé & reglé, reliure ancienne.* C'est un ouvrage curieux & rare.

1208 L'Alcoran des Cordeliers, avec les figures de B. Picart. *Amsterdam*, 1734, *in-12. 3 vol. br. en carton, fig.*

1209 Les avantures de Télémaque, par Fénélon. *Paris, de l'Imprimerie de Monsieur*, 17 *in-4°. 2 vol. grand papier, m. r. d. s. t. filets, figures & cartouches exécutées avec le plus grand soin.*

1210 Il Decamerone di M. Giovanni Boccaccio nuovamente corretto, è con diligentia stampatto. *Firenze, Giunta*, 1527, *in-4°. m. r. d. s. t. tabis. dent.*

Voy. Debure, n°. 3667.

1211 Istoria del Decamerone di Giovanni Boccaccio, scritta da Domenico Maria Manni. *Firenze*, 1742, *in-4°. v. f. d. s. t. filets.*

1212 Il Decameron di M. Gio. Boccaccio da Francesco d'Amaretto Mannelli sul' originale dell' Autore MDCCLXI, *in-4°. v. f. d. s. t. filets, portraits, grand papier.*

1213 Longi Pastoralium de Daphnide & Chloë, libri quatuor, ex recensione Joan-Bapt. Gasparis d'Ansse de Villoison. *Parisiis, Didot*, 1778, *in-4°. grande marge (gr. & lat.) m. r. d. s. t. fil.*

1214 Les Amours Pastorales de Daphnis & de Chloé. 1745, *in-12. sur du papier lavé & reglé & relié en marroquin rouge, de format in-4°. figures d'Audran, superbe exemplaire, d. s. t. filets.*

Debure ne cite pas cette Édition. Voyez son n°. 3722.

1215 Les Poésies du Roi de Navarre, avec des

notes & un glossaire françois. *Paris, Guerin*, 1742, 2. *vol. in*-8°. *v. f. d. s. t. fig.*

1216 Fabliaux & contes des Poëtes françois. *Paris, Vincent*, 1756, *in*-12. 3 *vol. v. m.*

1217 Les Amazones revoltées, Roman moderne avec des notes politiques, par Don Louis le Maingre de Bouciquault. *Rotterdam*, 1730, *in*-12. *v. br.*

On cite une autre prétendue Édition de ce livre à la date de 1738; mais elle ne diffère de celle-ci que par son titre, sur lequel on n'a pas mis le nom de l'Auteur.

1218 Les Princesses Malabares, ou le célibat philosophique (attribué à Lenglet Dufresnoy.) *Andrinople, Franco*, 1734, *in*-12. *v. br.*

Une note de l'abbé Rive nous apprend que cet ouvrage est d'un nommé Quesnel, fils d'un Claincailler de Dijon, mort à la Bastille. Il avait encore fait *Don Diego de Guipuscoa* & l'*Almanach du Diable*. Il portoit un nom différent de celui de sa famille.

Ce livre fut condamné par Arrêt du Parlement du 31 décembre 1734 & brûlé le 4 janvier suivant par la main du Bourreau. La clé de l'ouvrage est à la fin du livre.

1219 Corps d'extraits de Romans de Chevalerie, par M. le Comte de Tressan. *Paris, Pissot*, 1782, *in*-12. 4 *vol. v. m.*

1220 Convivialium sermonum tomi tres (Auctore Joanne Gastio brisacenci. *Basileæ*, 1566, *in*-8°. *v. m.*

Falconet en cite une Édition de 1561, au n°. 12225.

1221 La Guerre séraphique, ou histoire des périls qu'a courus la barbe des Capucins, par les violentes attaques des Cordeliers. On y a joint une dissertation sur l'inscription du grand portail de l'Église des Cordeliers de Rheims. *La Haye, de Hondt*, 1740, *in-12. m. r. d. s. t. filets.*

1222 Récréations historiques, avec l'histoire des fous en titre d'office, par M. D. D. A. *Paris, Robustel*, 1767, *in-8°. 2 tom. en 1 vol. v. f. d. s. t. filets.*

SECTION IV.

PHILOLOGIE.

Critiques anciens & modernes. Satyres, Apologies.

1223 Joannis Burch. Menkenii de charlataneriâ eruditorum declamationes duæ, cum notis variorum; accessit epistola Sebastiani Stadelii ad Janum philomusum, de circumforaneâ literatorum vanitate. Editio quinta. *Amstelodami*, 1747, *in-8°. v. f. d. s. t. filets, fig.*

Debure, n°. 3913, cite l'édition de 1716.

1224 De la charlatanerie des Savans, par Monsieur Menken. *La Haye, Vanduren*, 1721, *in-12. v. b.*

Traduction française de l'ouvrage précédent, assez rare.

1225 Athenæi Deipnosophistarum libri XV. græcè. *Venetiis, Aldus*, 1514, *in-fol. m. bl. d. s. t.*

Première Édition de cet ouvrage, rare. Voy. Debure, n°. 3914.

1226 Auli-gellii noctes atticæ, cum notis Gronovii. *Lugduni batavorum*, *Devivié*, 1687, *in-8°. grand papier, velin.*

Debure ne parle pas de cette Édition, dont l'abbé Rive faisait beaucoup de cas.

1227 Petri Lambecii prodromus lucubrationum criticarum in Auli-gellii noctes atticas. Ejusd. Lambecii Dissertatio de vitâ & nomine Auli-gellii. *Parisiis*, *Cramoisy*, 1647, *in-8°. velin.*

1228 Aurelii Theodosii Macrobii V. Cl. & inlustris opera. Accedunt notæ integræ Pontani, Meursii & Gronovii. *Lugduni batavorum*, *Doude*, 1670, *in-8°. grand papier*, *v. m. fig.*

Voyez Debure, n°. 3926.

1229 Alexandri ab Alexandro genialium dierum, libri VI, cum integris commentariis Tiraquellii & aliorum. *Ludg. batav. Hackius*, 1673, *in-8°. grand papier*, *2 vol. velin.*

Debure, n°. 3928.

1230 Ludovici Carrionis emendationum & observationum libri duo. *Lutetiæ*, *Beysius*, 1583, *in4°. v. f.*

Falconet, n°. 12476.

1231 Joannis à Wower de Polymathiâ tractatio. *Basileæ*, *Frobenius*, 1603. --- Questions diverses & discours de Loys Charondas le Caron, Jurisconsulte parisien. *Paris*, *Norment*, 1579, *in-4°. v. b.*

Falconet, n°. 12337.

1232 Anatomia ingeniorum & scientiarum, auctore

tore Antonio Zara. *Venetiis, Ambrosius Deus*, 1615, *in-4°. v. f. d. s. t. filets.*

1233 Jani Gulielmii Verisimilium libri tres. *Antuerpiæ, Plantin*, 1582, *in-8°. velin.*

Falconet n°. 12436. l'Auteur est *Sept. Florens Christianus.*

1234 Andreæ Quernei Turonensis Egregiorum liber, prima editio. *Parisiis, Lebouc*, 1602, *in-12. petit format. m. r. d. s. t. filets.*

Falconet n°. 12398.

1235 Dissertations mêlées sur divers sujets importans & curieux. *Amsterdam, Bernard*, 1711, *in-12. v. m. 2 tom. en 1 vol.*

1236 De l'orgueil national traduit de l'Allemand de Zimmermann. *Paris, Delalain*, 1769, *in-12, broché en carton.*

1237 Œuvres mêlées de St. Evremond. *Amsterdam, Mortier*, 1706, *in-12. 7 vol. v. f. fig. portrait.*

1238 Dissertation sur les Œuvres mêlées de St. Evremont. *Paris, le Clerc*, 1698, *in-12. v. f. filets.*

Cet ouvrage est de Cotolendi qui a publié l'*Arlequiniasta* : l'Avocat Evard y a eu bonne part : ces Auteurs se trompent en attribuant à Saint-Evremond, la consolation à Olympie. Cette piéce est du poëte Hénault, auteur du Sonnet de l'Avorton, qui a été si fort vanté. Voyez ces anecdotes dans le Dict. de Bayle, p. 1425, tom. 2, édition de 1720.

1239 Dictionnaire Néologique, avec l'Histoire de Pantalon Phœbus. *Amsterdam, Lecene*, 1731, *in-12. v. m.*

L'abbé Desfontaines s'est attribué cet ouvrage qui est

le fruit du travail d'une Société de Gens de Lettres. Le Pantalon Phœbus attaque Fontenelle, la Motte, d'Houtteville, &c. &c.

1240 L'Ecole de l'Homme, ouvrage moral & anecdotique : on y a joint la clé séparée de l'ouvrage. *Amsterdam*, 1752, *in*-12. *v. m.* 3 *vol.*

L'auteur est François Genaud : son ouvrage est rare, parce que les exemplaires en furent confisqués.

1241 Nicolai Mercerii Pisciaci, de conscribendo Epigrammate opus curiosum. *Parisiis, de la Caille*, 1653, *in*-8°. *grand format*, *m. r. d. s. t fig. dent.*

Les figures sont de Michel Lasne. Tous les bons critiques ont parlé avec éloge de cet ouvrage ; il auroit du être placé parmi les poëtes latins.

1242 Apologia pro Julio Cæsare Vanino Neapolitano. *Cosmopoli*, 1712, *in*-8°. *grand papier*, *v. m. filets.*

Falconet n°. 1536.

1243 Desiderii Heraldi adversariorum libri duo. *Parisiis ; Perier*, 1599, *in*-8°. *velin.*

Sentences, Proverbes, bons mots, Ana.

1244 Margarita Poetica, seu summa oratorum omnium, Poëtarum, historicorum ac philosophorum, per Albertum de Eyb. 1487. *in fol. gothique, broché en carton, sans nom de ville, ni d'imprimeur.*

Cette édition doit être la sixième suivant Maittaire. La première est de 1472. Voyez Debure n°. 4012. Maittaire tom. 4 p. 18.

1245 Mélanges historiques & philologiques par M. Michault. *Paris*, *Tilliard*, 1754, *in-12*, 2 *vol. v. m.*

1246 Naudæana & Patiniana. *Paris*, *Delaulne*, 1701, *in-12*, *v. br.*

1247 Valesiana. *Paris*, *Delaulne*, 1694, *in-12* *v. br.*

1248 Scaligerana, Thuana, Perroniana; Pithœana & Colomesiana. *Amsterdam*, *Mortier*, 1740, *in-12*, 2 *vol. veau. m.*

1249 Huetiana. *Paris*, *Estienne*, 1722, *in-12*, *v. br.*

1250 Parrhasiana. *Amsterdam*, *les héritiers de Schelte*, 1699, *in-12*, *v. f.* 2 *vol.*

1251 Longueruana. *Berlin*, 1754, *in-12*, 2 *vol. v. m.*

1252 Ducatiana. *Amsterdam*, *Humbert*, 1738, *in-12*, 2 *vol. v. m.*

Hyeroglyphes, Emblêmes, Symboles.

1253 Electorum symbolorum & parabolarum historicorum syntagmata ex horo, clemente, Epiphanio, &c. Autore P. Nicolao Caussino Soc. Jesu. *Parisiis*, *de Beauvais*, 1618, *in-4°. v. f. d. s. t. filets.*

Falconet n°. 12751.

1234 Hièroglyphes dits d'horapolle, par M. Requier, traduits du Grec. *Paris*, *Bastien*, 1779, *in-12*, *v. f. filets.*

SECTION V.

POLYGRAPHIE

Polygraphes Grecs & Latins, anciens & modernes.

1255 Philostratorum quæ supersunt omnia, ex recensione & cum notis gottfridi olearii. gr. & lat. *Lipsiæ, Fritsch*, 1709, *in-fol. grand papier, m. r. d. s. t. fil.*

Debure n°. 4040.

1256 Theocriti reliquiæ, utroque Sermone, cum notis variorum. *Viennæ, Loeper*, 1765, *in-4°. v. f. d. s. t. filets. 2 vol.*

1257 Petri Nannii Alcmariani Miscellaneorum Decas una. *Lugduni, Beringi*. 1548, *in-12, velin.*

Edition inconnue à Baillet & à la Monnoie qui ne cite que celle de Francfort 1603 in-8°. Celle que nous possédons est belle & rare : elle étoit à la Bibliothéque de Colbert. Voyez-en le n°. 17935.

1258 Lilii Gregorii Gyraldi opera omnia edente Joanne Jensio. *Lugd. Batav. Hackius*. 1696. *in-fol. 2 tom. en 1 vol. veau d'Irlande.*

Falconet n°. 12857.

1259 Codri Urcei opera. *Bononiæ, Platonis de benedictis*. 1502 *in-fol. m. r. d. s. t. filets.*

Voyez la description de cet ouvrage au n°. 4051 de la Bibliographie de Debure. Falconet n°. 12849.

1260 Olympiæ Fulviæ moratæ, fæminæ doctissimæ ac planè divinæ opera. *Basileæ*, *Perna*, 1570, *in-8°. velin.*

Debure n°. 4058, cite l'édition de 1562 comme bonne : celle-ci est plus recherchée, plus rare & plus curieuse. Ce livre est contre le Pape, les Cardinaux, &c. On y trouve les fameuses lettres de Cælius secundus Curion, Auteur du *Pasquillorum.*

1261 Dell'anno Clemente le linée giornali, tratte dà giov. franc. Bonomi. *Bologna*, *Dozza*, 1667, *in-16. v. f. filets, fig.*

1262 Joannis-Frederici Gronovii Elenchus antidiatribes Mercurii frondatoris ad P. Papinii statii Silvas. Accessit Epistola Claudii Salmasii ad auctorem. *Parisiis*, *Pelé*, 1640, *in-8°. m. r. d. s. t. filets.*

Ouvrage excessivement rare. Gronovius en avait retiré & brûlé les exemplaires ; il en refusa un à son intime ami Grævius : l'Abbé Rive avait souvent refusé de vendre ce livre dont on lui offrait une somme considérable.

1263 Joannis Meursii opera omnia, edente Joanne Lamio. *Florentiæ*, 1741, *in-fol.* 12 *vol. fig. broché en carton, très-grand papier.*

1264 Commentariorum Urbanorum Raphaelis volaterrani octo & triginta libri. *Basileæ*, *Frobenius*, 1544, *in-fol. v. m.* (*on y a joint* : Œconomicus Xenophontis ab eodem Latio Donatus.)

1265 Nobiliss. Virginis Annæ-Mariæ à Schurmann Opuscula hebrea, græca, latina, gallica, prosaïca & metrica. *Lugduni-batavorum*, *Elzevir*, 1648, *in-8°. m. r. d. s. t. dent. portrait.*

Falconet n°. 12902 ; cite l'édition de 1652, *Trajecti ad Rhenum*. Mais cette édition d'Utrecht est inférieure à la nôtre.

1266 Justi lipsi opera omnia. *Vesaliæ, hoogenhuysen*, 1675, *in-8°., velin, grand format*, 4 *vol.*

On n'a pas cité cette édition dans les Bibliographies modernes, cependant elle n'est pas sans mérite.

1267 Josephi-Laurentii Lucensis Polimathia sive variæ antiquæ eruditionis libri VI. *Lugduni, Anisson*, 1666, *in-fol. v. br.*

Edition plus ample que celle de Vicence, in-4°. 1631. C'est un ouvrage curieux, dont Gronovius a inséré des lambeaux dans ses Antiquités Grecques. Debure n'en a pas fait mention.

1268 Jacobi Durantii Casellii, Arverni, variarum libri duo. *Lutetiæ, Perier*, 1582, *in-8°., vélin.*

Falconet, n°. 12397.

1269 Amænitates litterariæ quibus variæ observationes, scripta, itèm quædam anecdota & rariora opuscula exhibentur. Editio altera correctior. (Joan-Georgio Schelhornio Auctore.) *Francofurti*, 1730, *in-12*, 14 *tom. en* 7 *vol. v. br. d. s. t. filets.*

1270 Hadriani Relandi Dissertationum Miscellanearum partes tres. *Trajecti ad Rhenum, Broedelet*, 1706, *in-8°.* 3 *vol. velin.*

1371 Antonii Guiberti Poly-Histor. *Hanoviæ, Antonius*, 1698, *in-12, velin marbré.*

1272 Œuvres mêlées, dont les sujets sont le style, le théâtre moderne ; le beau & le goût, par M. de Villette. *Dublin, Povvel*, 1757 *in.8°, v. m. filets.*

1273 Éloges & pensées de Pascal, nouvelle édition. *Paris*, 1778, *in-8°.*, *v. éc. d. s. t. filets.*

1274 Idea boni interpretis & malitiosi calumniatoris à M. Joh-Conrado Dann havvero. *Argentorati*, *Glaser*, 1630. Idea boni disputatoris & malitiosi sophistæ ab eodem Autore. 1629, *in-12*, *v. f. filets.*

1275 Recueil de Pièces curieuses sur les matières les plus intéressantes, par Albert Radicati, Comte de Passeran. *Rotterdam*, *Ve. Johnson*, 1736, *in-8°. v. m.*

1276 Johannis Saresberiensis policraticus, sivè de nugis Curialium & vestigiis Philosophorum, libri octo. *Lugd. Batav. Plantin*, 1595, *in-8°.*, *velin.*

Édition rare & très-jolie. Les Bibliographes qui font mention de ce livre en parlent tous avec éloge. Falconet n°. 12824, cite l'édition de Lyon de 1513 & une de Leyde en 1632 : il y a une erreur dans les chiffres de l'édition de Lyon : il faut lire 1613.

1277 Galeotti Martii narniensis de Doctrinâ promiscuâ libe r. *Florentiæ*, *Torrentinus*, 1548, *in-8°. m. v. filets. d. s. t.*

Falconet, n°. 12375.

1278 Martiani Capelle de Nuptiis Philologie & Mercurii, libri duo : de Grammaticâ, de Dialecticâ, de Rhetoricâ, &c. *Vicentiæ*, *henricus de sancto urso*, 1499, *in-fol. velin*, *gothique.*

1279 Aonii Palearii Epistolarum libri IV orationes XIV., de animorum immortalitate libri tres. *Basileæ*, *Guarinus*, *in-8°.*, *velin.*

Le dernier vers : *Æternumque bonum simplex que & sum-*

ma voluptas, ne se trouve pas dans l'édition que Gryphius donna à Lyon en caractères italiques, in-8°. en l'année 1536.

1280 Gasp. Barthi adversariorum Commentariorum libri LX quibus ex universâ antiquitatis serie omnis generis ad vicies octies centum autorum ; plus centum quinquaginta millibus loci.... illustrantur, emendantur, &c. *Francofurti*, *Wechelius*, 1624, *in-fol. velin*.

1281 Petri Alcyonii Medices legatus sive de exilio libri duo : accessere Jo. Pierius valerianus & Cornelius Tollius de infelicitate litteratorum & Josephus Barberius de miseriâ Poetarum græcorum, cum præfatione O. Berichordi Menckenii & indice copioso. *Lipsiæ*, *Gleditsch*, 1707. *in-12. velin.*

Dialogues.

1282 *Æneæ sylvii*, qui & Pius II fuit : Dialogus. *Romæ*, *schurener*, 1475, *in-fol. petit format.. rélié en carton.*

Ejusdem Dialogus. *Mediolani*, *Zarothus* ; 1481, *in-fol. broché en carton.*

Ce livre était dans la Bibliothéque des Antonins de Vienne.

1283 Nicolai Leonici Thomæi Dialogi. *Lugduni*, *Gryphius*, 1532, *in-8°*, *v. f. d. s. t. filets.*

L'abbe Rive dit dans une note qu'il avait vu, dans la Bibliothéque de M. Lenfant d'Aix, la première édition de ces Dialogues in-8°. Il oublia d'en marquer la date qu'il croyait être de 1524.

1284 Sebastiani Castellionis Dialogi IV & opuscula quædam. *Goudæ*, *Tournæus*, 1613, *in-8°.*

Belle

Belle & rare édition inconnue à Debure, qui ne cite que celle de Basle chez Oporinus en 1585, bien moins complete que la nôtre. On y trouve trois Traités de plus & la préface de Fauste Socin, déguisé sous le nom de *Felix Turpio*. Il y a dans ce livre une autre pièce très-rare du même *Castellio* contre Calvin. Voy. les notes de l'abbé Rive dans le livre même.

1285 Antonii Augustini, Archiep. Tarraconensis Dialogorum libri duo, edente Stephano Baluzio. *Parisiis, Muguetus*, 1672, *in-8°., v. f. d. s. t. filets.*

1286 M. Hieronymi Vidæ Dialogi de Reipublicæ dignitate. *Cremonæ, Contem*, 1556, *in-8°., m. r. d. s, t. filets.*

1287 Quatre Dialogues faits à l'imitation des anciens, par Orasius Tubero, (la Mothe le Vayer) *Francfort, Sarius*, 1506 (pour 1606) *in-4°., m. b. d. s. t. filets.*

Bonne édition, V. Debure n°. 4093.

1288 Dialogues de Platon, par le Traducteur de la République. *Amsterdam, Rey*, 1770, *in-8°., v. f. filets. 2 vol.*

1289 Dialogi di Antonio Bruccioli della naturale philosophia humana. *Venetia, Fr. Brucioli*, 1544, *in-4°., v. br. d. s. t. filets.*

Cet exemplaire est mal rélié ; on a placé le premier livre à la fin. Il y a un cinquième livre de ces Dialogues imprimé à Venise en 1538, in-4°. par Zannetti. Le corps de l'ouvrage est de 30 feuilles & il se vend séparément. Cependant il existe des exemplaires auxquels il est attaché, témoin celui du Duc de la Valliere qui venoit de la Biblioth. de Jakson. (*Note de l'abbé Rive.*)

1290 Dialogues entre Hylas & Philonous contre les Sceptiques & les Athées, traduit de l'Anglois de Berkeley. *Amsterdam*, 1750, *in-12, v. m.*

Epistolaires.

1291 Lucii Ann. Senecæ Epistolæ. *Romæ, Pannartz*, 1475, *in-fol. m. bl. d. s. t. filets.*

Première édition que Debure n'a pas citée. n°. 4113.

1292 Caii Plinii secundi Epistolarum libri viij. *Editio princeps anni* 1471, *in-fol. petit format, m. bl. d. s. t.*

Voyez Debure n°. 4115. On attribue l'impression de ce livre à Valdarfer de Ratisbone qui imprimait à Venise à cette époque.

1293 Francisci Philelphi Epistolæ familiares, gr. & lat. *Venetiis, de Gregoriis*, 1502, *in-fol. veau d. s. p. & s. t.*

Cet exemplaire était dans la Bibliothéque de Lauraguais. Voy. son Catalogue n°. 564. Débure 4131. Falconet n°. 13167.

1294 Æneæ Silvii, Cardinalis senensis, posteà Pii Papæ II. Rerum familiarium Epistolæ. *Romæ, Schurener*, 1475, *in-fol. broché en carton.*

1295 Ejusdem Epistolæ. *Mediolani, Zarothus*, 1481, *in.-fol. carton.*

Voy. Debure n°. 4136.

1296 Francisci Modii, Brugensis, novantiquæ Lectiones tributæ in Epistolas centum. *Francofurti, Vechelius*, 1584, *in-8°. v. f.*

1297 M. Tullii Ciceronis Epistolarum libri XVI ex recensione Joannis-Georgii Grævii. *Amstelæda-*

mi, *Wetstenius*, 1689, *in*-8°. ; *m. r. d. s. t. filets.*

1298 Leonardi Bruni, Aretini, Epistolarum libri viij, edente Laurentio Mehus. *Florentiæ*, *Paperinus*, 1741, *in*-8°., *v. br.* 2 *vol. grand format.*

1299 Joannis Woweri Epistolæ. *Hamburgi*, *Heringius*, 1518, *in*-12, *velin.*

Falconet n°. 13144.

1300 Bernardi de Monte-Falconis Epistola, an vera narratio Rufini de baptizatis pueris ab Athanasio puero. *Lutetiæ*, *Debats*, 1710, *in*-8°. *velin.*

1301 Duo volumina Epistolarum obscurorum virorum ad D. M. Ortuinum Gratium, attico lepore referta, 1556 -- De generibus ebriosorum & ebrietate vitandâ. 1557. -- De fide Meretricum in suos amatores. 1557, *in*-16, *m. bl. d. s. t. filets.*

1302 Philologicarum Epistolarum Centuria cum Bessarionis Epistolâ ad Senatum Venetum. *Francofurti*, *Emmelius*, 1610, in-12. *v. br.*

1303 Martini Ruari necnon H. Grotii & aliorum Epistolæ Selectæ. *Amstelodami*, 1677, *in*-12. 2 *vol. velin.*

Falconet, n°. 11340, cite une édition postérieure, in-8°.

1304 Gulielmi Candemi & illust. virorum ad eumdem Candemum Epistolæ, cum vitâ ejusd. Candemi, edente Th. Smitho. *Londini*, *Chiswelius*, 1691, *in*-4°. *v. br.*

Voyez Falconet n°. 13261, & les notes manuscrites de l'abbé Rive au premier feuillet de ce Livre.

1305 Francisci Petrarchæ Epistolæ familiares. *Venetiis, de Gregoriis*, 1492, *in-4°. v. m. filets.* (*Editio princeps.*)

1306 Claudii Salmasii Epistolæ, accurante Antonio Clementio. *Lugduni batavorum, Wyngaerden*, 1646. *in-4°. v. f.*

Falconet, n°. 13288.

1307 Joannis Tritemii Abbatis Spanhemensis Epistolarum familiarium libri duo. *Haganoæ, Brubachius*, 1536, *in-4°. m. v. d. s. t. filets.*

1308 Jacobi Tollii Epistolæ itinerariæ ex autoris schedis postumis recensitæ, studio Henrici-Christiani Hennini. *Amstelodæmi, Halma*, 1700, *in-4°. velin, fig. grande marge.*

1309 Vindiciæ Epistolarum S. Ignatii, autore Joanne Pearson. Accesserunt Isaaci Vossii Epistolæ duæ. *Cantabrigiæ, Hayes*, 1672, *in-4°. veau.*

Cet exemplaire avait été dans la Biblioth. de l'abbé de Longuerue. Voy. son Catalogue n°. 176.

1310 Thesauri Epistolici Lacroziani, ex Biblioth. Jordanianâ, Edidit Jo. Lud. Uhlius. *Lipsiæ, Gleditsch*, 1742, *in-4°. v. br. filets*, 2 *vol.*

1311 Petri Morini, Parisiensis Præsbyteri & Theologi Opuscula, & Epistolæ, operâ & studio Jacobi Quetif. *Parisiis, Billaine*, 1675, *in-12. velin.*

Falconet n°. 12909. Les Lettres de P. Morin sont nécessaires pour l'Histoire de l'Imprimerie vaticane de son temps. Cet Auteur est le seul qui ait compilé les Scholies qui sont dans la Bible grecque des LXX imprimées au Vatican en 1586.

1312 Lettres : NE REPUGNATE. *Londres*, 1750, *in-8°. grand papier, veau marbré.*

Lorsque nous citames cette édition à la note du n°. 236 de ce Catalogue, nous ignorions qu'elle était dans cette Bibliothèque. Voyez ce n°. à la pag. 39 de ce Catalogue.

1313 De quæsitis per Epistolam libri III. Aldi Manutii Paulli, F. Aldi N. *Venetiis*, 1576, *in-8°. velin.*

1314 Frà Paoli Sarpi Veneti Epistolarum liber latino idiomate conscriptus continens quinquaginta duas Epistolas ad D. Leschassier ex quibus una tantùm ad Cl. Casaubonum. *Mst. in-fol. de 237 pages, m. citron. d. s. t.*

1315 Les Epitres morales de Messire Honoré d'Urfé. *Lyon, Lautret*, 1623, *in-12. v. m.*

Ouvrage difficile à trouver.

1316 Lettre de M. l'abbé Leblanc, Historiographe des Bâtimens du Roi. *Lyon, de la Roche*, 1758, *in-12. 3 vol. v. m.*

1317 Lettres à Monsieur ***. pour servir de réponse au P. Legrand sur la manière dont les Bénéfices sont possédés par quelques Congrégations religieuses. *Paris, Vincent*, 1725, *in-12. v. br.*

1318 Ph. Melanchtonis Epistolarum liber continens præclara multa cùm ecclesiastica tùm politica & historica cognitione dignissima; antehàc numquàm editus. *Lugduni batavorum, Elzevir*, 1647. *in-8°. velin,*

Falconet, n°. 13181.

1319 Epistolæ duæ de moribus turcarum & de

septem Asiæ Ecclesiarum notitiâ, authore Tho. Smith. *Oxonii, Hall.* 1672. *in*-12. *v. f. filets.*

1320 Lettres Iroquoises, nouvelle édition. *A Irocopolis*, 1775, *in*-12. *v. m.* 2 *tom. en* 1 *vol.*

1321 Lettre à un Amériquain sur l'Histoire naturelle, générale & particulière de M. Buffon. *Hambourg*, 1751, *in*-12. *v. f. d. s. t.* 4 *vol. contenant* 9 *parties.*

1322 Lettres de la Peyrere à Philotime dans laquelle il expose les raisons qui l'ont obligé à abjurer la Secte de Calvin. *Paris, Courbé*, 1658, *in*-12. *v. m.*

1323 Recueil de Lettres à M. Mille sur son Histoire de Bourgogne avec les réponses. -- Lettre à M. Anquetil sur les Livres attribués à Zoroastre. *Londres, Elmsly*, 1771, *in*-8°. *v. m.*

1324 Lettres choisies de M. Simon, où l'on trouve un grand nombre de faits anecdotes de littérature. *Amsterdam, Delorme*, 1700, *in*-12. *v. br.*

1325 Lettres du même M. Simon, augmentées d'un volume & de la vie de l'Auteur, par M. Bruzen de la Martiniere. *Amsterdam, Mortier*, 1730, *in*-12. 4 *vol. v. f. d. s. t. filets.*

1326 Lettres du Baron de Busbec, par M. l'abbé de Foi. *Paris, Bauche*, 1748, *in*-12. *v. m.* 3 *vol.*

1327 Lettres sur la Suisse par un voyageur François. *Geneve, Jombert*, 2 *vol. in*-8°. *grand papier d'Hollande. m. r. d. s. t. fig.*

1328 Delle Lettere di M. Bernardo Tasso; con la vita dell Autore scritta dal Sig. Anton. Federigo Seghezzi. *Padova, Comino*, 1733, *in*-8°. *m. r. d. s. t. filets, cartâ majori.*

1329 Lettere di Apostolo Zeno, istorico e

Poeta Cesareo. *Venezia , Pietro Valvasense*, 1752, *in-8°. 3 vol. v. éc. filets.*

1330 Epistole d'Ovidio di Remigio, Fiorentino con le Dichiarazione in margine delle favole è delle historie. *Vinegia , Ferrari* , 1560, *in-12. m. cit. d. s. t. tabis. dent.*

1331 Epistole heroïche Poesie del Brumi libri due. *Venetia* , 1628 , *in-12. m. cit. d. s. t. dent. tabis.*

1332 Lettres critiques , où l'on voit les sentimens de M. Simon sur plusieurs ouvrages nouveaux, publiées par un Gentilhomme Allemand. *Basle , Vvackermam*, 1699 , *in-12. v. br.*

Ces lettres sont curieuses & rares : elles n'ont pas été insérées dans l'édition d'Amsterdam de 1730 , que nous avons citée au n°. 1324. L'Auteur est néanmoins le même Bruzen de la Martiniere, neveu de R. Simon. C'est ici un reste de deux ouvrages intitulés, DOM FAUSSAIRE & DOM TITRIER , qui furent brûlés à Dieppe. Ces Lettres renferment une violente Satyre contre les éditions des Bénédictins.

1333 Claudii Salmasii Epistola ad Andræam Colvium super caput XI primæ Epistolæ ad Corinthios de Cæsarie virorum & mulierum Comâ. *Lud. Batavor. Elzevir.* 1644 , *in-8°. velin.*

Falconet n°. 18013.

1334 Quinti Aurelii Symmachi Epistolarum libri X cum auctuario : duo libelli S. Ambrosii , ejusdemque Epistola ad Eugenium. *Parisiis*, 1604, *in-4°. velin.*

1335 Lettres d'Abailard & d'Héloïse , nouvelle traduction avec le latin à côté ; par J. François Bastien. *Paris*, 1782 , *in - 12. 2 vol. v. m.*

1336 Lettres de Ganganelli. *Paris , Lotin* , 1776. *in-12. 4 vol. v. m.*

1337 Lettres ſur l'Egypte ; par M. Savary. *Paris, Onfroy*, 1785, *in-8°. v. éc. filets, fig.*

1338 Lettres ſur l'Atlantide de Platon & ſur l'ancienne hiſtoire de l'Aſie ; par M. Bailly. *Londres, (Paris, Debure.)* 1779, *in-8°. v. f. filets.*

1339 Lettres ſur l'Hiſtoire ; par Henri-Saint-Jean, Lord-Vicomte Bolingbroke, traduites de l'Anglois. 1752, *in-12. v. f. d. s. t. filets.*

1340 Lettres aux Auteurs du Journal Encyclopédique de Liége au ſujet des remarques ſur les Finois ou Finlandois, en réponſe à ce qu'ils y ont avancé. *Francfort*, 1756, *in-8°. v. br.*

1341 Exercitationes duæ : prima de ætate Phalaridis, altera de ætate Pythagoræ ; ab Henrico Dodwelo. *Londini, Smith*, 1704, *in-8°. grand papier. v. br.*

Falconet, n°. 13135.

1342 Lettres de critique, de littérature & d'hiſtoire ; par feu M. Gisbert Cuper, publiées ſur les originaux par M de Baſnage. *Amſterdam*, 1755, *in-4°. v. m. fig. filets.*

HISTOIRE.

SECTION PREMIÈRE.

PROLÉGOMENES HISTORIQUES.

Traités préparatoires à l'étude de l'Histoire.

1343 Méthode pour étudier l'histoire, avec un catalogue des principaux historiens, et des remarques sur la bonté de leurs ouvrages et sur le choix des meilleures éditions; par M. l'Abbé Lenglet Dufresnoy. *Paris*, *Debure*, 1772. *in*-12. 15 *vol. reliés en carton, dos de chamois vert.*

1344 Relectiones Hyemales de Ratione et methodo legendi historias, auctore Degoreo Whear. *Cantabrigiæ*, *Hayes*, 1684. *in*-8°. *v. br.*

Falconet, n°. 13461.

1345 Thomæ Bartholini de libris legendis Dissertationes. *Hagæ Comitum*, *Wildt.*, 1711, *in*-12. *v. br.*

Falconet, n°. 12313.

1346 Nicolai Leonici Thomæi de Variâ historiâ libri tres. *Lugduni*, *Gryphius*, 1532. *in*-8°. *v. f. d. s. t. filets.*

Falconet, n°. 12828.

1347 L'histoire justifiée contre les Romans; par Lenglet Dufresnoy. *Amsterdam*, *Bernard*, 1735. *in*-12. *v. m.*

1348 De l'usage des Romans, par Gordon de Percel. *Amsterdam*, *Poilras*, 1734. *in-12. 2 vol. velin.*

SECTION II.

GÉOGRAPHIE.

Introductions à la Géographie; Cosmographie et Descriptions de l'Univers.

1349 Méthode pour étudier la Géographie, par Lenglet du Fresnoy. *Paris*, *Tilliard*, 1768. *in-12.* 10 *vol. reliés en carton, dos de chamois vert.*

Debure cite l'édition de 1742 qui n'était qu'en 7 volumes. Voyez son n°. 4165.

1350 Essai sur l'histoire de la Géographie, par M. Robert de Vaugondy. *Paris*, *Boudet*, 1755. *in-12. v. m.*

1351 Dissertationi Filosophiche d'Antonio Matani soprà la figura della Terra. *Piza*, *Pizzorno*, 1746. *in-8°. velin.*

1352 Observazions historiques et géographiques sur les peuples barbares qui ont habité les bords du Danube et du Pont-Euxin, par M. de Peyssonel. *Paris*, *Tilliard*, 1765. *iu-4°. broché, cartes.*

1353 Géographie ancienne abrégée, par M. d'Anville. Nouvelle édition. *Paris*, *Merlin*, 1769. *in-fol. relié en carton, dos de velin vert: cartes coloriées, format d'Atlas.*

1354 De Rubicone antiquo, Dissertatio

Vincentii, Civis Cæsenatis. *Cæsenæ*, 1643. *in-4°. v. f. filets.*

Falconet au n°. 15012, fait mention de cette édition sous le titre de *l'histoire de l'état ecclésiastique.*

1355 Atlantica orientalis, sive nesos Atlantis à multis annis à Joanne Eurenio, suecano idiomate descripta, nunc autem latinè vers... *Berolini*, *Langius*, 1764. *in-12. v. f. d. s. t. filets.*

Géographes Grecs, Latins, François, etc.

1356 Geographiæ Veteris Scriptores Græci minores cum interpretatione latinâ, dissertationibus et annotationibus Henrici Dodwelli. *Oxonii*, *è Theatro Sheldoniano*, 1698, 1703 *et* 1712. *in-8°.* 3 *vol. grand format*, *veau*, *filets : reliure anglaise.*

Cette collection connue sous le nom de *Petits Géographes*, est rare et estimée; mais il faut y ajouter le volume suivant. Le B.... de Ste. Croix devait donner une édition nouvelle de cette collection; les circonstances l'en ont empêché. Debure n°. 4176.

1357 Dionysii orbis Descriptio, cum notis variorum. *Oxonii*, *è Theatro Sheldoniano*, 1717. *in-8°. grand format*, *v. f. fig.* (*gr. et lat.*)

Bonne édition et la même que celle qui porte la date de 1710. V. Debure n°. 4176 et 4177. Falconet n°. 13508.

1358 Strabonis Geographia gr. et lat. cum notis variorum. *Amstelædami*, *Wolters*, 1707. *in-fol.* 2 *vol. m. r. d. s. t. filets*, *fig.* (Debure n°. 4179.) Falconet n°. 13483.

1359 Orbis antiqui tabulæ geographicæ secundum Cl. Ptolomæum. *Amstelædami*, *Wetstenius*, 1730. *in-fol. Cartâ maximâ. fig. broché en carton, dos en basane.*

Superbe édition.. Falconet n°. 13480.

1360 Anonymi Ravennatis, qui circà seculum VII vixit, de geographiâ libri quinque, edente D. Placido Porcheron. *Parisiis*, *Langronne*, 1688. *in-8°. v. br.*

Falconet, n°. 13512.

1361 Notitia orbis Antiqui sive Geographia Plenior Christoph. Cellarii, cum notis L. Jo. Conradi Schwartz. *Lipsiæ*, *Gléditsch*, 1706. *in-4°. g. pap. v. f. d. s. t. filets, portrait, cartes. 3. vol.*

Falconet, n°. 13517. C'est la troisième édition.

1362 Joannis Gyriphiandri de insulis tractatus. *Francofurti*, *Kopffius*, 1624. *in-4°. v. éc. filets.*

Falconet, n°. 1994.

1363 Pomponii Melæ de situ orbis libri tres cum notis variorum. *Lugduni Batavorum*, *Luchtmans*, 1748. *in-8°. 2. vol. grand papier, v. f. fig.*

1364 Pomponii Melæ de situ orbis libri tres cum notis variorum. *Lugduni Batavorum*, *Luchtmans*, 1722. *in-8°. grand format, fig. velin.*

Debure, n°. 4203, ne cite que cette dernière édition de Leyde, quoique la précédente soit aussi recherchée.

1365 Mémoires géographiques sur quelques

antiquités de la Gaule, par M. Pasumot. *Paris*, *Ganeau*, 1765. *in*-12. *v. m. cartes.*

1366 Descriptio ac delineatio Geographica detectionis freti sive transitûs suprà terras Americanas in Chinam atque Japonem ducturi, recens investigati ab Henrico Hudsono. *Amsterodami*, *Gerardi*, 1613. *in*-4°. *v. f. filets d. s. t. fig.*

Falconet, n°. 17647.

Dictionnaires et Cartes Géographiques.

1367 Dictionnaire géographique, historique et critique, par Antoine-Augustin Bruzen de la Martiniere. *La Haye*, *Gosse*, 1726 *et suiv. in-fol.* 9 *vol. brochés en carton.*

Debure, n°. 4213. Falconet, 13529.

1368 Les Révolutions de l'Univers, ou Remarques et Observations sur une Carte Géographique destinée à l'étude de l'histoire générale. *Paris*, 1763. *in*-12. *v. br.*

1369 Dictionnaire Géographique universel, traduit du latin de Baudrand. *Utrecht*, *Poolsum*, 1712. *in*-4°. *broché en carton.*

Debure, n°. 4210, ne cite que l'édition de Paris *in-fol.* 1705, qui est en effet la moins mauvaise. Falconet au n°. 13583, cite l'original latin en 2 vol. *in-fol. Paris*, 1692.

Voyages et Rélations.

1370 Histoire des découvertes faites par divers Savans voyageurs. *La Haye*, *Gosse*, 1779. *in*-4°. *v. éc. filets*, 2 *vol. figures enluminées.*

1371 Le Couronnement de Soleïmaan, troisième Roi de Perse. *Paris*, *Barbin*, 1671. *in*-12. *v. m.*

Cet Ouvrage est de Chardin : il renferme son premier Voyage : les Vignettes sont de Leclerc. Ce volume est rare ; on l'a inséré dans l'édition des œuvres de Chardin données en 1735. *in*-4°. *Hollande*. Voy. Debure n°. 4266.

1372 Histoire des navigations aux terres Australes. *Paris*, *Durand*, 1756. *in*-4°. 2 *vol. velin. fig.*

L'auteur est le Président des Brosses. Falconet n°. 17567. Debure n°. 4288.

1373 Voyage par l'Italie en Egypte, au Mont-Liban, etc. par l'Abbé de Binos. *Paris*, *Boudet*, 1787. *in*-12. 2 *vol. v. m. fig.*

1374 Voyage littéraire de la Grèce, par M. Guys. *Paris*, *Ve. Duchesne*, 1776. *in*-8°. *v. éc. fig.* 2 *vol. filets.*

1375 Voyage en Syrie et en Egypte, par M. C. F. Volney. Seconde édition. *Paris*, *Desenne*, 1787. *in*-8°. 2 *vol. v. éc. filets.*

1376 Les Voyages de Lionnel Waffer, traduits de l'Anglois par de Montirat. *Paris*, *Cellier*, 1706. *in*-12. *v. br. cartes.*

Ouvrage estimé. Falconet, 17565.

1377 Relazione dello stato presente dell' Egitto da Gio. Michele Vanslebio. *Parigi*, *Cramoisi*, 1671. *in*-12. *m. r. d. s. t. filets.*

1378 Voyage littéraire de deux Bénédictins. (D. Martenne et Durand.) *Paris*, *Montalant*, 1724. *in*-4°. *v. br.* 2 *vol.*

Falconet, n°. 17724.

1379 Recueil de divers Voyages en Afrique et en Amérique. *Paris*, *Billaine*, 1674. *in*-4°. *v. f. fig.*

1380 Rélation d'un Voyage en Afrique, par le sieur Froger. *Paris*, 1698. *in*-12. *v. br. fig.*

Falconet. n°. 17523.

1381 Voyage du sieur Paul Lucas dans la Turquie, etc. Nouvelle édition. *Paris*, *Josse*, 1724. *in*-12. 3 *vol. v. br.*

Falconet, n°. 17706.

1382 De l'utilité des Voyages, par M. Baudelot de Dairval. *Rouen*, *Ferrand*, 1727. 2 *vol. in*-12. *fig.*

Falconet, n°. 17936, pour l'édition de Paris en 1686.

1383 Voyage de Dalmatie, de Grece et du Levant, par M. George Whaler; trad. de l'Anglois. *La Haye*, *Alberts*, 1723. *in*-12. *v. br. fig.* 2 *vol.*

1384 Voyage en Sibérie, par M. Gmélin, traduit de l'Allemand par M. de Keralio. *Paris*, *Desaint*, 1767. *in*-12. 2 *vol. v. m.*

1385 Histoire d'un voyage littéraire fait en 1733 en France, en Angleterre et en Hollande, avec un discours préliminaire de M. Lacroze. *La Haye*, *Moëtjens*, 1736. *in*-12. *v. br.*

1386 Voyage aux Indes Orientales, par J. Henri Grose, traduit de l'Anglois, par M. Hernandez. *Londres*, (*Paris*,) 1758. *in*-12. *v. m.*

Falconet, n°. 17399.

1387 Rélation du Groenland. *Paris*, *Courbé*, 1647. *in*-8°. *v. br. fig.*

1388 Journal d'un Voyage, par M. Collini. *Mannheim, Schwan*, 1776. *in-8°. v. f. d. s. t. filets. fig.*

Cet ouvrage traite de l'histoire naturelle.

1389 Journal du Voyage de Michel Montagne en Italie, avec des notes, par M. de Querlon. *Paris, Lejay*, 1774. *in-4°. papier d'Hollande, à grande marge. m. r. d. s. t. filets, avec les armes de France sur la couverture.*

SECTION III.

HISTOIRE SACRÉE ET PROFANE.

Chronologie et Histoire Universelle.

1390 Dionysii Petaviii de Doctrinâ temporum. *Antuerpiæ, Gallet*, 1703. *in-fol.* 3 *vol. grand papier, v. m.*

Voy. Debure n°. 4297.

1391 Chronicus Canon Ægyptiacus, Ebraicus, Græcus, et disquisitiones D. Joannis Marshami, Eq. Aur. et C. *Londini, Roycroft*, 1672. *in-fol. v. f.*

Falconet, n°. 13604. Debure, n°. 4303.

1392 L'antiquité des temps rétablie et défendue contre les Juifs et les nouveaux Chronologistes. (Par Dom Pezron.) *Paris, Ve. Martin*,

Martin, 1687. *in-4°. v. b. d. s. t. filets*, *grand papier.*

Debure, n°. 4300.

1393 Le Monde, son origine et son antiquité. *Londres*, 1751. *Petit in-8°. 2 vol. v. f.*

On attribue ce livre à l'auteur de Telliamed (Maillet de Marseille.) D'autres pensent que Mirabaud l'a composé : quelques-uns disent qu'il est de Boulanger. Voyez à ce sujet les notes manuscrites de l'Abbé Rive, conservées sur des feuilles volantes dans le premier tome de cet ouvrage.

1394 Tableau philosophique du genre humain depuis l'origine du monde jusqu'à Constantin, traduit de l'Anglois. *Londres*, 1767. *2 parties en un vol. in-12. m. v. d. s. t. filets.*

1395 Tables Chronologiques renfermant l'histoire universelle en seize grandes planches, par Jean Rou. *Paris*, 1672. -- 1675. *in-fol. forme d'Atlas. m. citron, d. s. t. filets.* (*gravé.*)

Il n'y a eu que douze exemplaires de ces planches qui furent brisées par arrêt du Parlement : Bayle les cite avec éloge. V. Debure n°. 4313, de Boze n°. 1533.

1396 Histoire universelle, traduite de l'Anglois par une Société de gens de Lettres. *Amsterdam*, 1742. *et suiv. in-4°. 43 vol. filets. dont 14 réliés en v. f. fig.*

Debure, n°. 4357.

1397 Osservazioni sulla Cronologia degli Antichi Ebrei, Egizzi, Caldei, etc. dà Sitalce Lampeiano. *Dresda*, *Hekel*, 1737. *in-8°. v. f. d. s. t. filets*, *grand papier.* (rare.)

1398 Everardi Ottonis Primæ lineæ notitiæ

Rerum publicarum. *Jenæ*, *Bielckius*, 1722. *in-8°. v. f. d. s. t. filets.*

1399 Abrégé de la Chronologie des anciens Royaumes, traduit de l'Anglois de M. Reid, par M. Newton. *Geneve*, *Gosse*, 1743. *in-8°. v. f. d. t. filets.*

1400 D. Ægidii Strauchii Breviarium Chronologicum. Editio sexta. *Lipsiæ*, *Fritsch* 1708. *in-8°. v. br.*

Falconet, n°. 13756.

1401 Georgii Hornii Dissertationes historicæ et politicæ. *Lugduni Batavorum*, *Hackius*, 1668. *in-12. velin.*

Falconet, n°. 2733.

1402 Musæum philologicum et historicum à Thomâ Crenio redactum. *Lugduni Batavorum*, *Vander-Miin*, 1699. *in-12. v. br.*

1403 Histoire des anciennes Révolutions du Globe Terrestre. *Amsterdam.* (*Paris.*) 1752. *in-12. v. m. fig.*

C'est un livre d'histoire naturelle oublié en son temps, et placé dans cette classe, faute d'avoir examiné le corps de l'ouvrage.

1404 Nicolai Gutleri Origines mundi. *Amstelodami*, *Wetstenius*, 1708. *in-4°. v. f. d. s. t. filets*, *fig.*

1405 Justi Rycquii, Canonici gandavensis, de anno Seculari Jubileo Syntagma. *Antuerpiæ*, 1624. *in-12. v. f. d. s. t.*

Falconet, n°. 13636.

1406 Apologie du Sentiment de M. le Che

valier Newton sur l'ancienne Chronologie des Grecs, par M. le Chevalier S. T. *Francfort, Eichemberg*, 1757. *in-4°. v. f. filets, tables.*

1407 Jacobi Perizonii Ant. Fil Animadversiones historicæ. *Amstelædami, Vid. Boom*, 1685. *in-8°. v. f. filets.*

Falconet, n°. 12927.

1408 Le Grand Dictionnaire historique et critique de Louis Morery. *Paris*, 1759. *in-fol. grand papier, velin vert, denière édition, en* 10 *volumes.*

Debure, n°. 4375.

1409 Dictionnaire historique et critique de P. Bayle. *Rotterdam, Bohin*, 1720. *in-fol. v. m.* 4 *vol. portrait de l'auteur.*

Cette édition connue sous le nom d'édition du Régent est la plus estimée. V. Debure n°. 4376.

1410 Nouveau Dictionnaire historique et critique pour servir de continuation au Dictionnaire de Bayle, par Jacques-George de Chaufepié. *Amsterdam, Châtelain*, 1750. *in-fol.* 4 *vol. grand papier, brochés en carton.*

Dnbure, n°. 4379.

1411 Histoire générale de l'état présent de l'Europe. *Londres. (Paris, Costar,)* 1774. *in-12.* 2 *vol. v. f. d. s. t. filets. Notes marginales par l'Abbé Rive.*

1412 L'art de vérifier les dates des faits historiques, des chartes, etc. (Par D. Maur d'Antine, D. Durand et D. Clemencé, Bénédictins.) *Paris*, *Jombert*, 1783 *et suiv. in-fol brochés en carton. fig.*

Nous avons six volumes qui forment les six premières livraisons de cette dernière édition annoncée par Debure au n°. 4312.

1413 Schediasma de Commentariis historicis quos Galli MÉMOIRES vocant ; auctore Henrico-Augusto Hanses. *Lipsiæ*, *Fleischer*, 1708. *in-4°. v. br.*

Livre curieux et peu commun en France.

1414 Histoire des Amazones anciennes et modernes, par l'Abbé Guyon. *Paris*, *Villette*, 1740. *in-12. v. br. 2 tom. en 1 vol. fig.*

1415 Traité sur les Amazones, par Pierre Petit. *Leyde*, *Langerak*, 1718. *in-12. 2. vol. v. br.*

Debure n°. 4794 et au n°. précédent pour l'édition originale.

Histoire Ecclésiastique générale.

1416 Historiæ Ecclesiasticæ primi à Christo nato sæculi selecta capita. *Lipsiæ*, *Grossius*, 1709. *in-4°. 2. vol. v. f. d. s. t. filets.*

1417 Johannis-Laurentii Moshemii Institutionum historiæ Ecclesiasticæ antiquæ et recentioris libri quatuor. Editio altera. *Helmstadii*, *Weygand*, 1764. *in-4°. v. f. d. s. t. filets.*

1418 Historia de origine et progressu controversiæ Sacramentariæ de Cænâ Domini, ab anno Nativitatis Christi M. D. XXIV ad annum M. D. LXIII. deducta ; Ludovico Lavathero auctore. *Tiguri*, *Froschoverus*, 1563. *in-4°. v. br.*

Je n'ai trouvé ce livre que dans la *Bibliotheca Thuana*, pag. 186.

1419 Dissertatio gradualis de Locis Sacris primitivæ Ecclesiæ à Matthiâ Dahling. 1722. -- De Templis primitivæ Ecclesiæ. -- De Maronitis. -- De Cingaris auctore Samuele Smolando. *Upsaliæ*, 1730. *in-12. v. f. d. s. t. filets.*

1420 Josephi Binghami originum sive antiquitatum Ecclesiasticarum libri ex anglico in latinum versi à Jo. Henrico Grischovio, cum præfatione Joan. Franç. Budæi. *Halæ Magdeburgicæ.* 1751. *in-4°. 2 vol. v. f. d. s. t. filets.*

1421 Joh. Laurent. Moshemii de rebus christianorum ante Constantinum Magnum Commentarii. *Helmstadii*, *Weygand*, 1753. *in-4°. v. m.*

1422 Joh. Friderici Krebsii de jure alienandi imperia Schediasma cum animadversionibus ad Cæs. Baronii Ann. Eccl. tom. IX. A. DCCC. *Lipsiæ*, *Reumann*, 1709. *in-4°. velin vert.*

1423 Historia Ecclesiastica Joannis Clerici, *Amstelodami*, *Mortier*, *in-4°. v. b.*

Debure, n°. 4412.

1424 Jo. Georg. Schelhornii Amenitates historiæ Ecclesiasticæ et Litterariæ. *Francofurti*, *Bartholomæus*, 1737. *in-12. v. jaspé. d. s. t. filets. 4 vol.*

1425 Eusebii Pamphilii et aliorum historia Ecclesiastica gr. et lat. edente Gulielmo Reading. *Cantabrigiæ*, *Typis Academ.* 1720. *in-fol. gr. papier. m. r. d. s. t. filets. 3. vol.*

Debure, n°. 298 et 4393.

1426 Jo. Henrici Boecleri de rebus seculi post Christum natum XVI liber memorialis, operâ Joannis Burchardi Maji. *Kiloni*, *Reumannus*, 1697. *in-8°. v. f. d. s. t. filets.*

1427 Francisci Bernardini Ferrarii, de Antiquo Ecclesiasticarum Epistolarum genere libri tres. *Mediolani, Bidellius*, 1613. *in-8°. velin.*

1428 D. Balthasaris Bebelii Memorabilia historiæ Ecclesiasticæ recentioris, edita per Christ. August. Hausen. *Dresdæ, Zimmermann*, 1731. *in-4°. velin.*

1429 Histoire Ecclésiastique ancienne et moderne, par feu J. Laurent Mosheim, traduite du latin par Archibald Maclaine, et de l'Anglois par M.... *Maestricht, Dufour*, 1776. *in-8°. grand papier, 6 vol. v. f. d. s. t. filets.*

1430 Abrégé de l'histoire Ecclésiastique de George Hornius. *Rotterdam, Acher*, 1700. *in-12. 2 vol. v. f. d. s. t. filets.*

Ouvrage curieux et instructif.

1431 J. Laur. Mosheim Vindiciæ antiquæ Christianorum disciplinæ, cum præfatione Jo. Franc. Buddæi. *Hamburgi, Vid. Schilleri*, 1722. *in-8°. v. jaspé, d. s. t. filets.*

1432 De Joannâ Papissâ, autore Davide Blondello. *Amstelædami, Blaeu*, 1657. *in-12. v. f. d. s. t.*

Livre rare que j'aurais dû placer sous le titre de l'histoire Pontificale. Falconet, n°. 13848.

1433 Christophori Sandii Nucleus historiæ Ecclesiasticæ. *Coloniæ, Nicolai*, 1676. *in-4°. v. br.*

1434 Eusebii Pamphili historiæ Ecclesiasticæ libri decem. *Halæ, Hendelius*, 1779. *in-8°. broché.*

Ce livre est en grec ; il n'y a que le premier vol.

1435 Joh. Alph. Turretini Compendium

historiæ Ecclesiasticæ à Joanne Simonis editum. *Halæ Magdeburgicæ*, *Bierwithius*, 1750. *in-8°. v. jaspé . d. s. t. filets.*

1436 Principes Mariani ab Hypolito Marracio. *Romæ*, *de Lazaris*, 1660. *in-8°. v. f. filets.*

1437 Cæsares Mariani Ejusdem Marracii. *Romæ*, *de Vermis*, 1656. *in-8°. v. f. filets.*

On trouve dans ce volume un autre ouvrage du même Auteur, sous le titre suivant; *De divâ Virgine Copacavanâ Tractatus.*

1438 Eclaircissemens sur la doctrine et sur l'histoire Ecclésiastique des premiers siècles. *Maestricht*; *Vanderplatt*, 1695. *in-8°. v. f. d. s. t. filets.*

1439 Discours sur l'histoire Ecclésiastique par Fleury. *Paris*, *Mariette*, 1724. *in-12.* 2 *vol. v. br.*

Debure, 4407.

1440 Frederici Spanhemii F. Summa historiæ Ecclesiasticæ. *Lugduni Batavorum*, *Verbessel*, 1689. *in-12.* 3 *vol. v. f. d. s. t. filets.*

1441 Jo. Laur. Moshemii Dissertationum ad Ecclesiasticam historiam pertinentium volumina duo. Editio secunda. *Altonaviæ*, *Korte*, 1743. *in-8°.* 2 *vol. v. f. d. s. t. filets.*

1442 Pauli-Ernesti Jablonsky institutiones historiæ Christianæ antiq. *Francofurti ad Viadrum*, *Kleyb*, 1754. *in-8°. v. f. d. s. t. filets*, 3. *vol.*

Histoire Ecclésiastique Particulère.

1443 Dissertationes historicæ quatuor de Atheismo, de Papatu, de origine et progressu

Christianæ Religionis apud Britannos; de regimine Ecclesiæ S. Gallensis; autore J. T. Philipps; accedunt Epistolæ Ejusd. autoris. *Londini*, *Meadows*, 1735. *in*-8°. *d. s. t. v. f.*

1444 Vera ac sincera historia actorum Patriarchæ Antiocheni in Sinarum imperio, Auctore quodam Sinensi Missionario veritatis amante. *in*-4°. *v. br.* (*sans date et sans nom de ville.*)

1445 Description du Jubilé de sept cens ans, de S. Macaire, qui sera célébré dans la ville de Gand le 30 mai 1767. *Gand*, *Meyer*, 1767. *in*-4°. *fig. broché.*

Cet ouvrage est fort singulier, c'est la description d'une cérémonie qui a lieu de 700 en 700 ans. On y trouve des miracles qui ne sont pas attestés et surtout relativement à la peste. On y fait un mêlange de grandes-messes, de processions, de comédies, d'operas, de cavalcades de moines, de chars de triomphe remplis de filles parées, etc. S. Macaire y est représenté par Jupiter; mille allégories du paganisme sont confondues avec les choses saintes, et cela sous la direction des Jésuites et des Augustins. Cela ressemble à la procession de Luxembourg décrite par M. Arnaud, et c'est au 18e. siècle qu'on repète ces indécences. (*Note de l'Abbé Rive.*)

1446 Traité historique de l'établissement et des prérogatives de l'Eglise de Rome, par Maimbourg. *Paris*, *Cramoisy*, 1685. *in*-4°. *v. f. filets*, *portrait. grande marge.*

1447 Josephi-Antonii Saxii Dissertatio historica ad vindicandam antiquam Ambrosianæ Ecclesiæ disciplinam contrà Nicolaum Sormanum. *Mediolani*, 1733. *in*-4°. *velin vert.*

1448 Primordia Corcyræ post editionem lyciensem anni 1725 ab auctore nuperrimè recognita et adaucta. *Brixiæ*, *Rizzardi*, 1738. *grand papier*, *v. f. fig.*

1449 Acta et Scripta Publica Ecclesiæ Wirtembergicæ à Christoph. Matthæo Pfaffio. *Tubingæ*, *Cotta*, 1720. *in*-4°. *v. m.*

1450 Exercitatio Theologica Ecclesiæ Copticæ, à M. Franc. Wilhelmo à Kamshausen Conscripta. *Jenæ*, *Bauhofer*, 1666. *in*-4°. *v. f. filets.*

1451 De Græcæ Ecclesiæ Hodierno Statu Epistola, auctore Thoma Smith ; editio secunda. *Londini*, *Pitt*, 1678. *in*-8°. *velin.*

Bel exemplaire d'un bon livre et qui n'est pas commun.

1452 Britannicarum Ecclesiarum antiquitates, à Jacobo Usserio. *Londini*, *Tooke*, 1687. *in-fol. v. br.*

Debure, n°. 4445.

1453 Andreæ Wengerscii libri quatuor Slavoniæ reformatæ continentes historiam Ecclesiasticam Ecclesiarum Slavonicarum, Polonicarum, etc. *Amstelodami*, *Jansson*. 1679. *in*-4°. *m. r. filets.*

Ce livre est très-rare en France.

1454 Histoire de l'état présent de l'Eglise Grecque et d'Arménie, par Ricaut, trad. de l'Anglois par M. de Rosemond. *Amsterdam*, *Brunel*, 1698. *in*-12. *v. f.*

1455 Dissertation sur Sainte Marie-Magdelaine, par le sieur Anquetin. *Paris*, *Anisson*, 1699. --- Défense de l'ancien sentiment de l'Eglise latine touchant l'office de Sainte Magdelaine, par Bernard Lamy. *Ibid.* 1699. *in*-12. *v. br.*

Ce livre est placé parmi ceux qui concernent l'histoire Ecclésiastique de la Provence.

1456 Histoire du Christianisme d'Arménie et d'Ethiopie, par M. Maturin Veissiere la Croze. *La Haye*, *Levier*, 1739. *in-12. broché, fig.*

1457 The Regal and Ecclesiastical Antiquities of England by Joseph Strutt. *London*, *Shropshire*, 1777. *in-4°. broché, fig.*

1458 Abrégé Chronologique de l'histoire Ecclésiastique civile et littéraire de Bourgogne, par M. Mille. *Dijon*, *Causse*, 1771. *in-8°.* 3. *vol. grand papier*, *carte*, *v. m.*

1459 Pontificium Arelatense, auctore Petro Saxio. *Aquis Sextiis*, *Roize.* 1629. *in-4°. v. f.* (Rare.)

Histoire Monastique.

1460 Dissertatio Duplex : Una de origine et confirmatione privilegiorum Scapularis Carmelitarum : altera de Visione Simonis Stochii, authore Joanne de Launoy. *Lugd. Batav. Elzevir*, 1642. *in-8°. v. br.*

Cette première édition est rare et hardie. Voyez Niceron dans le tom. 32 de ses mémoires, pag. 101 et suiv. On a eu soin de dire que Launoy ignorait l'édition de son ouvrage : *Inscio Authore.*

1461 Joannis Columbi, Manuascensis, Dissertatio de Cartusianorum initiis. *Francofurti ad Mænum*, *Andreas*, 1748. --- Collectio disputationum theologicarum imprimis exegeticarum et historicarum in Breviarium redactarum. *Vinariæ*, *Hoffmann*, 1755. *in-8°. v. b.*

1762 Monasteriologia, in quâ insignium aliquot Monasteriorum Familiæ S. Benedicti in Germanicâ origines, fundatores. Clarique viri ex eis oriundi describuntur : Auctore R. P. E

Carolo Stengelio. *Augustæ Vindelicorum*, 1619. *in-fol. v. br. fig.* 2 *tom. en* 1 *vol.*

Livre très-rare ; cet exemplaire est relié avec élégance. Voyez Debure nº. 4522.

1463 Contre la Nouvelle Apparition de Luther et de Calvin sous les Réflexions faites sur l'édit touchant la Réformation des Monastères. 1669. *in-12. v. br.*

Ce livre est très-rare : il contient une Apologie curieuse de plusieurs Monastères.

1464 De l'autorité du Roi touchant l'âge nécessaire à la profession solemnelle des Religieux. *Paris*, *Cottin*, 1669. *in-12. v. br.*

Cet ouvrage aurait dû être placé sous le titre du *Droit des Réguliers*.

1465 De Societatis Jesu origine libellus, auctore D. Jacobo Payva, Lusitano. *Lovanii*, *Velpius*, 1566. *in-12. veau d'Irlande.*

Ce livre est excessivement rare.

1466 Dissertatio Gradualis de Ordine Benedictino Monachorum Suio-Gothiæ, à Petro Staaff. *Upsaliæ*, *Werner*, 1727. *in-12. v. f. d. s. t. filets.*

1467 Les Entretiens des Voyageurs sur la mer. *La Haye*, *Vanderkloot*, 1740. *in-12.* 4 *vol. velin, fig.*

Ouvrage contre les Jésuites.

1468 Recueil des pièces touchant l'histoire de la Compagnie de Jesus, du P. Jouvency. *Liége* 1716. *in-12. v. br.*

1469 La Monarchie des Solipses de Melchior Inchofer. *Amsterdam*, *Uytwerf*, 1753. *in*-12. *v. br.*

Debure au n°. 1010 fait mention de cet ouvrage en latin. Mais il ne dit pas que cette pièce originale est aujourd'hui presque introuvable. La traduction que nous annonçons est préférée à l'édition que Debure cite sous le n°. 1011 de l'an 1721.

1470 Dissertations historiques et critiques sur la Chevalerie ancienne et moderne, séculière et régulière, par le P. Honoré de Sainte Marie. *Paris*, *Pepie*, 1718. *in*-4°. *v. br. fig.*

Falconet, 14158.

1471 Henrici Leonardi Schurzfleischii historia ensiferorum ordinis Teutonici Livonorum. *Vitembergæ*, *Meyer*, 1701, *in*-12. *v. f. filets.*

Histoire Catholique et Pontificale.

1472 Walonis Messalini, de Episcopis Dissertatio. *Lugduni-Batavorum*, *Maire*, 1641. *in*-8°. *v. éc. d. s. t.* bel exemplaire.

1473 Le Syndicat du Pape Alexandre VII avec son voyage en l'autrre monde, traduit de l'Italien. 1669. *in*-12. *broché en carton.*

Falconet au n°. 13886, cite l'édition originale de cet ouvrage.

1474 Christiani Gotthluff Blumbergi Veritas Mysterii Thiaræ Rom. Pontificis. *Cygneæ*, *Fridericus*, 1710. *in*-8°. *v. f. filets*, *fig.*

Livre très-rare, où l'on trouve l'histoire de la Papesse Jeanne.

Histoire des Martyrs, des Choses Saintes, et des Lieux Saints.

1475 F. Cornelii Curtii, Augustiniani, de Clavis dominicis liber : Curæ secundæ. *Antuerpiæ, Frisius*, 1670. *in*-12. *v. br. fig.*

Falconet, n°. 144.

1476 Jo. Franc. Budæi Theologi historia Ecclesiastica Veteris Testamenti ab orbe condito ad Christum natum, variis observationibus illustrata. Editio quarta. *Halæ Magdeburgicæ*, 1744. *in*-4°. *v. m. d. s. t.* beau.

1477 P. Casti Innocentis Ansaldi O. P. de Martyribus sine Sanguine, adversus Dodwellum dissertatio in quâ et nonnulla Romani Martyrologii loca ab criminationibus Bælii vindicantur. *Mediolani, Malatesta*, 1744. *in*-8°. *v. m.*

1478 Jo. Laurentii Moshemii Dissertationum ad Sanctiores disciplinas pertinentium Syntagma. *Lipsiæ, Marche*, 1733. *in*-4°. *v. m.*

1479 B. Gasparis Sagittarii de Martyrum natalitiis in primitivâ Ecclesiâ. *Francofurti, Crokerus*, 1696. *in*-4°. *v. br.* rare.

Falconet, n°. 14199.

1480 D. Michaëlis Sirici duo tractatus, quorum alter inscribitur uxor una, alter discursus de Lacrymis Christi. *Giessæ Catorum, Liebensteinius*, 1679. *in*-4°. *v. br. filets. d. s. p.*

1481 Dissertation sur la Ste. Larme de Vendôme, par J. B. Thiers. *Amsterdam*, 1751. *in*-12. *v. m.* rare.

Falconet cite l'édition de Paris en 1699 au n°. 14249.

Histoire des Hérésies.

1482 Annales Anabaptistici, hoc est, historia Anabaptistarum, à Johanne-Henrico Ottio. *Basileæ, Werenselfius*, 1673. *in*-4°. *v. br.*

1483 De Veteribus Hæreticis Ecclesiasticorum codicum corruptoribus, auctore Bartholomæo Germon. *Parisiis*, *Montalant*, 1713. *in*-8°. *v. br.*

1484 Manichæismus ante Manichæos, auctore Christiano Wolfio. *Hamburgi*, *Liberetus*, 1707. *in*-12. *v. f.*

Falconet, n°. 14297.

1485 Historia Flagellantium. *in*-12. *v. br.*

1485* Critique de l'histoire des Flagellans, par J. Bte. Thiers. *Paris*, *Denully*, 1703. *in*-12. *v. m.*

1486 D. Thomæ Ittigii de hæresiarchis ævi Apostolici et Apostolico proximi, seu primi et secundi à Christo nato sæculi, Dissertatio. Editio secunda. *Lypsiæ*, *Lanckisius*, 1703. *in*-4°. *v. f.*

Cette seconde édition est augmentée de L'*Heptas Dissertationum*. pag. 239 *et seq.* De *l'Appendix de Pseudigraphis*, pag. 97. On y trouve des Apocryphes que Fabricius n'a pas connus. (*Note de l'Abbé Rive.*)

1487 Gerardi Croesii historia Quakeriana, sive de vulgò dictis Quakeris libri tres. *Amstelodami*, *Boom*, 1695. *in*-8°. *v. br.*

Falconet, 14357. Debure, n°. 4687.

1488 Historiæ Mennonitarum plenior deductio,

auctore Hermanno Schyn. *Amstelædami*, *Waesbergius*, 1729. *in-12. velin.*

Falconet, n°. 14327, cite l'édition de 1723.

1489 Jo. Henrici Horbii historia Origeniana. *Francofurti*, *Zunnerus*, 1670. *in-4°. m. r. filets.*

1490 Alfonsi de Castro, Zamorensis, contrà Hæreses libri XIV. *Parisiis*, *Vascosan*, 1541. 1541. *in-fol. v. br.*

Ce livre devait être parmi les Théologiens ; ne l'ayant pas alors sous les yeux, nous l'avons placé ici. Voyez Debure n°. 600.

Histoire des Juifs.

1491 De Republicâ hebræorum libri octo, autore R. P. Joanno Stephano Menochio. *Parisiis*, *Bertier*, 1648. *in-fol. fig. broché en carton.*

1492 Flavii Josephi opera omnia græcè et latinè, cum notis Gronovii et aliorum. *Amstelædami*, *Wetstenius*, 1726. *in-fol. 2. vol. grand papier, veau d'Irlande, figures : édition superbement exécutée.*

Debure, n°. 4697. Falconet, 14336.

1493 Joma. Codex Talmudicus in quo agitur de Sacrificiis, Cæterisque Ministeriis à Roberto Sheringamio. *Londini*, *Junius*, 1648. *in-4°. velin.*

Falconet, n°. 370.

1494 Wilhelmi Schickardi Horologium Ebræum. Editio ultima. *Ultrajecti*, *Joan. à Sambix*, 1661. *in-12. v. f.*

Falconet, n°. 9407 et 9408.

1495 Historia degli riti Hebraici dove si hà breve è total relatione di tutta la vita, costumi è riti de gl'hebrei ; di Leon Modena, Rabbi Hebreo di Venetia. *Parigi*, 1637. *in-12. v. f. d. s. t. filets.*

1496 Caroli Sigonii, de Republicâ Hebræorum libri VII. *Lugd. Batav. Boutesten*, 1701 *in-4°. v. f. d. s. t. filets.*

Falconet, n°. 385.

1497 Hadriani Relandi Antiquitates Sacræ veterum hebræorum. *Trajecti ad Rhenum*, *Broedelet*, 1741. *in-4°. v. f. d. s. t. filets, fig.*

Debure, n°. 5753.

1498 Histoire des Juifs par Basnage. Nouvelle édition. *Lahaye*, *Scheurléer*. 1716. *in-12. v. br.* 15 *vol.*

Debure, n°. 4707.

1499 Theologia Judæorum à Josepho de Voisin. *Parisiis*, *Henault*, 1647. *in-4°. velin, grande marge.*

Falconet, n°. 361.

1500 Joh. Buxtorfii Filii Exercitationum ad historiam arcæfæderis Juris Sacri, Mannæ, etc. *Basileæ*, *Decker*, 1659. *in-4°. velin.*

1501 Joh. Meyeri tractatus de temporibus et festis diebus hebræorum. Editio altera. *Amstelædami*, *Pauli*, 1724 --- Ejusdem de Jejunii volumen hebr. et lat. *in-4°. v. m. filets.*

Histoire

Histoire des Monarchies Anciennes.

1502 Diodori Siculi Bibliothecæ historicæ libri qui supersunt, interprete Laurentio Rhodomano. *Amstelodami*, *Wetstenius*, *in-fol.* 2 *vol.* (*grec et lat.*) *m. r. d. s. t. filets*, 1746.

Edition devenue très-rare. V. Debure n°. 4765. Falconet n°. 14440.

1503 Xenophontis opera, græc et lat. operâ Joannis Leunclavii. *Parisiis*, *Typ. Reg.* 1625. *in-fol. m. r. filets*, *grand format.*

Voy. Debure n°. 4766. Falconet n°. 14432.

1503* Xenophontis omissa, quæ et græca gesta appellantur. *Venetiis*, *Aldus*, 1503. *in-fol. v. f. filets.*

Cet ouvrage est en grec : je n'ai trouvé cette édition ni dans Debure, ni dans Falconet, ni dans le Catalogue de de Boze : elle est très-rare.

1504 Herodoti Halicarnassei historiarum libri IX. *Amstelodami*; *Schoutenius*, 1763. *in-fol. gr. et lat. broché en carton*, *grand papier ; belle édition.*

1505 Herodoti libri novem, Grecè. *Venetiis*, *Aldus*, 1502. *in-fol. m. r. d. s. t. filets.*

Debure n'a pas connu cette édition précieuse.

1506 Ezechielis Spanheimii orbis romanus, seu ad constitutionem Antonini Imperatoris de quâ Ulpianus leg. XVII. Digestis de Statu Hominum, exercitationes duæ. Editio secunda. *Londini*, *Churchill*, 1703. *in-4°. v. m.*

Falconet, n°. 14694.

1507 Matthæi Jacutii Benedictini Syntagma quo apparentis magno Constantino crucis historia complexa est, etc. *Romæ*, *Rotilus*, 1755. *in-4°. broché*, *fig.*

Il y a plusieurs cartons doublés dans cet exemplaire. Dupin cite une Dissertation historique sur la vision de Constantin, imprimée en 1681 sans en indiquer l'Imprimeur ni le lieu de l'impression. Serait-ce une première édition de cet ouvrage?

1508 Caïus Suetonius tranquillus ex recensione Francisci Oudendorpii et cum notis variorum. *Lugd. Batav. Luchtmans*, 1751. *in-8°. grand format*, *v. f. d. s. t. filets.*

Voy. Debure sous le n°. 4930.

1509 Dionysii Halicarnassensis opera gr. et lat. *Oxonii*, *è Theatro Sheldoniano*, 1704. *in-fol. 2 vol. veau.*

Edition recherchée ; exemplaire complet et bien conservé. V. Debure n°. 4795.

1510 L. Annæi Flori Rerum Romanarum libri duo editi à Laurentio Bergero. *Coloniæ Marchicæ*, *Liebpertus*, 1704. *in-fol. gr. pap. broché en carton.*

Debure n°. 4829. Edition curieuse à cause des Commentaires.

1511 Dionis Cassii historiæ Romanæ quæ supersunt, cum notis Jo-Alberti Fabricii, gr. lat. *Hamburgi*, *Heroldus*, 1750. *in-fol.* 2 *vol. v. br. portrait.*

C'est la seule édition recherchée. V. Debure n°. 4935. Falconet n°. 14675.

1511 * Polybii opera, gr. et latinè, Edente Isaaco Casaubono. *Parisiis, Drouardus*, 1609. *in-fol. grand papier, m. r. filets, d. s. t.*

V. Debure n°. 4849.

1512 Discours de la vérité des causes et effets des décadences des Monarchies, par Claude Duret. *Lyon, Rigaud*, 1594. *in-8°. m. v. d. s. t. filets.*

On lit à la fin cette souscription : *à Lyon de l'Imprimerie de Pierre Chastain dict Dauphin.* 1595. Falconet n°. 14376.

1513 Quinti Curtii Rufi historiarum libri accuratissisissimè editi. *Lugd. Batavor. Elzevir.* 1633. *in-12. m. r. fil. d. s. t. carte.*

1514 Quinti Curtii de rebus gestis Alexandri magni libri superstites ; edente Henrico Snakenburg. *Delphis, Beman*, 1724. *in-4°. v. br. 2 vol. grand papier. fig.*

1515 Thucydidis de Bello Peloponesiaco cum notis Henr. Stephani et aliorum. *Amstelædami, Wetstenius*, 1731. *in-fol.* (gr. et lat.) *grand papier, broché en carton, cartes et fig.*

Falconet n°. 14425. Debure 4749.

1516 Pausaniæ, Græciæ Descriptio cum notis Joachimi Kuhnii. *Lipsiæ, Fritsch*, 1696. *in-fol.* (gr. et lat.) *v. br.*

Falconet n°. 14410. Debure n°. 4732. Edition recherchée, surtout en grand papier.

1517 C. Julii Cæsaris que extant, cum notis variorum. *Lugduni Batavorum, Boutesteyn*, 1713. *in-8°. grand papier, fig. veau d'Irlande, filets.*

1518 Appiani Alexandrini historiæ cum notis variorum. gr. et lat. *Amstelodami*, *Jansson*, 1670. *in-8°. 2 vol. v. f. d. s. t. filets*, *fig.*

1519 Histoire de la décadence et de la chûte de l'Empire Romain, par Gibbon ; traduit de l'Anglois, par M. Le Clerc de Septchênes. *Paris*, *Debure*, 1777. *in-8°. 3 vol. v. f. filets.*

1520 Velleii Paterculi quæ supersunt, cum notis variorum. *Roterodami*, *Beman*, 1756. *in-8°. grand pap. v. f. d. s. t. filets*, *fig.*

1521 Réflexions de Machiavel sur la première décade de Tite-Live : Nouvelle Traduction avec un Discours préliminaire, par M. D. M. M. D. R. *Paris*, *Jombert*, 1782. *in-8°. m. r. d. s. t. filets. grand papier.*

1522 Ex Cornelii Taciti Germaniâ et Agricolâ quæstiones miscellaneæ à Matthiâ Berneggero. *Argentorati*, 1640. *in-8°. m. r. filets.*

1523 Recherches philosophiques sur les Grecs, par M. de Pauw. *Berlin*, *Decker*, 1788. *in-8°. grand format*, *v. éc. filets.*

1524 De l'état du sort des Colonies des Anciens Peuples (par M. de Ste. Croix.) *Philadelphie*, (*Paris*,) 1779. *in-8°. v. f. filets.*

1525 Arriani Nicomedensis opera gr. et lat. cum notis variorum. *Amstelædami*, *Wetstenius*, 1757, *in-8°. papier*, *3 vol. reliés en carton*, *fig. dos de basane.*

1526 Marci Vel Seri opera historica, accurante Christoph. Arnoldo. *Norimbergæ*, *Mauritius*, 1682. *in-fol. v. m.*

1527 Justini Historiarum libri. *Manusc. in-4°. sur velin rélié en veau brun.*

Ce Manusc. est précieux : on y trouve les prologues sur les livres de Trogue-Pompée. Les lettres marginales y sont peintes en or et en couleur : l'exemplaire est bien conservé.

1528 M. Annæi Lucani Pharsalia sive de Bello Civili lib. X. *Londini*, *Tonson*, 1719. *in-8°. m. bl. d. s. t. filets*, *papier lavé et reglé.*

Ce livre ayant été omis, à l'article des poëtes latins, nous l'insérons ici relativement à la matière qui y est traitée. Debure n'a pas cité cette superbe édition.

1529 De Romanâ Republicâ, auctore Petro-Josepho Cautelio, Soc. Jesu. *Ultrajecti*, *Vande-Water*, 1707. *in-12. velin.*

1530 Les fastes des anciens Hébreux, Grecs et Romains, par Vignier. *Paris*, *l'Angelier*, 1588. *in-4°. grand papier reglé*, *velin.*

Livre curieux et très-estimé. Première édition recherchée. La note de l'Abbé Rive contre la critique de Lenglet mérite d'être lue.

1531 Joannis-Jacobi Schmaussii de dignitate Augustissimi Romanorum Imperatoris Tractatus. *Erfordiæ*, 1745. *in-8°. v. f. d. s. t. filets.*

1532 Petri Relandi Fasti Consulares. *Trajecti Batav. Broedelet*, 1715. *in-8°. v. f. grand papier.*

Ce livre avait appartenu au savant Baluze.

1533 Histoire des Rois de Thrace, par Cary. *Paris*, *Desaint*, 1752. *in-4°. v. m.*

Cette histoire a été traduite en Allemand comme on le voit dans le *Bibliotheca Numismatica* de Jean-Christ. Hirsch. *In-fol. Nuremberg*, 1760. p. 23 Falconet n°. 14513.

1534 Archæologia Græca, per Joannem Poterum. *Lugduni Batavorum*, *Vander Aa*. 1702. *in-fol. v. f. fig.*

1535 Virgilio Vindicato, ò sia il luogo della Bataglia di Farsaglia è Filippi accordato coll' istoria. *Roma*, *Amidei*, 1761. *in-4°. v. f. filets. fig.*

Le nom de l'auteur de cet ouvrage est : *Rodulphinus Venuti.*

1536 Philippi Munckeri de intercalatione variarum gentium et præsertim Romanorum libri IV. *Lugd. Batav. Hackius*, 1680. *in-8°. v. f. d. s. t. filets.*

1537 Des Mœurs et des Usages des Romains, nouvelle édition. *Paris*, *Briasson*, 1744. *in-12. 2 vol. v. m.*

1538 Histoire abrégée des Empereurs, par M. Beauvais. *Paris*, *Debure*, 1767. *in-12.* 3 *vol. brochés en carton.*

1539 Opere di Cornelio Tacito, Tradotte da Bernardo Davanzati. *Parigi*, *Quillau*, 1760. *in-12. v. m. filets. 2 vol.*

1540 Jo.-Guilielmi Itteri de Feudis Imperii Commentatio Methodica. *Lipsiæ*, *Rudiger*, 1714. *in-8°. v. br.*

1541 Vetus Græcia Illustrata Studio Ubbonis Emmii Frisci. *Lugduni Batavorum*, *Elzevir*, 1626. *in-8°.* 3 *tom. en 2 vol. v. f. d. s. t. filets.*

Falconet, n°. 14482.

1542 Titi Livii historiarum quod extat, cum notis variorum. *Amstelodami*, *Elzevir*, 1679. *in-8°. grand format. velin.* 3 *vol.*

Falconet, 14518. Debure, n°. 4802.

1543 Jacobi Gronovii Dissertatio de origine Romuli. *Lugduni Batav. Luchtmans*, 1684. *in-8°. velin.*

Falconet, n°. 18121.

1544 Eutropii Breviarium Historiæ Romanæ cum notis variorum. *Lugd. Bat. Luchtmans*, 1762. *in-8°. grand format*, 2 *vol. v. f. d. s. t. filets.*

Debure n°. 4843. Falconet 14556 et 14557, cite des éditions antérieures.

1545 De loco ubi Victus Attila fuit olim Dissertatio. *Parisiis*, *Libert*, 1641. *in-8°. v. f.*

L'auteur est J. Grangierius. Debure n°. 5117. Falconet n°. 15296.

1556 Vesalius Mobachius de Triumpho Romano. *Alcmariæ*, *Wees*, 1681. *in-12. v. f.*

1547 Discours critiques sur l'histoire et le gouvernement de l'ancienne Rome, traduits de l'Anglois de Hooke. *Paris*, *de Hansy*, 1770. *in-12. v. f. d. s. t. filets.*

Histoire Moderne d'Italie.

1548 Alexandri Donati Roma Vetus ac recens. Editio ultima. *Amstelædami*, *Jansson*, 1695. *in-4°. v. br. fig.*

1549 Discorso dell' origine di Roma, del Sacerdote Ottavio Liguoro. *Venezia*, *Bortoli*, 1712. *in-8°. v. f. d. s. t. filets.*

1550 Le Memorie Bresciane, opera historica e simbolica di Ottavio Rossi, riveduta da fortunato Vinaccesi. *Brescia*, *Gromi*, 1693. *in-4°. v. br. fig.*

Falconet cite l'édition de 1616. Debure, n°. 5051. cite celle-ci.

1551 Copioso Ristretto degli annali di Rausa, libri quattro; da Giacomo di Pietro Luccari.

Venetia, Leonardi, 1605. *in-4°. v. f. d. s. t. filets, petit format.*

1552 Historia antica è moderna della cita di Triesta del R. P. F. Ireneo della Croce. *Venezia, Albrizzi*, 1698. *in-fol. v. f. filets.*

Debure n°. 5056 ne nomme pas l'auteur.

1553 Castigatissimi Annali di Agostino Giustiniano Genoese, Vescovo di Nebio. *Genoa*, 1537. *in-fol. v. br.* Rare.

1554 Memorie istoriche di Tragurio ora Detto Trau, di Giovanni Lucio. *Venetia, Curti*, 1673. *in-4°. m. r. filets.*

1555 Ristretto istorico sopra l'origine degli abitanti della Campagna di Roma, dal Sacerdote Ottavio Liguoro. *Genova*, 1717. *in-8°. v. f. d. s. t. filets.*

1556 La Regia de' Volsci d'Antonio Ricchi d'Acora. *Napoli, Pace*, 1713. *in-4°. v. br.*

Falconet, n°. 15074.

1557 L'Ebraismo della Sicilia di Giovanni. *Palermo, Gramignani*, 1748. *in-4°. v. br. grande marge.*

1558 La historia della Cita di Parma et la descritione del Fiume Parma, di Bonaventura Angeli, Ferrarese. *Parma, Viotto*, 1591. *in-4°. v. f. filets.*

Cette édition est rare et fort estimée. Voy. Debure n°. 5100.

1559 Lo Stato presente de la Corte di Roma, dà Andrea Tosi. *Roma, Monaldini*, *in-12. v. Venezia, f.* 2 *vol. filets.*

1560 Metodo per istudiare le storie di Firenze del Sign. Domenico-Maria Manni. Seconda edizione. *Firenze*, *Moucke*, 1755. *in-12. broché en carton.*

1561 Bellum Mutinense, auctore Jacobo-Mariâ Campanacio. *Bononiæ*, *Benacius*, 1590. *in-4°. v. f.*

1562 Dell' istoria di Mantova, libri cinque dà Mario-Equicola d'Alveto. *Mantova*, *Osanna*, 1607. *in-4°. v. f.*

L'Abbé Rive dit que Debure se trompe, lorsqu'il avance que l'édition de 1521 qui est la première, est la seule recherchée. (Voyez sa Bibliographie, n°. 5098.) Haym estimait cette édition autant que la première, et l'Abbé Rive la préférait, parce qu'elle a été revue par Osanne. Falconet ne cite que notre édition.

1563 Le Vicende di Milano, durante la Guerra con Federigo I. Imperadore, *Milano*, *Nello Monistero di S. Ambrogio*. 1778. *in-4°. broché*, *fig.*

Histoire générale et particulière de France, ancienne et moderne.

1564 Originum Francicarum libri sex, à Jo. Isaaco Pontano. *Harderuici*, *Laurencius*, 1616. *in-4°. v. m. d. s. t. filets.*

1565 Antiquité de la Nation et de la langue des Celtes, autrement appellés Gaulois, par Dom. P. Pezron. *Paris*, *Boudot*, 1703. *in-12. v. f. d. s. t. filets.* (Rare. V. Debure n°. 5122.

1566 De Veteribus Regum Francorum diplomatibus et arte secernendi antiqua vera à falsis disceptationes, auctore P. B. Germon. *Parisiis*, *Rigaud*, 1707. *in-12. v. br.*

Debure, n°. 5942.

1567 Histoire des Celtes, par M. de Chiniac. *Paris*, *Quillau*, 1771. *in-4°. 2. vol. v. br. d. s. t. filets.*

1568 Histoire des Gaules et des Conquêtes des Gaulois, par Dom. Jacques Martin. *Paris*, *Saugrain*, 1780. *in-4°. 2 vol. v. éc. fig.*

Debure cite l'édition de 1754 sous le n°. 5127.

1569 Joan. Chrysostomi Zanchi, Bergomatis de origine Orobiorum seu Cenomanorum libri tres. *Venetiis*, *Vitalis*, 1531. *in-8°. petit format v. f. filets.*

Falconet, n°. 18682.

1570 Nouvel abrégé de l'Histoire de France, (par le Président Hénault). Nouvelle édition. *Paris*, *Prault*, 1768. *in-4°. 2 vol. v. f. d. s. t. grand papier.*

Debure, n°. 5161, cite l'édition de 1752.

1571 Recueil de Dissertations sur divers sujets de l'histoire de France, par M. Sabbathier. *Châlons sur Marne*, *Bouchard*, 1770. *in-12. v. f. filets.*

1572 Histoire abrégée de l'Eglise et de l'Université de Paris, par J. Grancolas. *Paris*, *Lemesle*, 1728. *in-12. 2 vol. v. br.*

1573 Francisci Hotomani Jurisconsulti Celeberrimi Franco-Gallia. *Francofurdi*, *Wechelius*, 1586. *C'est une quatrième édition augmentée de six chapitres.* --- Maintenue et défense des Princes souverains et Eglises chrétiennes contre les attentats, usurpations et excommunications des Papes de Rome. 1592. (*édition rare.*) *in-8°. m. r. d. s. t. filets.*

1574 Franc. Hotomani Franco-Gallia : editio secunda. *Coloniæ*, *Bertulphus*, 1574. *in-12. v. br.*

Il faut avoir ces deux éditions, parce que dans celle du n°. précédent, on a retranché des choses que l'on trouve dans celle-ci. Falconet, n°. 15758.

1575 Ad Fr. Hottomani Francogalliam Ant. Matharelli Responsio. *Lutetiæ*, *Morellus*, 1575. *in-8°. v. br.*

1576 Mémoires d'un Favori de S. A. R. Monsieur le Duc d'Orléans. *Leyde*, *Sambix*, 1668. *in-12. petit format*, *m. r. d. s. t. filets.*

1577 Jugement de tout ce qui a été imprimé contre le Cardinal Mazarin, depuis le 6 janvier jusques à la déclaration du premier avril 1649. *in-4°. broché*, *portrait*, *grand papier*. Rare.

1578 Mémoire contenant le précis des faits, avec leurs pièces justificatives, pour servir de réponse aux observations envoyées par les Ministres d'Angleterre dans les Cours de l'Europe. *Paris*, *Imp. Roy.* 1756. *in-4°. broché.*

1579 Œuvres de feu M. Claude Fauchet, premier Président en la Cour des Monnoies. *Paris*, *Leclerc*, 1610. *in-4°. v. f. filets.*

L'exemplaire du Duc de la Valliere portait l'adresse de Hucqueville, quoique de la même date de 1610. Falconet n°. 15216. Debure n°. 5133.

1580 Treize livres des Parlemens de France, par M. Bernard de la Roche-Flavin. *Bourdeaus*, *Millanges*, 1617. *in-fol. v. f. d. s. t. filets.*

1581 La Loi Salique, Livret de la première humaine vérité, là où sont en brief les origines et autorités de la Loi Gallique, nommée communément Salique, pour monstrer à quel poinct fauldra nécessairement en la Gallique Republique venir : et que de ladicte Republique sortira ung Monarche temporel ; par Guillaume Postel. *Paris*, 1552. *in*-16. *m. r. d. s. t. filets.*

Voyez Debure n°. 5130. Livre de la dernière rareté.

1582 Examen du discours publié contre la Maison Royale de France. 1587. *in*-8°. *v. br. filets.*

C'est une Réponse au livre de la Loi Salique. Debure ne l'a pas connue.

1583 Traité historique de la Souveraineté du Roi et des droits en dépendants ; par F. D. P. L. (François de Paule Lagarde.) *Paris, Durand*, 1754. *in*-4°. *v. m.* 2 *vol.*

Les exemplaires qui portent la date de 1767 ne diffèrent de celui-ci que par le titre.

1584 Les Erreurs et impostures de l'Examen du traité de M. J. Savaron de la Souveraineté du Roi. (*Sans frontispice.*) *in*-8°. *v. m.*

Ouvrage curieux par les notes marginales écrites à la main. Nota que le livre quoique relié n'est pas rogné.

1585 Testament politique de M. Jean-Baptiste Colbert. *Lahaye*, *Vanbulderen*, 1693. *in*-12. *v. f. d. s. t. portrait.*

L'auteur est Gatien de Courtilz : cet ouvrage, est, comme on le sait, une satyre de Louis XIV et de M. de Louvois. Le portrait a été ajouté par l'Abbé Rive.

1586 Essai sur le caractère et les mœurs des François, comparées avec celles des Anglois.

Londres, 1776. --- L'inoculation du bon sens. *Londres*, 1761. *in*-12. *v. f. d. s. t. filets.*

Le premier ouvrage est du Chevalier Rutl.

1587 Histoire de la Milice Françoise, par le P. Daniel. *Coignard*, 1721. *in*-4°. *v. f. fig. grand papier.* 2 *vol.*

1588 Reflexions criques sur les observations de M. l'Abbé D.... (Dordela Dufays,) où l'on fait voir la fausseté de ses conjectures sur l'origine et la valeur des Gaulois ; par M. l'Abbé ***. (Armery ou Armenée.) *Paris*, *Quillau*, 1747. *in*-12. *velin marbré.*

1589 La France démasquée, ou ses irrégularités dans sa conduite et ses maximes. *Lahaye*, *Jean Laurent*, 1670. *in*-16. *v. f. d. s. t. filets.*

1590 Le Café politique d'Amsterdam, par Charles, Elie, Denis Roonptsy. *Amsterdam*, 1776. *in*-8°. 2 *vol. v. m.*

1591 Observations sur l'histoire de France, par l'Abbé Mably. *Geneve*, 1765. *in*-12. 8 *vol. v. m.*

1592 Des Antiquités de la Maison de France et des Maisons Mérovingienne et Garlienne ; par Gilbert-Charles Legendre. *Paris*, *Briasson*, 1739. *in*-4°. *v. f. filets*, *fig. grand papier.* (On y a joint les cartons.)

1593 AnastasisChilderici I. Francorum Regis, sive Thesaurus Sepulchralis Tornaci nerviorum effossus ; auctore Joanne-Jacobo Chiffletio. *Antuerpiæ*, *Plantin*, 1655. *in*-4°. *v. f. filets*, *fig.*

1594 Mémoires sur divers points de l'histore de France, par Mezeray. *Amsterdam*, *Bernard*, 1732. *in*-12. 2 *vol. v. m.*

1595 Abrégé chronologique de l'histoire de

France, par Mezeray. *Amsterdam, Schelte*, 1696. *in-12. 7 vol. v. br.*

Voyez Debure nº. 5155. et suiv.

1596 Abrégé chronologique de l'histoire de France, pour servir de suite à celui de Mezeray. *Amsterdam*, *Mortier*, 1728. *in-12. 3. vol. v. br.*

1597 Histoire de l'origine et des progrès de la Monarchie Françoise, par Guillaume Marcel. *Paris*, *Thierry*, 1686. *in-12. 2 vol. v. br. fig.*

1598 Histoire ancienne des Francs. *Paris*, *Chaubert*, 1753. *in-12. broché.*

Ce n'est que le premier tome.

1599 Apologie de Louis XIV et de son Conseil sur la révocation de l'Edit de Nantes. 1758. *in-8º. g. pap. v. m.*

Ce livre est rare : il manque dans la librairie.

1600 Dissertations sur l'histoire Ecclésiastique et Civile de Paris ; par M. l'Abbé Le Bœuf. *Paris*, *Lambert*, 1739. *in-12. 2 vol. v. br.*

1601 La Politique du temps, ou le Conseil fidèle sur les mouvemens de la France. *Charleville*, *François*, 1671. *in-12. velin.*

1602 Les Mœurs et les Coûtumes des François dans les premiers temps de la Monarchie, par l'Abbé Le Gendre. *Paris*, *Briasson*, 1753. *in-12. v. br.*

1603 Le Détail de la France sous le règne présent. 1707. *in-12. v. br.* (*Sans nom de Ville ni d'Imprimeur.*)

1604 Series Auctorum omnium qui de Francorum historiâ scripserunt, auctore Franc.

Duchesne. *Lutetiæ*, 1663. *in-12. v. f. d. s. t. filets.*

C'est ici une table de l'histoire de Duchesne.

1605 Remarques sur les avantages et les désavantages de la France et de la Grande Brétagne, par rapport au Commerce, traduites de l'Anglois de John Nickolls. *Leyde*, 1754. *in-12. v. m.*

1606 Principes sur le Gouvernement Monarchique. *Londres*, *Nourse*, 1755. *in-12. v. m.*

Livre très-rare. L'Abbé Rive observe dans ses notes qu'il manquait à la Bibliothèque du Duc de la Valliere.

1607 Observations historiques sur la Nation Gauloise, (par l'Abbé Dordelu Dufay.) *Paris*, *Giffart*, 1746. *in-12. v. m. dent. d. s. t.*

1608 Ecclaircissemens géographiques sur l'ancienne Gaule, par M. D'Anville. *Paris*, *Ve. Estienne*, 1741. *in-12. v. m. cartes.*

1609 Les Antiquités et Recherches de la Grandeur et Majesté des Rois de France. *Paris*, *Jean Petitpas*, 1609. *in-8°. v. f. d. s. t. filets.*

L'auteur de ce livre est A. Duchesne.

1610 Histoire critique de la Gaule Narbonnoise. *Paris*, *Dupuis*, 1733. *in-12. v. br.*

1611 Histoire critique de l'établissement des Brétons dans les Gaules, par Vertot. *Paris*, *Nyon*, 1730. *in-12. 2 vol. v. br.*

Debure, n°. 5358.

1612 Des Antiquitez d'Anjou, par Jean Hiret. *Angers*, *Hernault*, 1618. *in-12. v. m.*

Rare. V. Debure n°. 5368.

1613 Dissertation sur l'ancienne Jonction de l'Angleterre à la France, par M. Desmarest. *Amiens, Ve. Godart*, 1753. *in*-12. *dos en basane.*

1614 Mémoires pour servir à l'histoire du Nivernois et du Donziois, par M. Née de la Rochelle. *Paris, Moreau*, 1747. *in*-12. *v. br.*

1615 Le premier Livre des Mémoires des Comtes héréditaires de Champagne et de Brie. *Paris, Patisson*, 1581. *in*-8°. *v. f. d. s. t. filets.* Rare.

1617 La Découverte entière de la Ville d'Antre en Franche-Comté. *Amsterdam, Lombrail*, 1709. *in*-12. *v. m.* 2 *parties en* 1 *vol.*

1618 Histoire de la prise d'Auxerre par les Huguenots, etc. par J. Le Bœuf. *Auxerre, Trochi*, 1723 *ou* 1724. *in*-8°. *v. br.*

Ce livre peu commun vient de la vente des livres de Millet : Voy. le Catalogue de Secousse, pag. 127, n°. 2369. Falconet n°. 16283. Debure n'en fait pas mention.

1619 Comitum Tervanensium seu ternensium Annales historici, Collectore R. P. Thomâ Turpin, Paulinate. *Duaci, Derbaix*, 1731. *in*-8°. *v. br.*

Falconet, n°. 15916.

1620 Dissertation historique et critique sur l'origine et l'antiquité de l'Abbaye de S. Bertin. *Paris, Guerin*, 1737. *in*-12. *v. m.*

1621 Response des vrais Catholiques François à l'avertissement des Catholiques Anglois pour l'exclusion du Roi de Navarre à la Couronne de France, traduit du latin. 1588. (*Sans nom de Ville ni d'Imprimeur.*) *in*-8°. *m. r. d. s. t. filets.*

1622

1622 Les origines de Clairmont, Ville capitale de l'Auvergne, par Jean Savaron. *Clairmont*, *Durand*, 1607. *in*-8°. *velin.*

Debure, n°. 5393 cite l'édition de Paris *in-fol.* 1662.

1623 Histoire des antiquités de la Ville de Soissons, par M. Le Moine. *Paris*, *Vente*, 1771. *in*-12. *m. r. d. s. t. filets.*

1624 Le Royalisme ou Mémoire de Du Barry de Saint-Aunez et de Constance de Cézelli sa Femme; anecdotes héroïques sous Henri IV, par M. de L..... *Paris*, *Valade*, 1770. *in*-8°. *grande marge*, *v. f. d. s. t. filets.*

Il y a dans ce livre le portrait de la Dubarry à qui l'ouvrage fut dédié.

1625 Lettres en forme de Dissertation sur l'ancienneté de la Ville d'Autun. (par Fr. Baudot.) *Dijon*, *Ressayre*, 1710. *in*-12. *v. m.*

1626 Dissertation sur l'antiquité de la Ville de Dole en Franche-Comté, avec le supplément par le Sr. Normand, Médecin. *Dole*, *Tonnet*, 1744. *in*-12. *v. f. fil.*

Falc. n°. 16309.

1627 Essai sur l'histoire générale de Picardie. *Abbeville*, *Deverité*, 1770. *in*-12. *v. f. filets.* 2 *tom. en* 1 *vol.*

1628 Abrégé de l'histoire de Lorraine, par Dom Calmet. *Nancy*, *Cusson*, 1734. *in*-12. *v. br.*

Debure, n°. 5440.

1629 Histoire des Comtes de Champagne et

de Brie. *Paris*, *Huart*, 1753. *in-12. v. m.* 2 *tom. en* 1 *vol.*

1630 Description historique de Paris, par F. N. Martinet. *Paris*, *Duchesne*, 1779. *in-4°. v. éc. filets*, *grnnde marge*, *fig.*

1631 La Chasse aux Larrons, ou l'avant-coureur de l'histoire de la Chambre de Justice. Des livres du bien public et autres œuvres, par J. Bourgoin. *Paris*, 1618. *in-4°. v. f. d. s. t. filets.*

Les Editeurs de la Bibliothèque historique de la France n'ont pas connu cette édition qui est rare : Celle qu'ils ont citée au deuxième tome pag. 822. col. 2, n°. 28008, est du format in-8°. Voy. Falconet, n°. 15805.

1632 Chronique Bourdeloise composée ci-devant en latin par Gabriel de Lurbe, et par lui augmentée et traduite en François : depuis continuée et augmentée par Jean Darnal. *Bourdeaux*, *Millanges*, 1619. *in-4°. vélin.*

Falconet, n°. 16395. Debure, n°. 5397.

1633 Chronologie des Estats généraux, où le tiers-estat est compris, depuis l'an MDCXV, jusques à CCCC XXII, par M. Jean Savaron. *Paris*, *Chevalier*, 1615. *in-12. v. m.*

1634 Le Petit Dictionnaire du Temps pour l'intelligence des nouvelles de la Guerre, par ordre alphabétique, par l'Admiral. *Paris*, *Bauche*, 1747. *in-12. v. br.*

1635 La Chorographie ou description de Provence, par Honoré Bouche. *Aix*, *David*, 1664. *in-fol.* 2 *vol. v. b. filets.*

Debure, n°. 5426.

1636 Histoire des Comtes de Provence, par Antoine Ruffi. *Aix*, *Roize*, 1655. *in-fol. m. r. portraits.*

Falconet, n°. 16482. Debure, n°. 5424.

1637 Dissertations sur l'origine des Comtes de Provence, par M. de Ruffi. *Marseille*, *Ve. Brebion*, 1712. *in-4°. v. f. d. s. t. filets.*

1638 Querela ad Gassendum de Parum Christianis Provincialium Sacrorum ritibus ex occasione ludicrorum quæ aquis sextiis in solemnitate Corporis Christi ridiculè celebrantur. (Auctore Lud Nublé.) 1645. --- Consolatio navigantium per Johannem Rud. Glauber. *Amstelodami*, *Janssonius*, 1657. *in-12. v. f.*

1639 Abrégé de l'histoire de Provence, par Pierre Louvet. *Aix*, *Tetrode*, 1676. *in-12. 2 vol. v. m.*

1640 Histoire des troubles de la Provence, par P. Louvet. *Aix*, *David*, 1679. *in-12. 4 vol. v. f. d. s. t. filets.*

1641 Description historique, géographique et topographique de la Provence et du Comté-Venaissin, par M. Achard. *Aix*, *Calmen*, 1787. *in-4°. broché.*

Ce n'est ici que le premier volume d'un ouvrage qui en aura deux, et dont le second n'est point encore paru à cause de la Révolution. La forme d'Administration étant changée, la division de la Provence en Vigueries ne subsistant plus, il a fallu terminer le dernier volume par un supplément, et y marquer la division de la ci-devant Provence en Départemens, Districts, etc. L'Auteur de ce Dictionnaire, qui est en même temps éditeur de ce Catalogue, a cru devoir annoncer ici les motifs qui ont retardé la publication de ce second volume.

1642 Dissertation sur la fondation de Marseille, sur l'histoire des Rois du Bosphore et sur Lesbonax, par Carry. *Paris*, *Barrois*, 1744. *in-12. velin marbré.*

1643 Essai sur l'histoire de Provence, par C. Bouche. *Marseille*, *Mossy*, 1785. *in-4°. 2 vol. broch. fig.*

1644 Histoire de Provence, par Papon. *Paris*, *Moutard*, 1777. *et suiv. in-4°. fig. 4 vol. brochés.*

1645 Histoire de la Ville et de l'Eglise de Fréjus, par M. G. C. D. C. U. T. *Paris*, *Delaulne*, 1729. *in-12. v. f. d. s. t. filets.*

L'auteur de ce livre est Jacques-Felix Girardin.

1646 Lettre sur les Tours antiques qu'on a démolies à Aix en Provence, et sur les Antiquités qu'elles renfermoient, par M. A. E. Gibelin. *Aix*, *Gibelin et Emeric-David*. 1787. *in-fol. de 34 pag. broché*, *fig.*

1647 Deux Conventions entre Charles I et Louis II, anciens Comtes de Provence, et les Citoyens de la ville d'Arles, contenans les libertés et réservations desdits Citoyens. *Lyon*, 1582. *Latin et François.* -- Histoire de l'exécution de Cabrieres et de Mérindol. *Paris*, *Cramoisy*, 1645. *in-4°. v. f. filets.*

1648 Rémontrances du Pays de Provence sur la levée du vingtième. *Aix*, *David*, 1751. *in-4°. broché.*

1649 Rémontrances de la Noblesse de Provence au Roi pour la révocation des arrêts de son Conseil, portans réunion des Terres aliénées et inféodées par les Comtes de Provence, par le sieur Noël Gaillard. *Aix*, *Roize*, 1669. *in-fol. v. br.*

On a joint à cet ouvrage le Testament du Roi René, celui de Robert, etc. etc.

Histoire d'Allemagne, d'Angleterre, d'Espagne, etc. etc.

1650 Hermanni Corringiii opus de finibus Imperii Germanici. *Francofurti*, *Heinichen*, 1693. *in-4°. 2 vol. v. br.*

1651 Olai Vezelii Manuductio Compendiosa ad Runographiam Scandicam antiquam rectè intelligendam. *Upsalæ*, *Curio*, 1675. *in-fol. v. f. filets.*, *fig.*

Cet ouvrage est en deux langues ; il est rare. Debure n°. 5586.

1652 Ludovici Nonii, Medici, Hispania ; sivè populorum, Urbium, insularum ac fluminum in eâ Descriptio. *Antuerpiæ*, *Verdussen*, 1607. *in-8°. velin.*

1653 Dissertatio Academica de Suediâ Boreali quam Eruditorum examini submittit Ericus-Julius Bidrrer. *Holmiæ*, *Typ. Reg.* 1717. *in-12. v. f. d. s. t. filets.*

1654 Mensonis Alting descriptio agri Batavi et Frisii. *Amstæledami*, *Wetstenius*, *in-fol. v. br.* (Très-rare.)

Falconet, n°. 16820.

1655 Jornandes Episcopus Ravennas de Getarum sive Gothorum origine et rebus gestis. *Lugd. Bat. Plantin*, 1597. *in-8°. v. f. d. s. t. filets.*

Livre rare qui manque dans les meilleurs Catalogues. Drouet de Maupertuis en a donné une Version Française in-12. à Paris en 1703. Voy. le Catalogue de Falconet au n°. 17092. Debure n'en parle pas.

1656 De origine, situ, quantitate Frisiæ et rebus à Frisiis olim præclarè gestis libri tres; auctore M. Cornelio Kempio. *Coloniæ Aggripinæ*, *Cholinus*, 1588. *in-8°. v. f.*

1657 Historiæ Regum Septentrionalium à SnorroneSturlonide: IllustravitJoh.Peringskiold. *Stockolmiæ*, *Wankivius*, 1697. *in-fol. v. f. filets, d. s. t.*

Ce livre est en Allemand.

1658 Petri de Dusburg Chronicon Prussiæ. *Francofurti*, *Hallevordus*, 1679. *m. r. filets, fig.*

Falconet, n°. 16688.

1659 Mémoires critiques pour servir d'éclaircissemens sur divers points de l'histoire ancienne de la Suisse; par M. Loys de Bochat. *Lausanne*, *Bousquet*, 1747. *in-4°. 3 vol. v. f.*

Falconet, n°. 16699. Debure, n°. 5509.

1660 Tableau de l'Empire Germanique. 1741. *in-12. v. m.*

1661 Joan. Schildii de Caucis, Veteri Germaniæ Populo, libri duo. *Lugd. Batav. Hackius*, 1649. (*Editio princeps*, *perrara.*) *in-8°. v. f.*

Cet exemplaire avait appartenu au fameux Baluse. V. Falconet n°. 16536. Debure n'a pas connu cet ouvrage.

1662 Origines et Occasus Transsylvanorum, authore Laurentio Toppeltino de Medgyes. *Lugduni*, *Boissat*, 1667. *in-12. v. br. filets.*

1663 Mémoire sur les Samojedes et les Lapons. (Par le Docteur Busching.) 1762.

in-12. v. br. filets. (*Sans nom de Ville ni d'imprimeur.*)

1664 Notitia Hungariæ, à Joh. Ferdinando Behamb. *Argentorati, Dolhopffius*, 1676. *in-8°. v. br. filets.*

1665 Godefridi Hechtii Germania Sacra et Litterata. *Vitembergæ*, *Zimmermannus*, 1717. *in-8°. v. br.*

1666 De Origine atque Antiquitatibus Frisiorum, ab Ubbone Emmio. *Groningæ*, *Ketelius*, 1703. *in 12. v. f.*

1667 Gesta et Vestigia Danorum extrà Daniam ab Erico Pontoppidano. *Lipsiæ*, *Preussius*, 1740. *in-8°. 3 vol. v. br.*

1668 Antonii Bonfinii Rerum Ungaricarum decades quatuor. *Basileæ*, *Oporinus*, 1568. *in-fol. m. r.* Rare.

1669 A Compleat Wiew of the Manners, Customs, Arms, Habits, etc. of the inhabitans of England From the arrival of the Saxons; by Joseph Strutt. *London*, *Withe*, 1775. *in-4°. 3 vol. fig. brochés, grand format.*

1670 Jacobi Waræi de Hiberniâ et antiquitatibus ejus disquisitiones. Editio secunda. Accedunt Rerum Hibernicarum, regnante Henrico VII, Annales. *Londini*, *Tyler*, 1658. *in-8°. v. br. fig.*

1671 Edda Islandorum anno Christi MCCXV. Islandicè Conscripta per Snorronem Sturlæ Islandiæ Nomophylacem, nunc primùm Islandicè, danicè et latinè in lucem prodit, operâ Petri Jo. Resenii. *Hauniæ*, *Godianus*, 1665. *in-4°. v. éc. d. s. t. filets.*

1672 Thomæ Bartholini, Thomæ filii, Antiquitates Danicæ. *Hafniæ*, *Justus*, 1690. *in-4°, velin vert, fig.*

1673 Jodoci Hermanni Nunningh, Sepulcretum Westphalico-Mimigardico-Gentile. Editio recens. *Francofurti*, *Fuhrman*, 1714. *v. br. in-4°.*

1674 Antiquitates Germanorum autore Jo. Christophoro Cleffelio. *Francofurti*, *Paullus*, 1733. *in-8°. v. f. d. s. t. filets.* (Rare.)

1675 Ern. Casimiri Wasserbach Dissertatio de Statuâ Illustri Harminii, Vulgò Hermensul. *Lemgoviæ*, *Meyer*, 1698. *in-8°. fig. velin.*

Falconet, n°. 16533.

1676 Justi Fontanini Dissertatio de Coronâ Ferreâ Longobardorum. *Romæ*, *Gonzaga*, 1779. *in-8°. v. br.*

Falconet, n°. 16537.

1677 Constitution de l'Angleterre. Nouvelle édition. *Amsterdam*, *Harrevelt.* 1774. -- Essai politique sur la véritable liberté Civile. *Londres*, 1771. *in-8°. v. f. d. s. t. filets.*

1678 Rerum Anglicarum et hibernicarum Annales, regnante Elizabethâ, auctore Gulielmo Cambdeno : ultima editio. *Lugd. Bat. Elzevir*, 1639. *in-8°. velin.*

Cette dernière édition est plus recherchée que celle que les Elzevirs avaient donnée en 1625. L'ouvrage est d'ailleurs très-estimé.

1679 La Richesse de la Hollande. *Londres*, 1778. *in-8°. 2 vol. grand papier, v. éc. filets.*

1680 Specimen islandiæ historicum per Arngrimum Jonam W. Islandum. *Amsterodami*, 1643. *in-4°. v. f. d. s. t. filets.*

1681 Notitia Germaniæ Antiquæ à Jacobo Carolo Spener. *Halæ Magdeburgicæ*, *Dussere*, 1717

1717. *in-4°. v. f. d. s. t. filets, fig. un tome en 2 vol.*

Debure n°. 5457. *

1682 Mémoires de la Grande Brétagne et de l'Irlande, trad. de l'Anglois de Jean d'Arlymple. *Londres*, 1776. *in-8°. 2 vol. v. f. filets.*

1683 Joh. Georgii Eccardi, de origine Germanorum libri duo. Edidit Christianus Ludov. Scheidius. *Goettingæ*, *Schmidius*, 1750. *in-4°. fig. v. m.*

1684 Olavi Verelii Epitomarum historiæ Suio-Gothicæ libri quatuor et Gothorum rerum extrà Patriam gestarum libri duo, edente Petro Schenberg. *Stockolmiæ*, *Kiesewether*, 1749. *in-4°. v. br.*

1685 Histoire des Gouvernemens du Nord, par Williams, trad. de l'Anglois. *Amsterdam*, 1780. *in-12. 4 vol. avec les cartons; v. f. d. s. t.*

1686 Réflexions politiques sur la Pologne par le Chevalier de Pyrrhys. *Londres*, 1772. *in-8°. v. éc. filets.*

1687 De Anglorum gentis origine Disceptatio à Roberto Sheringhamo. *Cantabrigiæ*, *Hayes*, 1670. *in-8°. v. br.*

Falconet, 16949. Debure, n°. 5544.

1688 Etat présent de l'Espagne, par l'Abbé de Veyrac. *Paris*, *Deshayes*, 1718. *in-12. 4. vol. v. br.*

1689 Adventure admirable ou Discours touchant les succès du Roi de Portugal Dom Sebastien, traduit du Castillan en François. 1601. *in-12. relié en carton, dos en basane.*

Histoire Orientale, Histoire d'Asie, d'Afrique et d'Amérique.

1690 Histoire critique de la créance et des Coutumes des Nations du Levant, par M. de Mony (Le Pere Simon de l'Oratoire) *Francfort, Arnaud*, 1684. *in*-12.

L'édition de 1711 à Trévoux porte le nom de R. Simon.

1691 Turco Græciæ libri octo à Martino Crusio. *Basileæ, Ostenius*, 1584. *in-fol. v. br.*

Libre curieux et rare. Voy. les notes que l'Abbé Rive y a faites.

1692 Jobi Ludolfi historia Æthiopica. *Francofurti, Wustius*, 1681 *et* 1691, *in-fol.* 2 *vol. v. f. filets, fig.*

Falconet, n°. 17512. de Boze, n°. 1971 et 1972. Debure, 5637 et 5638.

1693 Etat Civil, Politique et Commerçant de Bengale. *La Haye, Gosse*, 1775. *in*-8°. *v. f. filets*, 4 *vol. figures doubles, dont une enluminée.*

1694 Recherches philosophiques sur les Egyptiens et sur le Chinois, par M. de P... (de Pauw.) *Berlin, Decker*, 1773. *in*-12. 2 *vol. v. m.*

1695 Les Mœurs et usages des Ostiackes, par J. Bernard Muller. *in*-12. *v. m.* (*Sans date, mais de l'année* 1730 *environ.*)

1696 Histoire de l'état présent de l'Empire Ottoman, par M. Briot. *Amsterdam, Mortier*, 1696. *in*-12. *v. br. fig.*

Voy. Debure n°. 5603.

1697 De Ritibus Sinensium ergà Confucium Philosophum, etc. *Leodii*; 1700. *in*-12. *v. m.*

1698 Jacobi-Friderici Reimanni historia litteraria Babyloniorum et Sinensium, illa methodo chronologicâ, hæc scientificâ adumbrata. *Brunsvigæ*, *Vid. Schroeder*, 1741. *in*-12. *broché en carton.*

1699 Hadriani Relandi Palæstina ex monumentis veteribus illustrata. *Trajecti-Batavorum*, *Broedelet*, 1714. *in*-4°. 2 *vol. veau d'Irlande*, *fig.*

Falconet, n°. 14395. Dehure 5610.

1700 Carthago sivè Carthaginensium Respublica a Christophoro Hendreich. *Francofurti ad Oderam*, *Becmanus*, 1664. *in*-8°. *v. f. d. s. t. filets.*

Falconet, n°. 14508.

1701 Relacion del origen y Successo de los Xarifes y del estado de los Reinos de Marruescos, Fez, etc. *Sevilla*, *Perez*, 1585. *in*-4°. *v. f. filets.*

L'auteur est Diego de Torrés. Ce livre est rare, il a été traduit en Français par Charles de Valois, Duc d'Angoulême.

1702 Jacobi Perizonii origines Babylonicæ et Ægyptiacæ. *Trajecti ad Rhenum*, *Réers*, 1736. *in*-8°. 2 *vol. v. f. d. s. t. filets.*

1703 Idée du Gouvernement ancien et moderne de l'Egypte, par M. L. L. M... *Paris*, *Ganeau*, 1743. *in*-12. 2 *vol. v. m. fig.*

1703 Histoire de Kamtschatka et des Isles

Kurilski ; trad. par M. E... *Lyon*, *Duplain*, 1767. *in*-12. 2 *vol. v. m. fig.*

Notes Manusc. au 1er. feuillet du livre.

1705 Athanasii Kircher Œdipus Ægyptiacus. *Romæ*, *Mascardi*, 1652. *in-fol.* 4 *vol. v. f. d. s. t. filets. figures enluminées.*

Debure, n°. 5866. Falconet 18095.

1706 Nicolai Cragii, Ripensis, de Republicâ Lacedœmoniorum libri IV. *Lugd. Batav. à Gelder*, 1670. *in*-8°. *v. jaspé d. s. t. filets.*

Falconet, n°. 14478.

1707 Mémoires concernant l'Histoire, les Sciences, les Arts, les Mœurs et les Usages des Chinois ; par les Missionaires de Pekin. *Paris*, *Nyon*, 1776. *in*-4°. *broché*, 6 *vol. fig. cartes*, *portrait.*

1708 Historia Jacobitarum coptorum, operâ Josephi Abudacni seu Barbati. *Oxonii è Theatro Sheldon.* 1675. *in*-4°. *de* 30 *pages. velin.*

Livre très-rare sous ce format et presque introuvable é ceux qui en avoient l'édition in-12. ou in-8°. ont dout, si celle-ci existait. Elles sont des mêmes presses et de la même année. Falconet, n°. 17515.

1709 Histoire générale de la Chine, par Moyriac de Mailla, publiée par l'Abbé Grosier. *Paris*, *Pierres*, 1777. *in*-4°. *broché. fig.* 14 *vol.*

1710 Petri Strozzæ de Dogmatibus Chaldæorum disputatio. *Romæ*, *Zannetti*, 1617. *in*-4°. *velin.*

Falconet, n°. 2293.

1711 Anciennes Rélations des Indes et de la Chine, traduites d'Arabe avec des Remarques. *Paris*, *Coignard*, 1718. *in-8°. v. f. grand format.*

1712 Mémoire dans lequel on prouve que les Chinois sont une Colonie Egyptienne, par M. de Guignes. *Paris*, *Desaint*, 1760. --- Doutes sur cette Dissertation, par M. le Roux des Hautes Rayes. *Paris*, *Prault*, 1759. --- Réponse de M. de Guignes à M. des Hautes Rayes. *Paris*, *Lambert*, 1759. --- Dissertation sur une Colonie Egyptienne établie aux Indes, par M. Fred. Samuel Scmidt. *Berne*, (*Sans date.*) De inscriptione quâdam Egyptiacâ Turini inventâ Epistola. *Romæ*, *Palearini*, 1761. *in-12. v. f. d. s. t. filsts.*

L'Auteur de la dernière pièce est *Turbervillus Needham.*

1713 Histoire du Grand Genghizcan, Empereur des Mogols et Tartares, traduite par feu M. Petis de la Croix. *Paris*, *Jombert*, 1710. *in-12. v. br. fig.*

Falconet, n°. 17403.

1714 Recueil des Rits et Cérémonies du Pélérinage de la Mecque, par M. Galland. *Paris*, *Desaint*, 1754. *in-8°. v. m.*

1715 Histoire Critique de la Créance et des Coutûmes des Nations du Levant, par le Sr. Demoni.. (Le P. Simon.) *Francfort*, *Arnaud*, 1684. *in-12. v. f.*

L'édition de 1711 à Trévoux porte le nom de Richard Simon. Falconet, n°. 1347.

1716 Antiquitates historiæ Orientalis Clarissimorum Virorum Card. Barberini, Nic. Peyrescii, etc. *Londini*, *Wells*, 1682. *in*-12. *v. br.*

1717 Essai sur cette question : quand et comment l'Amérique a-t-elle été peuplée d'hommes et d'animaux, par E. B. d'E. *Amsterdam*, *Michel Rey*, 1767. *in*-4°. *v. f. d. s. t. grande marge.* (Superbe exemplaire.)

1718 Georgii Hornii de Originibus Americanis libri IV. *Hagæ-Comitis*, *Ulacq*, 1652. *in*-8°. *v. f. d. s. t. filets.*

1719 Essai sur les Colonies Françoises. 1754. *in*-12. *v. m.* (*Sans nom de ville.*)

1720 Hugonis Grotii de origine gentium Americanarum Dissertatio altera (*avec cette Epigraphe :* Opaca quem bonum facit Barba.) *Parisiis*, *Cramoisy*, 1643. *in*-8°. *velin.*

Falconet, n°. 17541.

1721 Examen des Recherches sur les Américains et la défense de cet ouvrage. *Berlin*, *Decker*, 1771. *in*-12. 2 *vol. v. m.*

1722 Recherches philosophiques sur les Américains, par M. de P... *Berlin*, *Decker*, 1768. *in*-12. *v. m.* 2 *vol.*

L'auteur est M. de Pauw.

1723 La République des Philosophes, ou histoire des Ajaoïens, ouvrage posthume de Fontenelle ; on y a joint une lettre sur la nudité des sauvages. *Geneve*, 1768. *in*-12. *v. m. filets.*

Cet ouvrage ne nous ayant pas été présenté en son temps, nous l'avons placé où la seconde partie doit trouver place.

1724 Histoire philosophique et politique des établissemens et du Commerce des Européens dans les deux Indes. (Par T. G. Raynal.) *Lahaye*, *Gosse*, 1774. *in-8°. grand papier. 11 vol. éc. filets. figures doubles, dont une enluminée.*

1725 Les merveilles des Indes Orientales et Occidentales, par Robert de Berquen. *Paris*, *Lambin*, 1669. *in-4°. vélin.*

Livre rare que je crois devoir être placé dans la classe de l'histoire naturelle.

1726 Jo. Eberhardi Fischeri de origine Ungrorum, Tartarorum, Shinarum et de Hyperboreis Quæstiones, Edente Aug. Lud. Schloezer. *Gottingæ*, *Dieterich*, 1770. *in-8°. v. m.*

1727 Essai sur les troubles actuels de Perse et de Géorgie ; par M. de P... (Peyssonel.) *Paris*, *Desaint*, 1754. *in-12. v. m.*

1728 Histoire Géographique des Tatars, traduite du Manusc. Tartare d'Abulgasi-Bayadurchan, par D... *Leyde*, *Kallewier*, 1726. *in-12. v. m.*

SECTION IV.

HISTOIRE HÉRALDIQUE.

Science du Blason, Généalogies.

1729 Origine des Armoiries, par le P. Menestrier. *Paris*, *Amaulry*, 1680. *in-12. m. r. d. s. t. et s. p. figures très-bien enluminées.*

1730 Les Souverains du monde ; ouvrage qui fait connoître la Généalogie de leurs Maisons, l'étendue de leurs Etats, etc. *Paris*, *Cavelier*, 1734. *in*-12. 5 *vol. v. m. fig.*

1731 Généalogie historique et critique de la Maison de la Roche-Aymon. *Paris*, *Ve. Ballard*, 1776. *in-fol. grand papier. v. m. filets*, *grande marge.*

1732 Généalogie de la Maison du Chasteler avec les preuves. 1777. *in-fol. fig. veau.*

Le hazard a fait passer un exemplaire de cet ouvrage dans le commerce, il s'est vendu 8 à 10 Louis. Il n'y en a que trois à Paris, ceux des Avocats Gerbier et Target, et le mien. (*Note de l'Abbé Rive.*

1733 Delle Famiglie Nobili Napoletane di Scipione Ammirato. *Fiorenza*, *Marescotti*, 1580. *in-fol.* 2 *vol. de différent format*, *veau*, *grand papier.*

1734 Essai sur la Noblesse de France, contenant une Dissertation sur son origine et abaissement, par feu M. le Comte de Boulainvilliers ; avec des notes historiques, critiques et politiques, un projet de Dissertation sur les premiers François, etc. *Amsterdam*, 1732. *in*-12. *v. f. d. s. t. filets.*

L'éditeur de ce livre, qui s'est caché sous les lettres initiales J. F. D. T. L. D. P. N. D. S. Q. E. V. est Jean-François de Tabari, Libraire de Paris, natif de S. Quentin en Vermandois. Voyez l'Art de désopiler la rate, première édition, pag. 27.

1735 Traité historique des Armes de France et de Navarre, et de leur origine, par M. (Pierre Scevole) de Ste. Marthe. *Paris*, *Roulland*, 1673. *in*-12. *v. br. fig.*

1736 Traité de la Noblesse, par Mre. Gilles-André de la Roque. *Paris*, *Michallet*, 1678. *in*-4°. *v. br.*

Debure cite une édition de 1734 au n°. 5664.

1737 Traité de la Noblesse et de son origine (par A. Belleguise.) *Paris*, *Morel*, 1700. *in*-12. *v. br.*

SECTION V.

ANTIQUITÉS,

Divinités des Payens, Ris et Coûtumes des Anciens : Habillemens Antiques.

1738 Le Costume, ou Essai sur les habillemens et les usages de plusieurs Peuples de l'Antiquité; par André Lens, Peintre. *Liege*, *Bassompierre*, 1776, *in*-4°. *v. éc. d. s. t. filets*, *fig.*

1739 L'Antiquité dévoilée par ses usages, par Boulanger. *Amsterdam*, *Rey*, 1768. *in*-8°. 3 *vol. m. v. d. s. t. filets.*

1740 J. N. J. Dissertatio Gradualis de Adoratione Regum apud Persas. -- De calculo Minervæ. -- De Auguris Græcorum. -- De Cœremoniis Sacrorum Romanorum. -- De Judiciis publicis Veterum Romanorum. -- De Novis Tabulis. -- De Fascibus Romanis. *Upsaliæ*, 1722. *et seq. in*-12. *v. f. filets.*

1741 Johannis Nicolai Diatribe de Juramentis Hebræorum, Græcorum, Romanorum, etc. *Francofurti*, *Reberus*, 1700. *in*-12. *petit format. v. br.*

1742 Explication abrégée des Coûtumes et Cérémonies observées chez les Romains, par M. Nieupoort, traduire par M. l'Abbé .... *Paris*, *Barbou*, 1770. *in*-12. *v. br.*

Debure cite l'édition originale de 1712 à Utrecht. Il ne fait pas mention de cette version qui est postérieure à l'édition de sa Bibliographie. Voyez son 6e. tom. n°. 5464.

1743 Bartoli Bartholini Commentarius de Pænulâ : Accessit Henrici Ernstii Epistola ejusdem argumenti. *Hafniæ*, *Paullus*, 1670. *in*-8°. *v. br. fig.*

Falconet, n°. 18011. Bonne édition peu commune. On y a joint une Dissertation rare de Jean-Baptiste Donius, Patrice de Florence, sur le même sujet. *Paris*, *Cramoisy*, 1644.

1744 De Russorum, Moscovitarum et Tartarorum Religione, Sacrificiis, nuptiarum et funerum ritu. *Spiræ*, *D'Albinus*, 1582. *in*-4°. *v. f. d. s. t. filets.*

Ce livre n'est pas commun, sur tout en France.

1745 Nicolai Calliachii de ludis Scenicis Mimorum et Pantomimorum Syntagma posthumum quod è tenebris erutum recensuit ac præfatione auxit Marcus-Antonius Madero. *Patavii*, *Typis Seminarii*, 1713. *in*-4°. *v. f.*

Falconet, n°. 18066. Debure ne le cite pas.

1746 Le Maschere Sceniche, et le figure Comiche d'Antichi Romani, dà Francesco de Ficoroni. *Roma*, *Rossi*, 1736. *in*-4°. *v. br. fig.*

Falconet, n°. 18067. Debure 5784.

1747 Antonii Van Dale, de oraculis veterum Ethnicorum Dissertationes duæ. *Amstelodami*, *Vid. Boom.* 1700. *in*-4°. *v. m. fig.*

Voy. Debure n°. 5744.

1748 Commentatio de personnis vulgò larvis seu Mascheris Vonder Carnavals-Lust a Christ. Henr. Nob. Dom. de Berger. *Francofurti*, *Knoobius*, 1723. *in*-4°. *v. br.*

Debure, 5783.

1749 M. Jo. Gabr. Drechklers, de Larvis Natalitiis. *Lipsiæ*, *Weidmann*, 1683. *in*-12. *velin.*

Falconet, n°. 18069.

1750 Casti Innocentis Ansaldi Ord. Prædic. De Sacro et publico apud Ethnicos pictarum tabularum cultu adversùs recentiores Græcos Dissertatio. *Venetiis*, 1753. *in*-4°. *v. m.*

1751 Alb. Jo. Bapt. Pacichellii de jure Hospitalitatis universo Commentarius. *Coloniæ Ubiorum*, *Friessem*, 1675. *in*-12. *v. f. filets.*

Falconet, n°. 18026.

1752 Jacobi Gutherii de Jure Manium, seu de ritu, more et legibus prisci funeris, libri tres. *Parisiis*, *Buon*, 1615. *in*-4°. *v. f. filets.*

Debure, n°. 5760.

1753 Tractatus de Phyllobolià seu florum et ramorum sparsione in sacris et civilibus rebus usitatissimâ, operâ Joh. Nicolai. *Francofurti*, *Ohrlingius*, 1698. *in*-12. *petit format. v. f.*

On trouve dans le même volume : *De Græcorum Luctu et de Calcarium usu et abusu* ; par le même auteur.

1754 M. C. T. Rangonis de Capillamentis seu Vulgò Parucquen liber singularis. *Magdeburgi*, *Scroter*, 1663. *in-12. v. f. d. s. t. filets. fig.*

Livre rare sur tout avec la gravure au commencement. Falconet, n°. 18018.

1755 Histoire du Commerce et de la Navigation des Anciens. *Paris*, *Fournier*, 1716. *in-12. v. m.*

Première édition d'un beau caractère : La troisième, qui parut en 1727 chez Coustelier, a le caractère plus serré : elle n'a que 383 pages, tandis que celle-ci en a 446.

1756 Petri Servii, Medici Romani, Juveniles Feriæ quæ continent Antiquitatum Rom. Miscellanea. Secunda editio castigata. *Romæ*, *Corbelleti*, 1640. *in-8°. velin.*

1757 Raph. Fabretti, Gasparis F. Urbinatis de aquis et aquæductibus Veteris Romæ Dissertationes tres. *Romæ*, *Buffetti*, 1680. *in-4°. v. br. fig. cartes.*

Falconet, n°. 18489.

1758 Dissertazione sulle poste degli antichi. *Firenze*, 1746. *in-4°. v. m.*

L'auteur est Francesco Colleschi.

1759 Petri Petiti, Medici, de Sibyllâ libri tres. *Lipsiæ*, *Lankisch*, 1686. *in-8°. v. m.*

Falconet, n°. 17956.

1760 Eliæ Schedii de Diis Germanis, cum notis Joan. Jarkii et aliorum. *Halæ*, *Crugius*, 1728. *in-8°. velin. fig.*

1761 Le Reveil de Chyndonax, Prince des Vacies, Druydes Celtiques Dijonois, par J. G. D. M. D. (Jean Guenebaud.) *Dijon*, *Guyot*, 1621. *in*-4°. *m. r. d. s. t. filets.*

Livre très-rare surtout avec la gravure. V. Debure n°. 5758.

1762 De Veterum acclamationibus et plausu. Libri septem a Franc. Bernardino Ferrario. *Mediolani*, *Typ. Ambros.* 1627. *in*-4°. *v. éc. fig.* (Rare.)

Voy. Debure n°. 5755. Falconet n°. 18051.

1763 Pauli Ernesti Jablonsky Pantheon Ægyptiorum, sivè de Diis eorum Commentarius, cum prolegom. de Religione et Theologiâ Ægyptiorum. *Francofurti*, *Kleyb.* 1750. *in*-8°. 3 *vol. grand papier*, *v. f. d. s. t.*

Debure n°. 5791. Falconet 14494.

1764 Joan. Guilelmi Stuckii Antiquitatum Convivialium libri tres. *Lugd. Batav. Hackius*, 1695. *in-fol. v. br. filets.*

Debure n°. 5751. Falconet cite une édition de 1597 au n°. 18034.

1765 La Marine des anciens Peuples; par M. le Roi. *Paris*, *Imp. Roy.* 1749. *in*-12. *v. m. fig.*

1766 De Vasculis libellus ex Bayfio decerptus. *Parisiis*, *Rob. Stephanus*, 1543. *in*-8°. *m. r. d. s. t. filets.*

1767 De re Vestiariâ Libellus ex Bayfio tertia editio. *Lutetiæ*, *Rob. Stephanus*, 1547. *m. r. d. s. t. filets. in*-8°.

Falconet cite au n°. 18007. ces deux ouvrages édit. de Lyon et de Basle en 1536 et 1537.

1768 De Sepulturâ Veterum tractatus à Joanne-Andreâ Quenstedt. *Witebergæ*, *Mevius*, 1660. *in*-8°. *velin.*

Falconet, n°. 18083.

1769 Porphyrius de antro Nympharum Græcè cum latinâ versione Gesneri et notis R. M. Van Goens. *Trajecti ad Rhenum*, *Paddenburg*, 1765. *in*-4°. *v. f. d. s. t. filets.*

Cet ouvrage devait être placé parmi les Poëtes Grecs à la suite d'Homère.

1770 Octaviani Gentilii de Patriciorum origine et juribus, libri IV. *Romæ*, *de Rubeis*, 1736. *in*-4°. *v. f. d. s. t. fig.*

Falconet, n°. 18143.

1771 Octavii Ferrarii de re Vestiariâ libri septem. *Patavii*, *Frambotti*, 1685. *in*-4°. 2 *vol. v. f. d. s. t. fig.*

Falconet, n°. 18009.

1772 Joannis-Georgii Frickii Commentatio de Druidis. Accedunt opuscula quædam rariora et scriptorum de iisdem Catalogus. *Ulmæ*, *Bartholomæi*, 1744. *in*-4°. *v. f. d. s. t. filets. fig.*

1773 Paulus Merula de sacrificiis Romanorum. *Lugduni Batav. Meersche*. 1684. -- Ejusdem de Legibus Romanorum liber. *in*-4°. *v. br.*

1774 Casti Innocentis Ansaldi, de Sacro et publico apud Ethnicos pictarum tabularum Cultu adversus recentiores Græcos Dissertatio. *Venetiis*, *Petrus Valvasensis*, 1753. -- Discursus historico-juridicus de die ac nocte nuptiali, à Conrado-Philippo Hofmanno. *Lipsiæ*, 1731. -- Explication nouvelle de l'Apothéose d'Homère, par M. Schott. *Amsterdam*, *Boom*, 1714. *fig.* --- Christophori-Matthæi Pfaffii de impersonalitate et perpetuitate humanæ Christi naturæ. *Tubingæ*, *Franckius*, 1722. *in*-4°. *v. m.*

1775 Des Sibylles célébrées tant par l'Antiquité payenne que par les Ss. Peres; par David Blondel. *Paris*, *Perier*, 1649. *in*-4°. *v. br.*

Falconet, n°. 17955.

1776 I Tali ed altri Strumenti lusori degli antichi Romani, da Franc. de' Ficorini. *Roma*, *Rossi*, 1734. *in*-4°. *v. br. fig.* Rare.

Falconet, n°. 18072.

1777 De Sacrificiis libri duo, autore Guiliemo Outramo. *Londini*, *Roycroft*, 1677. *in*-4°. *v. f. d. s. t. filets.*

1778 Funérailles et diverses manières d'ensevelir des Romains, Grecs et autres Nations, par Claude Guichard. *Lyon*, *Destournes*, 1581. *in*-4°. *v. f. d. s. t. filets*, *fig.*

1779 Sybilinna Oracula, operâ Servati Gallæi. *Amstelodami*, *Boom*, 1689. Accedunt oracula metrica Jovis Apollinis, etc. *in*-4°. *velin.*

Ces deux ouvrages sont en grec et en latin. Debure n°. 5746.

1780 Servati Gallæi Dissertationes de Sibyllis, *Amstelodami*, *Boom*, 1688. *in*-4°. *velin. fig.*

Debure n°. 5745.

1781 Johannis Marckii de Sibyllinis Carminibus Disputationes Academicæ : Accedit

Breve Examen Dissertationis Joh. Grassetii Jesuitæ de Sibyllinis Oraculis. *Franekeræ, Gyselaar*, 1682. *in*-12. *v. br.*

Falconet, n°. 17959.

1782 Isaaci Vossii de Sibyllinis Oraculis : Accedit Ejusdem Responsio ab Objectiones Nuperæ Criticæ Sacræ. *Oxoniæ*, è *Theatro Sheldoniano*, 1680. *in*-8°. *v. br.* Rare.

Falconet, n°. 17957.

1783 Dissertation sur les Oracles des Sibylles, par le P. Crasset. *Paris*, *Michallet*, 1678, *in*-12. *v. f. d. s. t. filets.*

1784 Allegories Orientales ou le Fragment de Sanchoniaton, qui contient l'histoire de Saturne, etc. par M. Court de Gebelin. *Paris Boudet*, 1773. *in*-4°. *broché.*

Livre grec avec la version française.

1785 Philippi Rubeni Electorum libri duo in quibus antiqui Ritus, Emendationes, Censuræ. *Antuerpiæ*, *Plantin*, 1608. *in*-4°. *v. f. fig.*

Falconet, n°. 18106.

1786 Les Amenités de la Critique, ou Dissertation sur divers points de l'Antiquité. *Paris*, *Delaulne*, 1717. *in*-12. *v. m.* 2 *vol.*

Livre rare, dont l'auteur est D. Aldron, Benédictin. Voy. le Catalogue de Secousse n°. 8012, et celui de Lancelot n°. 4959.

1787 Jac. Philippi Tomasini de tesseris hospitalitatis liber singularis. *Amstelodami*, *Frisius*, 1670. *in*-12. *v. br. fig.*

1788 Hieronymi Bossii de Togâ Romanâ Commentarius. Accedit ex Philippo Rubenio iconismus statuæ togatæ. *Amstelodami*, *Frisius*, 1671. – Anselmus Solerius, de Pileo. *Ibid.* 1671. *in*-12. *v. br. fig.*

1789. Recherches sur la manière d'inhumer des Anciens, (par le P. B. Routh, Jésuite.) *Poitiers*, *Faulcon*, 1738. *in*-12. *v. m.*

1790 Rituum qui olim apud Romanos obtinuerunt succincta explicatio; à G. H. Nieupoort. *Trajecti Batavorum*, *Broedelet*, 1716. *in*-8°. *velin. fig.*

Debure cite une édition de 1712 au n°. 5764.

1791 Gasparis Bartholini, Thomæ Filii, de tibiis veterum libri tres. *Amstelædami*, *Wetstenius*, 1679, *in*-12. *v. m. fig.*

1792 Les mœurs et usages des Grecs, par M. Menard. *Lyon*, *Delaroche*, 1743. *in*-12. *v. m.*

Ce livre porte des notes de l'Abbé Rive.

1793 Dialogue sur la Musique des Anciens. *Paris*, *Pissot*, 1725. *in*-12. *vel. vert*, *fig.*

1794 Dissertationes Academicæ de Asylis Hebræorum, Gentilium, etc. à Joanne Adamo Osiandro. *Tubingæ*, *Reisius*, 1673. *in*-12. *v. br. fig.*

1795 Ludov. Capelli Diatriba de Veris et Antiquis Ebræorum litteris. *Amstelodami*, *Elzevir*, 1645. *in*-12. *petit format*, *v. f.*

1796 Hieronymi Magii de Equuleo liber postumus cum notis Goth. Jungermanni. *Amstelodami*, *Frisius*, 1664. *in*-12. *petit format*, *broché.*

1797 Tobiæ Gutberlethi Dissertatio philologica de Mysteriis Deorum Cabirorum. Editio altera. *Franequeræ*, *Halma*, 1703. -- Ejusdem de Saliis Martis Sacerdotibus apud Romanos liber. *Ibid.* 1704. *in*-12. *v. br. portrait*, *fig.*

1798 Matthæi Brouerii de Populorum veterum ac recentiorum adorationibus Dissertatio. *Amstelædami*, *Oosterwyk*, 1713. *in*-12. *v. f. d. s. t. filets. fig.*

Debure, n°. 5752.

1799 Laurentii Pignorii Patavini, de Servis Commentarius. *Amstelodami*, *Frisius*, 1674. *in*-12. *velin*, *fig.*

1800 Jacobi Tollii Fortuita in quibus præter Critica, tota Fabularis historia Græca, etc. *Amstelædami*, *Jansson*, 1687. *in*-12. *v. br. fig.*

Falconet, n°. 12459.

1801 Traité des Embaumemens selon les Anciens et les Modernes, par Louis Penicher. *Paris*, *Girin*, 1699. *in*-12. *v. br.*

1802 Frederici Adolfi, Lampe de Cymbalis Veterum libri tres. *Trajecti ad Rhenum*, *à Poolsum*, 1703. *in*-12. *velin. fig.*

Debure, n°. 5776.

1803 Joh. Alstorphii Dissertatio de Lectis et de Lecticis Veterum Diatribe. *Amstelædami*, *Wolters*, 1704. *in*-12. *relié en carton.*

Debure, n°. 5778.

1804 Joh. Kirchmanni Lubeccensis de Annulis liber singularis cui accedunt Georgii Longi, Abrahami Gorlæi, et Henr. Kornmanni de iisdem tractatus absolutissimi. *Lugduni Batavorum*, *Hackius*, 1672. *in-12. v. br. fig.*

1805 Joh. Seldeni de Diis Syris. *Lipsiæ*, *Cornerus*, 1572. *in-8°. v. br.*

Debure cite l'édition d'Amsterdam en 1680 sous le n°. 5754.

1806 Joh. Dougthæi de Calicibus Eucharisticis veterum Christianorum liber singularis, cum J. Faes Præfatione. *Bremæ*, *Saurmannus*, 1694. *in-12. v. m.*

1807 Cérémonies funébres de toutes les Nations, par le sieur Muret. *Paris*, *Lepetit*, 1675. *in-12. v. f. d. s. t. filets.*

1808 Joh. Henrici Ursini, de Zoroastre Bactriano hermete trismegisto Exercitationes. *Norimbergæ*, *Enterus*, 1661. -- Andreæ Senfilebii de Aleâ veterum libellus. *Argentorati*, *Zezner*, 1624. *in-12. v. br. filets.*

1809 B. Balduinus de Calceo antiquo et Jul. Nigronius de Caligâ veterum. *Amstelodami*, *Frisius*, 1667. *in-12. velin*, *fig.*

Debure cite l'édition de Leyde en 1711 in-8°. au n°. 5775.

1810 Du Culte des Dieux Fétiches. *Paris*, 1670. -- L'Antiquité justifiée. *Paris*, 1766. *in-12. v. m.*

1811 Del Culto Superstitioso di Cibele Dissertazione. *Roma*, 1753. *in-4°. relié en carton*, *dos de basane.*

1812 Commentatio historica de Coronis tàm antiquis quàm modernis, iisque Regiis, à Martino Schmeizel. *Jenæ*, *Gollnerus*, 1713. *in-4°. v. f. d. s. t. filets*, *figures.*

1813 Histoire de l'Art chez les Anciens, traduit de l'Allemand de Winckelmann. *Paris, Saillant*, 1766. *in-8°. grand papier*, 2 *vol. brochés en carton, fig.* (Notes marginales par l'Abbé Rive.)

1814 Mémoires Militaires sur les Anciens, par M. Maubert de Gouvest. *Bruxelles*, 1762. *in-12. velin vert*, 2 *vol. fig.*

1815 L'origine des Dieux du Paganisme, par M. Bergier. *Paris, Humblot*, 1774. *in-12. v. f. filets.*

1816 Christ. Guil. Francisci Walchii Antiquitates Pallii Philosophici Veterum Christianorum. *Jenæ, Ritterus*, 1746. *in-12. broché.*

1817 Origines des Postes chez les Anciens et chez les Modernes, par M. le Quien de la Neufville. *Paris, Giffart*, 1708. *in-12. v. f.*

Falconet, n°. 18004.

1818 Joh. Alstorphii de hastis veterum opus posthumum, nunc primùm in lucem editum. *Amstelodami*, 1757. *in-4°. v. éc. filets, fig.*

1819 De Religione antiquorum Ubiorum dissertatio, authore Augustino Aldenbruck. *Coloniæ, Noether*, 1749. *in-4°. dos en basane.*

1820 Jani Cornarii, Medici, de Conviviis Veterum Græcorum, etc. *Basileæ, Oporinus*, 1548. -- De Priscâ Græcorum compotatione ab Æmylio Porto. *Vogelius*, 1604. *in-8°. m. r. d. s. t. filets.*

1821 Introduction à la connoissance des Antiquités Romaines, traduite en partie du latin de Cellarius, par Louis Vaslet. *Lahaye, Vaillant*, 1723. *in-12. v. br. filets, d. s. t.*

1822 Disquisitio de Chirotecarum usu et

abusu à Joanne Nicolaï. *Giessæ Hassorum*, *Muller*, 1701. *in*-12. *v. f.*

1823 Thomæ Bartholini de armillis Veterum Schedion. Accessit Olai Wormii de aureo cornu Danico ad Licetum responsio. *Amstelodami*, *Wetstenius*, 1676. *in*-12. *v. br. fig.*

. Falconet, n°. 18030.

1824 Isiacus de Sistro, Hieronymi Bossii ticinensis opusculum. *Mediolani*, *Nava*, 1522. *in*-12. *v. br. fig.*

1825 Hermanni Witsii Ægyptiaca et Decaphylon sive de Ægyptiacorum Sacrorum cum Hebraicis Collatione, libri tres. *Amstelodami*, *Borstiùs*, 1683. *in*-4°. *v. f. d. s. t. filets.*

1826 Joannis Nicolai tractatus de Siglis Veterum omnibus. *Lugduni Batavorum*, *Swart*, 1703. *in*-4°. *v. f.*

1827 P. Bellonii, Cenomani, de admirabili Operum antiquorum et rerum suscipiendarum præstantiâ libri. *Parisiis*, *Prevost*, 1553. *in*-4°. *v. m.*

1828 Antonii Thylesii Consentini, de Coronis libellus. *Romæ*, *Calvus*, 1525. *in*-4°. *petit format de 4 feuilles*, *v. f. d. s. t. filets.*

1829 Henrici Kippingii Antiquitates Romanæ et Justi Lipsii opuscula rariora. *Lugduni Batav. Vander Aa*, 1713. *in*-8°. *v. br. fig.*

1830 Joan-Gottl. Heineccii Antiquitatum Romanarum Jurisprudentiam illustrantium Syntagma. *Argentorati*, *Dulssecker*, 1734. *in*-8°. 2 *vol. v. br.*

1831 Ludolphi Smids, Medicinæ Doctoris, Opera posthuma dicta Messis Aurea, sive Deorum priscorum descriptio, nunc primùm in lucem edita. *Amstelædami*, *de Groot*, 1753. *in-4°. v. f. d. s. t. filets. grand papier.*

1832 Emundi Figrelii de Statuis illustrium Romanorum liber singularis. *Holmiæ*, *Janssonius*, 1656. *in-8°. petit format*, *v. f. d. s. t. filets.*

Debure, n°. 5779.

1833 Spicilegia antiquitatum Ægypti atque ei Vicinarum gentium, auctore Gulielmo Jameson. *Glasquæ*, *Duncan*, 1720. *in-12. v. br.*

Livre tellement rare que l'Abbé Rive nous apprend qu'il n'y en a pas quatre exemplaires à Paris.

1834 Antiquitates Romanæ in compendium contractæ operâ M. Friderici Hildebrandi. Editio nona. *Ultrajecti*, *Visch*, 1713. *in-12. velin. fig.*

1835 Agesilai Mariscotti de personis et Larvis Syntagmation. Editio altera auctior. *Romæ*, *Pheus*, 1639. *in-8°. v. br.*

1836 Jo. Schefferi de Antiquorum Torquibus. *Hamburgi*, 1707. Gerardi Sichterman de pœnis militaribus Romanorum. *Amstelodami*, *Halma*, 1708. -- De Gladiis Veterum, autore Tychone Rote. *Hauniæ*, *Vid. Rothen*, 1752. -- Replique de M. de Barras à la Réponse du P. de la Maugeraye. *Marseille*, *Sibié*, 1728. *in-12. v. m. fig.*

1837 Jo. Gaspar. Eisenschmidii de ponderibus et mensuris Veterum disquisitio. *Argentorati*, *Lerse*, 1708. *in-8°. broché.*

1838 Georgii Agricolæ de Mensuris et ponderibus libri V. *Basileæ*, *Frobenius*, 1533. *in-4°. m. r. d. s. t. filets.*

Debure, n°. 5856.

1839 Joannis Marianæ, Hispani, Soc. Jesu, de Ponderibus et Mensuris, etc. *Toleti*, *Gusmanius*, 1599. *in-4°. m. r. d. s. t. filets.*

Debure, n°. 5857.

1840 Métrologie, ou Traité des mesures, poids et monnoies des anciens peuples et des modernes. *Paris*, *Desaint*, 1780. *in-4°. broché.*

L'auteur se nomme Paucton.

1841 Bartholomæi Beverini Syntagma de ponderibus et mesuris, cum præfatione Jo. Georgii Walchii. *Lucæ*, et recusum *Lipsiæ*, *Gleditsch.* 1714. *in-8°. v. f.*

Falconet, n°. 18428.

1842 Alberti Rubeni, Petri Pauli Filii, de re Vestiariâ Veterum precipuè de Laticlavo libri duo. *Antuerpiæ*, *Plantin*, 1665. *in-4°. v. br. fig.*

1843 R. Mosis Majemonidæ de Sacrificiis liber. *Londini*, *Flesher*, 1683. *in-4°. v. br.*

Livre hebreu et latin.

1844 Q. D. B. V. De Nudipedalibus Veterum Julius Wernerus Seindenfrost. *Jenæ*, *Gollnerius*, 1675. *in-4°. veau.*

1845 Joannis Frederici Gronovii de Sestertiis seu Subsecivorum pecuniæ Veteris Græciæ et Romanæ libri IV cum aliis operibus variorum de eodem argumento. *Lugduni Batavorum*, *Duvivie*, 1691. *in-4°. veau d'Irlande*, *fig.*

Le *Rationarium Vetus*, qui est à la fin du livre est grec et latin. Debure, n°. 5860.

1846 Mensa Romana, sive Urbana victûs ratio Joannis Manelphi Eretani Sabinii. *Romæ, de Rubeis*, 1650. *in-4°. v. br. portraits.*

1847 Josephi Alexandri Furietti de Musivis. *Romæ, Salvioni*, 1752. *in-fol. petit format, broché. fig.*

1848 Ant. Bynæi de Calceis hebræorum: Accedit Ejusdem Somnium. *Dordraci, Goris*, 1715. *in-4°. v. m.*

1849 Hermanni Conringii de Hermeticâ Ægyptiorum Vetere et novâ medicinâ liber unus. *Helmestadii, Muller*, 1648. *in-4°. velin vert.*

Ce livre serait mieux placé parmi les Alchymistes.

1850 Discours sur la Nature et les Dogmes de la Religion Gauloise, par M. de Chiniac de la Bastide du Claux. *Paris, Moutard*, 1769. *in-12. v. m.*

1851 Antiquitates Selectæ Septentrionales et Celticæ, auctore Joh. Georgio Keysler. *Hannoveræ, Foerster*, 1720. *in-8°. fig. v. br. filets.*

1852 De Religione Gentilium ab Edoardo Barone Herbert de Cherbury. *Parisiis, Leonard*, 1665. *in-4°. v. f. filets.*

Debure cite l'édition d'Amsterdam in-8°. 1700. au n°. 5748.

1853 Georgii d'Arnaud de Diis Paredrois sive adsessoribus et conjunctis Commentarius. *Hagæ Comitum, de Hondt*, 1732. *in-8°. velin.*

Falconet, n°. 17952.

1854 Jacobi Thomasii Origines historiæ philosophiæ gentilis. *Halæ Magdeburgicæ*, 1699. *in-12. v. f. filets.*

Ce livre était déja imprimé à Leipsic sous un autre titre.

1855 Danielis Clasenii Theologia Gentilis. *Francofurti*, *Luderwald*, 1684. *in*-12. *v. br.*

Falconet, n°. 17952.

1856 Compendium antiquitatum græcarum è profanis Sacrarum per Christ. Brunings. *Francofurti ad Mœnum*, *Varrentrapp*, 1745. *in*-8°. *v. m.*

Falconet, n°. 14489, cite une édition de ce livre de l'année 1734.

1857 Gasparis Sagittarii de Januis Veterum, liber singularis. *Altenburgi*, *Rugerus*, 1672. *in*-12. *v. br.*

Falconet, n°. 18490.

1858 Henrici Dodwelii de parmâ Equestri Woodwardianâ Dissertatio, edente Thomâ Hearne. *Oxonii*, *è Theatro Sheldoniano.* 1713. *in*-8°. *grand format*, *v. br. filets.* (Rare.) *avec figures.*

1859 Gothof. Voigtii Thysiasteriologia, sive de altaribus Veterum Christianorum à Joh. Alb. Fabricio nunc primum in lucem editus liber posthumus, cum auctoris vitâ. *Hamburgi*, *Spieringius*, 1709. *in*-8°. *v. f. fig.*

Falconet, n°. 473.

1860 Mandragorias, seu historia Shahiludii, titulus est : de ludis orientalibus libri duo, edente Thomâ Hyde. *Oxonii*, *è Theatro Sheldoniano*, 1694. *in*-8°. *m. r. d. s. t. filets.*

Falconet, n°. 18075. Debure, n°. 5789. Livre rare et cher. Il n'y a eu que cette édition.

1861 Guilielmi Budæi de Asse et Partibus ejus ; edente Joanne Grolierio. *Venetiis*, *Aldus*, 1522. *in-8°. grand papier*, *m. bl. d. s. t. filets.*

Debure, n°. 5861. Falconet, n°. 18441.

1862 Caroli Paschalii Coronæ opus x libris distinctum. *Lugduni Batavorum*, *Verbessel*, 1681. *in-8°. v. br. filets.*

Falconet, n°. 18050. Debure, 5861.

1863 Joannis Sauberti de Sacrificiis Veterum. *Lugduni Batavorum*, *Luchtmans*, 1699. *in-8°. fig. v. br.*

Falconet, n°. 373. Debure, n°. 5749.

1864 De Carcere et antiquo ejus usu tractatus, Autore Antonio Bombardino. *Patavii*, *Manfre*, 1713. *in-8°. v. br.*

Debure, n°. 5767. Falconet, n°. 18491.

1865 Integra Strenarum Civilium historia à M. Martino Lipenio. *Lipsiæ*, *Fickius*, 1670. *in-4°. v. f. filets.*

C'est l'unique édition d'un livre peu commun. Voyez e Catalogue de Burrette, tom. 1. p. 332. Falconet, n°. 18054. Niceron, tom. 19, pag. 189. On y trouve *la Strena Diabolica. pag.* 82 *et suiv.*

1866 Francisci Junii de Picturâ Veterum libri tres. *Rotterodami*, *Léers*, 1694. *in-fol. m. v. d. s. t. filets.*

Debure, place mal à propos cet ouvrage parmi les livres de peinture, voyez son n°. 2062. Falconet cite l'édition d'Amsterdam en 1637, n°. 10316, et celle-ci au n°. 9038. De Boze a placé ce livre au même rang que nous, sous le n°. 2001. Il paraît même par la reliure que c'est le même exemplaire.

1867 Miscellanea Eruditæ antiquitatis, curâ et Studio Jacobi Sponii. *Lugduni*, *Huguetan*, 1685. *in-fol. grand papier*, *v. f.*

Debure, n°. 5926.

1868 Funerali antichi di Thomaso Porcacchi, con le figure in rame di Girolamo Porro, Paduano. *Venetia*, *Galignani*, 1591. *in-fol. petit format*, *fig. v. br.*

Falconet, n°. 18076. Debure, sous le n°. 5759, cite l'édition de 1574, qu'il croit préférable à celle-ci. Quoiqu'il en soit, les Figures de Jérôme Porro, font presque tout le mérite de cet ouvrage.

1869 De l'Origine des Etrennes; par Jacques Spon. *Paris*, *Didot*, 1781. *in-24. brochure renfermée dans une couverture de marroquin rouge.*

1870 Histoire des Oracles, par Fontenelle. *Paris*, *Brunet*, 1707. *in-12. v. br.*

Edition préférée à celle de 1698, chez le même Imprimeur. Falconet, n°. 17962.

1871 Réponse à l'histoire des Oracles (par le P. Baltus) *Strasbourg*, *Doulssecker*, 1707. *in-8°. v. br.*

Falconet, n°. 17963.

1872 Suite de la Réponse à l'histoire des Oracles. *Strasbourg*. *Doulssecker*, 1708. *in-8°. v. br.*

Monumens et Edifices anciens.

1873 Les Edifices antiques de Rome, dessiné

et mesurés par Ant. Desgodetz, Architecte. *Paris Coignard*, 1682. *in-fol. grand papier*, *v. m. fig.*

Debure, n°. 2095. Gaignat, n°. 1307 *. De Boze, n°. 2241. Ce livre est devenu très-rare. On en a fait une autre édition à Paris chez Jombert en 1779; celle-ci ne s'est vendue que 48 liv., à la vente des livres du duc d'Aumont; voyez le n°. 637 de son Catalogue.

1874 Joan. Bapt. Belli, Cavaris-Salyi, Diatribæ duo de Templo Augurali, et de Victoriâ Pharsalicâ. *Tolosæ*, *Colomerius*, 1637. *in-8o. v. f.*

Falconet, n°. 18471.

1875 Explication de divers monumens singuliers qui ont rapport à la Religion des plus anciens Peuples, avec l'examen de la dernière édition des ouvrages de S. Jérôme, et un Traité sur l'Astrologie judiciaire, par le R. P. Dom.... (Jacques Martin) Bénédictin. *Paris*, *Lambert*, 1739. *in-4°. v. f. filets*, *fig.*

Falconet, n°. 18466.

1876 Gli Antichi Sepolcri overo Mausolei Romani da Pietro Sancti-Bartoli. *Roma*, *de Rossi*, *in-fol. v. m. fig.*

Debure, n°. 5891.

1877 Justi Rycquii de Capitolio Romano Commentarius. *Lugduni Batavorum*, *Duvivie*, 1696. *in-12. v. br. fig.*

Falconet, n°. 18470.

1878 Silvestri Lursenii de Templo et Bibliothecâ Appolinis Palatini liber singularis. *Franequeræ*, *Bleck*, 1719. *in-8°. velin.*

1879 Degli Amfiteatri è singolarmente del Veroneze libri due. *Verona*, *Tumermani*, 1728. *in*-12. *v. f.*

1880 Monumenta antiqua Judaica Augustæ vindelic. reperta, studio Mathiæ-Frederici Beckii. *Augustæ Vindel. Goebelius*, 1686. — Stanislaï Golepsii de Multiplici siglo et talento hebraico. *Antuerpiæ*, *Plantin*, 1668. *in*-12. *velin vert.*

Falconet, n°. 6042 *.

1881 Les monumens de Rome (par l'Abbé Raguenet.) *Paris*, *Villette*, 1702. *in*-12. *v. br.*

Falconet, n°. 14961.

1882 Recherches sur la nature et l'étendue d'un ancien ouvrage des Romains, appellé Commencement *Briquetage de Marsal*, avec un abrégé de l'histoire de cette ville, par M. d'Artézé de la Sauvagere. *Paris*, *Jombert*, 1740. *in*-8°. *v. f. d. s. t. filets*, *fig.*

Falconet, n°. 16021.

1784 Monumenta Paderbornensia ex historiâ Romanâ, Francicâ, Saxonicâ eruta, etc. *Amstelodami*, *Elzevir*, 1672. *in*-4°. *v. br. fig.*

Livre très-rare. Debure, n°. 5905.

1885 Monumenta Veteris Antii, hoc est, Inscriptio M. Aquilii et Tabula Solis Mithræ, etc. Autore Philippo à Turre. *Romæ*, *Zenobius*, 1700. *in*-4°. *v. br. fig.*

Falconet, n°. 18221.

Histoire Lapidaire et Métallique. Monnoies.

1886 Numismata Græca Regum atque virorum illustrium à Joh. Jacobo Gessnero. *Tiguri*, *Fuesslinus Pictor*, 1738. *in-fol. v. f. d. s. t. filets*, *fig. grande marge.*

1887 Recueil de Médailles d'or, d'argent, de Bronze ; *in-fol. velin.*

Ce Recueil est un ramas de gravures pour la composition duquel on a découpé plus de 25 volumes.

1888 Historia Ptolomæorum Ægypti Regum ad fidem numismatum accomodata per J. Vaillant. *Amstelædami*, *Gallet*, 1701. *in-fol. v. br. fig.*

Debure, n°. 5837.

1889 Græcorum Siglæ Lapidariæ à Marchione Scipione Maffeio collectæ atquæ explicatæ. *Veronæ*, 1746. *in-8°. v. br. fig.*

Falconet, n°. 18092.

1890 Joannis Macarii Abraxas, seu Apistopistus quæ est de Gemmis Bastidianis disquisitio, etc. *Antuerpiæ*, *Plantin*, 1657. *in-4°. v. br. fig.*

Falconet, n°. 18535. Chifflet est l'éditeur de ce livre.

1891 I Piombi Antichi di Francesco de' Ficorni, *Roma*, *Mainardi*, 1740. *v. f. d. s. t. filets*, *fig.*

Deburre, n°. 5835.

1892 Notitia Elementaris numismatum Antiquorum ab Erasmo Frolich. *Viennæ*, *Trattner*, 1758. *in-4°. v. f. d. s. t. filets*, *fig.*

1893 Istituzione Antiquario-Numismatica, o sia Introduzione allo studio delle antiche Medaglie dall' autore dell' istituzione Antiquario-Lapidaria. *Roma*, *Zempel*, 1772. *in*-8°. *v. f. d. s. t. fig.*

On trouve dans ce livre une note Mste. de l'Abbé Rive, sur le prix des Médaillés Antiques.

1894 Seleucidarum imperium sive historia Regum Syriæ ad fidem numismatum per J. Foy-Vaillant. *Hagæ Comitum*, *Gosse*, 1732. *in-fol. fig. dos en basane.*

Falconet, n°. 14505. Debure 5838.

1895 Réponse à M. G... où l'on examine plusieurs questions d'antiquité et entre autres la Dissertation publiée depuis peu sur le Galien d'or du Cabinet du Roy. *Paris*, *Aubouin*, 1698. *in*-12. *v. f. fig.*

Cette Réponse est de Charles-Cesar Baudelot. On y a joint une *Dissertation sur une Médaille de Postume* par D. Polluche. Ce dernier ouvrage est très-rare, de même que les trois autres productions de ce même Auteur, imprimées à Orléans en 1737. *in*-12. Falconet, n°. 18369.

1896 Numismata antiqua à Jacobo Musellio collecta et edita. *Veronæ*, 1751. *in-fol.* 3 *vol.*

Le volume du texte est rélié en velin : les deux des planches ne sont pas réliés. Il y manque 134 pièces ; c'est un livre peu commun.

1897 De Monetis et re nummariâ libri duo, authore Renero Budelio, Ruremundano. *Coloniæ Agripinæ*, *Gymnicus*, 1591. *in*-4°. *v. br. filets*, *d. s. t.*

Falconet, n°. 18446.

1898 Osservazioni istoriche soprà alcuni Medaglioni antichi. *Roma*, *Ercola*, *in*-4°. *v. f.* 1698.

1899 Othonis Sperlingii Dissertatio de nummis non cusis tàm veterum quàm recentiorum. *Amstelædami*, *Halma*, 1700. *in-4°. v. f. d. s. t. filets.*

1900 Discours sur lesMedailles et Graveures antiques, par M. Antoine Lepois. *Paris*, *Patisson*, 1579. *in-4°. fig. v. f.*

1901 Discours sur les Médailles antiques, par Louis Savot. *Paris*, *Cramoisy*, 1627. *in-4°. v. br.*

1902 Numismata Imperatorum Romanorum per J. Vaillant. *Parisiis*, *de Ninville*, 1674. *in-4°. 2 tom. en 1 vol. v. f. fig.*

1903 Imperatorum Romanorum Numismata præstantiora à Tyrannis ad Heraclium. *in-16, v. m. manusc. en 2 vol.*

1904 Traité des Finances et de la fausse Monnoie des Romains. *Paris*, *Briasson*, 1740. *in-12. v, m.*

1905 Henrici Cannegieter de Gemmâ Bentinckianâ, item de Iside ad Turnacum inventâ, nec non de Deâ Burorinâ. *Trajecti ad Rhenum*, *Kroon*, 1764. *in-8°. broché, fig.*

1906 Explication d'une Pierre gravée du Cabinet du Comte de Pontchartrain, par M. Baudelot. *Paris*, *Cot*, 1710. *in-12. v. m. fig.*

Livre rare et curieux.

1907 Description des principales Pierres gravées du Cabinet du Duc d'Orléans, par MM. l'Abbé de Lachau et l'Abbé Leblond. *Paris*, *Pissot*, 1780. *grand in-folio*, *broché en carton*, *fig. tome premier. Superbe exemplaire.*

1908 Theophili Sigefridi Bayeri historia Orshoena et Edessena nummis illustrata. *Petropoli*,

Petropoli, *Typis Academicis*, 1734. *in*-4°. grand papier, v. f. d. s. t. filets.

Falconet, n°. 18317.

1909 Inscriptionum Antiquarum Sylloge à Guill. Fleetwood. *Londini*, *Graves*, 1691. *in*-8°. *v. f. d. s. t. filets.*

1910 Inscriptiones Athleticæ nuper repertæ ab octavio Falconerio. *Romæ*, *Defalco*, 1668. *in*-4°. *v. br.*

Falconet n°. 18202.

1911 Specimen Universæ rei nummariæ antiquæ ab Andreâ Morellio. *Lipsiæ*, *Fritsch*, 1695 *in*-8°. *v. br. fig.*

Cette édition quoique moins rare, est la plus commode et la plus complette. Debure la cite au n°. 5811.

1912 Istituzione Antiquario-Lapidaria da Giuseppe Antonio Monaldini. *Roma*, *Zempel*, 1770. *in*-8°. *broché*, *dos en basane.*

1913 Marmorea basis Colossi Tiberio Cæsari erecti, edente Laur. Theodoro Gronovii. *Lugd. Batav. Vander Aa*, 1720. *in*-8°. *veau d'Irlande.*

1914 Rei Romanorum nummariæ Compendium. *Dresdæ*, *Harpeterus*, 1753. *in*-12. *v. br. fig.*

1915 Traité des Monnoies et de la Jurisdiction de la Cour des Monnoies, par Abot de Bazinghen, *Paris*, *Guillyn*, 1764. *in*-4°. 2 *vol. v. m.*

SECTION VI.

HISTOIRE LITTÉRAIRE.

Histoire des Lettres, des Sciences et des Académies.

1916 Polydori Vergilii, Urbinatis, de rerum inventoribus libri viij, et de prodigiis libri III. *Lugduni Batavorum, Hegerus*, 1644. *in-12. 2 vol. v. f. d. s. t. filets, petit format.*

Debure, n°. 5936.

1917 Palæographia Greca, sive de ortu et progressu litterarum græcarum etc. Opera et studio Bernardi de Montfaucon. *Parisiis, Guerin*, 1708. *in-fol. v. f. filets, fig.*

Debure, n°. 5939.

1918 Hermannus Hugo de primâ scribendi origine et universâ rei litterariæ antiquitate, cum præfatione C. H. Trotz. *Trajecti ad Rhenum, Besseling*, 1738. *in-8°. grand papier, v. f. d. s. t. filets.*

Falconet, n°. 18600.

1919 Danielis Eberhardi Baringii Clavis diplomatica specimina veterum scripturarum tradens, etc. *Hanoveræ, Foersterus*, 1754. *in-4°. v. f. d. s. t. filets, fig.*

Falconet cite une édition de 1737 au n°. 18611.

1920 Justi Fontanini Vindiciæ antiquorum Diplomatum, quibus accedit veterum auctorum appendix. *Romæ*, *Gonzaga*, 1705. *in*-4°. *v. br.*

Belle édition citée par Falconet au n°. 18605. Debure ne l'a pas connue.

1921 D. Gregorii Placentini, de siglis veterum græcorum opus posthumum; et de Tusculano Ciceronis D. Basilii Cardoni disceptatio. *Romæ*, *Zempel*, 1757. *in*-4°. *v. f. d. s. t. filets.*

1922 Cœlum orientis et prisci mundi triade exercitationum litterariarum representatum, curisque Thomæ Bangi investigatum. *Hauniæ*, *Morsingus*, 1657. *in*-4°. *v. f.*

Falconet, n°. 18624.

1923 Gottlieb Stollii introductio in historiam litterariam latinè Vertit et indices adjecit Carolus Henricus Langius. *Jenæ*, *Meyer*, 1728. *in*-4°. *velin.*

1924 Storia della letteratura Italiana di Girolamo Tiraboschi. *Modena*, *in*-4°. 13. *vol. brochés.*

1925 Nouveau Traité de Diplomatique par deux Rel. Bénédictins. (Tassin et autres.) *Paris*, *Desprez*, 1750. *in*-4°. 7 *vol. v. f. d. s. t. filets.*

Falconet, n°. 18613. Debure, 5947.

1926 Istoria Diplomatica che serve d'introduzione all'arte critica in tal materia; dà Scipione Maffei. *Mantova*, *Tumermani*, 1727. *in*-4°. *v. br. fig.*

Debure, n°. 5948.

1927 Specimen variæ litteraturæ quæ in urbe

Brixiâ ejusque ditione, paulò post Typographiæ incunabula florebat. *Brixiæ*, *Rizzardi*, 1739. *in-4°. 2 tom. en 1 vol. velin.*

1928 Athæneum Augustum in quo Perusinorum Scripta publicè exponuntur, Studio Augustini Oldoini è Soc. Jesu. *Perusiæ*, *Ciani*, 1678. *in-4°. v. br.*

Falconet, n°. 18963 et n°. 18962 pour le livre suivant.

1929 Athæneum Romanum ab Augustino Oldoino. *Perusiæ*, *Zechini*, 1676. *in-4°. v. br.*

1930 Jugement des Savans, par Adrien Baillet, revu par M. de la Monnoie. *Paris*, *Moette*, 1722. *in-4°. grand papier, v. m. 8 vol. dont le dernier est l'Antibaillet.*

Falconet, n°. 18842. Debure 6009 et 6010.

1931 M. Mich. Lilienthalii de historiâ litterariâ certæ cujusdam gentis scribendâ Consultatio. *Lipsiæ*, 1710. -- Augustini Grischow. introductio in philologiam generalem. *Jenæ*, *Bailliar*, 1715. *in-12. v. br.*

1932 Naturæ et Scripturæ Concordia, Commentario de litteris ac numeris primævis illustrata et tabulis æneis depicta. *Lipsiæ*, *Breickopff.* 1752. *in-4°. v. f. d. s. t. filets*, *fig.*

1933 Réflexions impartiales sur le progrès des sciences au 18e. siècle, par M. Bartoli. *Paris*, *Couturier*, 1780. *in-8°. grand papier*, *broché.*

Il n'y a que six exemplaires tirés sur ce papier.

1934 Vindiciæ Veterum Codicum, auctore Petro Coustant. *Lutetiæ*, *Coignard*, 1715. *in-8°. v. f. grand format.*

1935 Nouveau recueil de pièces fugitives, par l'Abbé Archimbaud, *Paris*, *Lemesle*, 1717. *in*-12. 2. *vol. v. br.*

Rare. Voy. les notes de l'Abbé Rive.

1936 Mémoires de littérature. *Lahaye*, *Dusauzet.* 1715. *in*-8°. 2 *vol. v. f. portrait.*

1937 Nouveaux Mémoires d'histoire, de Critique et de Littérature, par l'Abbé d'Artigny. *Paris*, *Debure*, 1749. *in*-12. *v. m.* 7 *vol.*

Debure, n°. 6011.

1938 Mémoires historiques, critiques et littéraires par feu M. Bruys, avec la vie de l'Auteur. *Paris*, *Hérissant*, 1751. *in*-12. 2 *vol. v. m.*

1939 Mémoires littéraires sur différens sujets, trad. de l'Anglois par M. Eidous. *Paris*, *Cailleau*, 1750. *in*-12. *v. br.*

1940 Mémoires sur divers genres de littérature et d'histoire, par la Société des Curieux. *Paris*, 1722. *in*-12. *m. r. d. s. t. filets*, *portrait.*

1941 Mélange de Remarques critiques, historiques, etc. sur les deux Dissertations de M. Toland, par Elie Benoist. *Delf*, *Beman.* 1712. *in*-8°. *v. f.*

1942 Specimen litteraturæ Florentinæ seculi XV. ab Angelo Maria Badini. *Florentiæ*, *Rigaccius*, 1748. *in*-8°. 2 *vol. velin vert.*

1943 De' ditti degli antiqui Profani è Sacri libri III. (del sig. Sebastiano Donati. (*Lucca*, *Benedini*, 1753. *in*-4°. *fig.*

1944 Monde primitif, ou Grammaire Universelle, par M. Court de Gebelin. *Paris*, *Boudet*, 1774 et suiv. 9 *vol. in*-4°. *brochés*, *fig.*

1945 Histoire des Contestations sur la Diplomatique, par D. Mabillon. *Paris*, *Delaulne*, 1708. *in*-12. *v. br.*

1946 Jo. Petri Kohlii introductio in historiam litteriariam slavorum, etc. *Altonaviæ*, *Korten*, 1729. *in*-8°. *v. f. d. s. t. filets.*

Falconet, n°. 19039.

1947 Theophili Spizelii de re literariâ sinensium Commentarius. *Lugd. Bat. Hackius*, 1660. *in*-12. *petit format*, *v. br. figures.*

Falconet, n°. 19041.

1948 Mêlanges de littérature, d'histoire et de philosophie. *Amsterdam*, *Châtelain*, 1759. *in*-12. 5 *vol. v. m.*

Académies.

1949 Histoire de l'Académie Royale des Inscriptions et Belles-Lettres depuis son établissement jusqu'à présent. *Paris*, *Imp. Roy.* 1736 *et suiv.* 44 *vol. in*-4°. *dont trente et un sont reliés en veau marbré*, *et* 13 *sont brochés.*

Debure, n°. 5968.

1950 Dissertation, sur les Métropoles Grecques, qui a remporté le prix de l'Académie des Inscriptions et Belles-Lettres en 1745. par M. Bougainville. *Paris*, *Desaint*, 1745. *in*-12. *v. f. d. s. t. filets.*

1951 Miscellanea Medico-physica Academiæ naturæ Curiosorum Germanorum. *Parisiis*, *Billaine*, 1672. *in*-4°. *v. br. fig.*

1952 Emonis Lucii Vriemoet Athenarum Fresiacarum libri duo. *Leovardiæ*, *Coulon*, 1758. *in-4°. velin vert. 2 vol.*

1953 Choix des Mémoires et abrégé de l'histoire de l'Académie de Berlin. *Berlin*, *Haude*, 1761. *in-12. 4 vol. v. m.*

1954 Discours prononcé dans l'Académie de St. Petersbourg, par M. de Domaschneff, traduit du Russe. 1778. *in-4°. de 91 pages*, *broché*, *fig. grande marge.*

1955 Mémoire Académique sur les émigrations des Belges, par le marquis du Chasteler. *Bruxelles*, *Imprimerie Académique*, 1779. *in-4°. v. m.*

1956 D. Leidhresseri snper Doctrinæ capitibus inter Academiam Parisiensem et Societatis Jesu Patres Controversis Dissertatio Politica. *Francofurti*, 1613. *in-8°. v. f. d. s. t. filets.*

Falconet, n°. 14120. Le nom de l'auteur est Hérault.

1957 Exercitium Academicum de Rege Rolfone, auctore Martino à Ligren. *Upsaliæ*, 1718. – De nomine et Festo Juel Dissertatio othonis sperlingii. *Havniæ*, *Typ. Reg.* 1711. *in-12. v. f. d. s. t. filets.*

1958 Dissertation sur l'état des Sciences en France depuis la mort de Charlemagne jusqu'à celle du Roi Robert, par l'Abbé Goujet : ouvrage couronné par l'Académie des Belles-Lettres. *Paris*, 1737. *in-12. v. br.*

1959 Athenæ Lubecenses sive athænei lubecensis Commentarius auctore Joan. Henr. Von Seelen. *Lubecæ*, *Boeckmannus*, 1719. *in-12. v. f. d. s. t. filets. 4 vol.*

1960 Alberti Thura, Laurentii Filii, Gynæceum Daniæ litteratum. *Altona*, *Korte*, 1732. -- Conspectus Danorum ejusd. auctoris. *Hafniæ*, *Mumme*, 1740. -- Academiæ Hafniensis Infantia et pueritia. *Flensburgi*, 1734. *in*-12, *dos en basane.*

1961 Mémoire contenant l'histoire des jeux floraux et celle de Clémence Isaure, (par M. l'Abbé Forest de l'Académie des jeux floraux.) *Toulouse*, *Robert*, 1775. *in*-4°. *broché*, *portraits.*

1962 Imperium Babylonis et Nini ex Monimentis antiquis, auctore Frederico Schroeero. *Francofurti*, *Knochius*, 1726. *in*-8°. *v. f. d. s. t. filets.*

Falconet, n°. 14408. Debure 4715.

CATALOGUE
DES LIVRES
DE FEU L'ABBÉ RIVE.
TROISIEME PARTIE.

BIBLIOGRAPHIE,
CATALOGUES, TYPOGRAPHIE.

1963 Cippi hebraici, ſive hebræorum tàm veterum quàm recentiorum obſervata & conſcripta, authore Joh. Henrico Hottingero. Editio ſecunda auctior. -- Archæiologia orientalis ejuſdem authoris. *Haidelbergæ; Broun*, 1662. *in-8°. velin.*

1964 Gaſparis Thurmanni Bibliotheca academica & litteraria de rebus & juribus Academiarum, &c. *Halæ Magdeburgicæ, Zeitler*, 1700. *in-4°. velin vert.*

1965 La Libraria del Doni fiorentino, diviſa in tre trattati. *Vinegia, Giolito*, 1558, *in-12. v. f. d. s. t. filets.*

Falconet n°. 19145.

1966 Cenſura quorumdam ſcriptorum quæ ſub nominibus SS. & veterum Autorum à Pontificiis citari solent, autore Roberto Coco. *Londini*, *Barret*, 1614. *petit format*, *v. br. filets.*

On trouve au n°. 18908 du Catalogue de Falconet, une édition de ce livre en 1613, pareillement de Londres.

1967 Joannis Jonsii, holsati, de scriptoribus historiæ philosophicæ libri iv. *Francofurti*, *Gotzius*, 1659, *in-4°. v. br.*

Édition plus recherchée que celle qui est citée par Debure au n°. 6065 & qui a été exécutée en 1716 à Jene. Falconet cite les deux éditions au n°. 2312 & 2313 : il est étonnant que la derniere ait été vendue à un plus haut prix.

1968 Bibliotheca enucleata, seu Artifodina artium ac scientiarum à Johanne-Georgio Schielen. *Ulmæ*, *Magner's*, 1679, *in-4°. velin vert.*

Falconet n°. 18918.

1969 Conseils pour former une Bibliothéque historique de la Suisse, par M. Haller. *Berne*, 1771, *in-12. v. f. d. s. t. filets.*

1970 Scriptores rei Rusticæ Veteres latini, &c. curante Joanne Matthiâ Gesnero. *Lipsiæ*, *Fritsch*, 1773, *in-4°.* 2 *vol. v. f. d. s. t. fig.*

Falconet, n°. 3935.

1971 Istoria degli scrittori fiorentini del P. Giulio Negri. *Ferrara*, *Pomatelli*. 1722. *in-fol. v. m.*

Falconet n°. 18960. Debure, n°. 6053.

1972 Casimiri Oudini Commentarius de scriptoribus ecclesiasticis. *Lipsiæ*, *Weidmannus*. 1722, *in-fol.* 3 *vol. v. m.*

Falconet n°. 18885. Debure, n°. 6038.

1973 Justi Fontanini Historiæ litterariæ Aquilejensis libri v. *Romæ*, *Palearini*, 1742, *in*-4°. *v. f. filets*, *portrait.*

Debure, n°. 6055.

1974 Bibliothéque historique de la France par feu Jacques Lelong, revue, corrigée & considérablement augmentée par M. Fevret de Fontête.. *Paris*, *Hérissant*, 1768, 5 *vol. grand in-fol brochés en carton*, *dos de velin vert*

1974 * Bibliotheca sacra Jacobi Lelong. *Parisiis*, *Montalant*, 1723. 2 *vol. in-fol. grand format*, *brochés en carton.*

1975 Historicorum Burgundiæ Conspectus ex Bibliothecâ Philippi de la Marre. *Divione*, *Ressayre*, 1689, *in*-4°. *velin.*

1976 Uniûs sæculi ejusque virorum litteratorum Elenchus, autore Joanne Clesso. *Francofurti*, *Savrius*, 1602. *in*-4°. *velin.*

Ce livre contient des notes manuscrites de l'abbé Ri\

1977 Observations fondamentales sur les Langues anciennes & modernes ; par M. le Brigant, Avocat. *Paris*, *Barrois*, 1787, *in*-4°. *broché.*

Cet ouvrage n'est que le Prospectus du livre intitulé : la Langue primitive conservée.

1978 Bibliotheca Numismatica Franc. Ernesti Bruckmann. Wolfenbuttel. 1729. *in*-12. *v. f.*

C'est un Traité des Livres qui parlent des Monnoies & des Médailles.

1979 Essai sur les honneurs & sur les Monumens accordés aux illustres Savans ; par M. Titon du Tillet. *Paris*, *Coignard*, 1734. *in-12. v. br.*

Falconet, n°. 18939.

1980 Jo. Conrad. Zeltneri Theatrum virorum eruditorum qui speciatim typographis operam præstiterunt. *Norimbergæ*, *Felsecker*, 1720. *in-12. v. f. d. s. t. filets.*

1981 Histoire de l'Imprimerie & de la Librairie, par Lacaille. *Paris* 1689. *in-4°. grande marge. m. r. d. s. t.*

Ce Livre est très-rare avec les 3 portraits & les cartons sans chiffres. Voyez Falconet n°. 18633. Debure, n°. 5959. de Boze n°. 2376.

1982 D. Anselmi Bandurii Bibliotheca Nummaria, Curante J. Alb. Fabricio. *Hamburgi*, *Liebezeit*, 1719. *in-4°. v. m. filets.*

1983 Scriptores Ordinis prædicatorum recensiti à R. P. F. Jacobo Quétif & Jacobo Echard. *Lutetiæ Parisiorum*, *Ballard*, 1719 & 1721. *in-fol. brochés en carton*, 2 *vol. grand format.*

1984 Philippi Argelati Bononiensis Bibliotheca Scriptorum Mediolanensium : Præmittitur Josephi-Antonii Saxii Historia Litterario-Typographica Mediolanensis. *Mediolani*, *in ædibus Palatinis*, 1745. 4 *tom. en* 2 *vol. in-fol. grand format. v. f. d. s. t. filets.*

1985 Joannis Jacobi Mangeti, Medicinæ Doctoris, Bibliotheca scriptorum Medicorum Veterum & Recentiorum. *Genevæ*, *Cramer*, 1731. *in-fol. v. f. d. s. t. filets*, 2 *tom. en* 4 *vol.*

1986 Joannis Trithemii lilber de ſcriptoribus Eccleſiaſticis. *Baſileæ*, 1494. Editio princeps. *in-fol. m. v. d. s. t. filets.*

1987 Bibliothèque des Auteurs de Bourgogne par feu M. l'abbé Papillon. *Dijon*, *Marteret* 1742. *in-fol. v. m. 2 tom. en 1 vol.*

1988 Biblioteca Napoletana del Doctor Nicolò Toppi. *Napoli*, *Bulifon*, 1678. *in-fol. v. f.*

1989 Photii Myriobiblon ſive Bibliotheca librorum quos legit & cenſuit, edente Andreâ Schotto, antuerpiano. *Rothomagi*, *Berthelin*, 1653. *in-fol. v. br.*

1990 Bibliotheca ſicula, ſive de ſcriptoribus ſiculis, auctore Antonino Mongitore. *Panormi*, *Bua*, 1708. *in-fol. v. br. 2 tom. en 1 vol.*

1991 Catalogue Mſt. des Poëtes & des ouvrages ſur la Poéſie. *in-fol. v. br.*

1992 Autre Catalogue manuſcrit des Poëtes, &c. *en 2 vol. in-fol. v. m.*

1993 Bibliotheca Carmelitana à R. P. Coſma de Villiers. *Aurelianis*, *Couret*, 1752. *in-fol. v. m. 2 tom. en 1 vol.*

1994 Bibliotheca Codicum Mſſ. Monaſterii S. Michaëlis Venetiarum propè Murianum. Opus poſtumum Johannis-Benedicti Mittarelli. *Venetiis*, 1779. *in-fol. grand format. broché en carton; portrait de l'Auteur.*

1995 Epitome de la Bibliotheca oriental y occidental de don Antonio de Leon Pinelo. *Madrid*, *Abad*, 1737. *in-fol. 3 vol. v. br.*

1996. Scriptores Ordinis Minorum auctore F. Luca Wadding. *Romæ, Tani*, 1650. *in-fol. v. br. filets.*

1997 Bibliotheca Telleriana. *Parisiis, Typ. Reg.* 1693. *in-fol. velin.*

Ce Catalogue des livres de Charles-Maurice le Tellier, est très-utile, parce que la plûpart sont passés à la Bibliotéque de Ste. Génévieve. Le portrait de le Tellier est dans cet exemplaire, l'épreuve en est belle. On trouve aussi dans le corps de l'ouvrage une belle vignette de Sebastien le Clerc.

1998 Bibliothecæ Josephi Renati imperialis, &c. Catalogus. *Romæ, Gonzaga*, 1711. *in-fol. v. f.*

1999 Catalogue Mst. de Livres Italiens, *in-fol. de* 577 *pages. v. br.*

2000 Friderici Roth-Scholtzii, Herzenstadio-Silesii, Thesaurus symbolorum ac Emblematum, id est, Insignia Bibliopolarum & Typographorum ab incunabulis typographiæ ad nostra usque tempora. *Norimbergæ*, 1730. *in-fol. fig. relié en carton.*

Ce Livre absolument nécessaire aux Bibliomanes, est excessivement rare : on y trouve les emblêmes de tous les Imprimeurs ; ce qui sert à les faire connoître, lorsque leur nom n'est pas imprimé. On lit à la tête de l'ouvrage des notes de l'abbé Rive très-curieuses.

2001 Bibliotheca Romana, seu Romanorum scriptorum Centuriæ, authore Prospero Mandosco nobili Romano, ordinis S. Stephani Equite. *Romæ, Ignatius de Lazzaris*, 1682. *in-4°. v. br.*

Il faut qu'il y ait un 2me. volume de cet ouvrage qui est de 1692 & très-rare. Voyez le Catalogue de Baluze.

2002 Biblioteca degli Volgarizzatori, o sia Notizia dall' Opere Volgarizzate di Autori che scrissero in lingue morte prima del secolo XV. Opera postuma del Segretario Filippo Argelati, Bolognese. Tomi quatre coll'addizioni, è correzioni di Angelo-Theodoro Villa, Milanese, comprese nella parte II del tomo IV. *Milano*, *Agnelli*, 1767. *in-4°. v. f. d. s. t, filets. 4 tom. en 2 vol.*

2003 Jo. Alberti Fabricii Bibliotheca græca sive notitia veterum scriptorum græcorum. *Hamburgi*, *Liebezeit*, 1718. *in-4°. v. br. 14 vol.*

2004 De Antiquissimâ latinorum Bibliorum Editione ceu primo artis typographicæ fœtu & rariorum librorum phænicè, Jo. Georgii Schelhornii Diatribe. *Ulmæ*, *Gaus*, 1760. *in-4°. v, f. d. s. t. filets.*

2005 Jo. Alberti Fabricii Syllabus Scriptorum qui veritatem Religionis Christianæ asseruerunt. *Hamburgi*, *Fulginer*, 1725. *in-4°. v. f. d. s. t. filets.*

2006 Gottlieb Wernsdorffii Commentatio historico-critica de fide historicâ librorum Maccabaicorum. *Wratislaviæ*, *Kornius*, 1747. *in-4°. v. m*

2007 Disquisitiones criticæ de Variis bibliorum editionibus. *Londini*, *Chiswel*, 1684. *in-4°. v. br.*

2008 Bibliotheca degli Autori Antichi greci è latini Volgarizzati da Jacopomaria Paitoni. *Venezia*, 1766. *in-4°. v. f. d. s. t. 5 tom. en 2 vol.*

2009 Histoire de l'Imprimerie & de la Librairie par Jean de la Caille. *Paris*, 1689. *in-4°. v. f. d. s. t. filets.*

2010 Bibliotheca Medica & Chirnrgica Alberti von Haller. *Bernæ*, *& Tiguri*, 1775. *in-4°.* 6

vol. rèliés en carton, dos de velin vert.

2011 Catalogus Bibliothecæ Burnavianæ. *Lipsiæ, Fritschius*, 1750. *in-4°. broché en carton, dos de velin vert.* 3 *tomes en* 7 *vol.*

2012 Biblioteca della Éloquenza italiana di Monsignore Giusto Fontanini. *Venezia, Pasqoali*, 1753. *in-4°.* 2 *vol. brochès en carton, dos de velin vert.*

2013 Catalogo della Libreria Capponi. *Roma, Bernabò*, 1747. *in-4°. v. f. filets. grand papier & fort.*

2014 Catalogue raisonné de la Collection des livres de M. Pierre-Antoine Crevenna, 1775, *in-4°. v. f. d. s. t. filets*, 6 *tomes en* 3 *vol.*

2015 Danielis-Georgii Morhofii Polyhistor litterarïus, philosophicus & Practicus, cum præfatione Jo. Alberti Fabricii. *Lubecæ, Boeckmannus*, 1747. *in-4°. broché en carton* 2 *vol.*

2016 Jo. Alb. Fabricii Bibliotheca latina mediæ & infimæ ætatis, cum supplemento christ. Schoettgenii : Editio prima italica. *Pâtavii, Manfré*, 1754 *in-4°.* 6 *tomes eu* 2 *vol. brochés en carton.*

2017 Bibliotheca instituta & collecta primùm à Conrado Gesnero, deinde locupletata per Josiam Simlerum & amplificata per Joh. Jacob. Frisium. *Tiguri, Froschoverus*, 1583. *in-fol. v. br.*

2018 Catalogus Codicum Mss. Bibliothecæ Riccardianæ Florentiæ, auctore Jo. Lamio. *Liburni, Janctinius*, 1756. *in-fol. rélié en carton, dos de velin vert.*

2019 Bibliotheca numismatica exhibens catalogum auctorum qui de re monetariâ scripsere, à

Joanne

Joanne christiano hirsch. *Norimbergæ, heredes Felseckeri*, 1760. *in-fol. broché en carton, grand format.*

2020 Jo. Danielis Schoepflini vindiciæ typographicæ. *Argentorati, Bauer*, 1760. *in-4°. v. m.*

On trouve dans ce livre des notes Mstes. de M. Mariette.

2021 Historia Bibliothecæ augustæ à Jacobo Burckhard. *Lipsiæ, Breitkopf*, 1744. *in-4°. v. f. filets.*

2022 Sylloge Aliquot scriptorum de bene ordinandâ & ornandâ Bibliothecâ studio & operâ Jo. Davidis Koeleri. *Francofurti, Stein*, 1728. *in-4°. v. f. filets.*

On a joint à cet ouvrage un projet pour dresser le Catalogue d'une Bibliotheque, par Rostgaard. *Paris* 1698; & deux autres pièces relatives à l'arrangement des Bibliothèques.

2023 Disputatio de ornamentis librorum recusa a Jod. Guil. Kohlesio acad. Altorf. typographo, 1705. *in-4°. v. br. filets.*

2024 Hermanni Corringii, de scriptoribus XVI. post christum natum seculorum Commentarius. *Wratislaviæ, Hubertus*, 1727. *in-4°. v. f. filets.*

2025 Catalogus Authorum qui librorum Catalogos indices, Bibliothecas &c. scriptis consignagnarunt; ab Antonio Teisserio. *Genevæ, Detournes*, 1686. *in-4°. v. f.*

2026 Jo. Alb. Fabricii Bibliographia antiquaria Editio tertia. *Hamburgi, Bohn*, 1760. *in-4°. v. f. filets.*

2027 Bibliotheca Smithiana. *Venetiis, Pasquali*, 1755. *in-4°. broché en carton.*

2028 Bibliotheca Italiana da Niccola-Francesco Haym. *Milano*, *Galeazzi*, 1771. *in*-4°. *v. f. d. s. t. filets*. 2 *tom. en* 1 *vol.*

2029 Introductio ad libros historicos bibliorum Veteris Testamenti, adornata studio D. Joh. Gottlob Carpzovii. Editio tertia. *Lipsiæ*, 1741. *in*-4°. *broché en carton*, 4 *vol.*

2030 Specimen Catalogi Codicum Manuscriptorum Bibliothecæ Zaluscianæ à *Joanne Daniele* Andrea Janoski, 1752. *in*-4°. *v. f. portrait.*

2031 Catalogue des Livres de la Bibliotheque publique, fondée par M. Prousteau. *Paris*, *Barrois*, 1777. *in*-4°. *broché en carton.*

2032 Jo. Christophori Wolfii Bibliotheca Hebræa. *Hamburgi*, *Liebezeit*, 1715. *in*-4°. 4 *vol. dont les* 2 *premiers rélies en v. br. les autres en velin vert.*

2033 Histoire de l'origine & des premiers progrès de l'Imprimerie, par Prosper Marchand, avec le supplément. *La Haye*, *Ve. le Vier*, 1740. *in*-4°. *grand papier*, *broché en carton.*

2034 Bibliotheca Regni Animalis atque lapidei à Laurentio-Theodoro Gronovio. *Lugd. Batavor.* 1760. *in*-4°. *grande marge*. *v. m.*

2035 Angeli Mariæ Card. Quirini liber singularis de optimorum scriptorum Editionibus. *Lindaugiæ*, 1761. *in*-4°. *v. f. d. s. t. filets.*

2636 Commentatio de primis Vindobonæ Typographis, cum variis ad rem litterariam adnotationibus. *Vindoboniæ*, *Schulzius*, 1764. *in*-4°. *v. f. d. s. t. filets.*

2037 Della libraria vaticana Ragionamenti di

Mutio Pansa. *Roma, Martinelli*, 1690. *in-4°. v. f. d. s. t. filets.*

2038 La Contestation touchant l'Auteur de l'imitation de J. C. rendue manifeste par l'opposition de toutes les preuves proposées par les Bénédictins & les Chanoines réguliers. *Paris, Cramoisy*, 1652. *in-4°. v. f. filets.*

Ce Recueil est complet : il y a à la fin un Arrêt du Parlement contre les Bénédictins.

2039 Catalogue de livres pour le Manège, les Chevaux, voitures &c. *Paris* 1769. *Mst. in-4°. broché en carton, curieux par l'attention qu'on a mis à le transcrire en lettres rouges & noires. Il est en deux volumes.*

2040 Musæi sive Bibliothecæ extructio, cura &c. auctore P. Claudio Clemente. *Lugduni, Prost*, 1635. *in-4°. velin.*

2041 Notizie degli scrittori Bolognesi da F. Pellegrino Antonio Orlandi. *Bologna*, 1714. *in-4°. velin.*

2042 Joh. Henrici Hottingeri Bibliothecarius quadripartitus. *Tyguri, Stauffacher*, 1664. *in-4°. velin vert. portrait.*

Notes de l'abbé Rive.

2043 Catalogue des Livres de feu M. Millet, Seigneur de Montarbi. *Paris, Lamy*, 1781. *in-4°. broché.*

2044 Bibliothèques françoises de la Croix du Maine & de Duverdier. Nouvelle édition. *Paris, Saillant*, 1772 *& suiv. in-4°. brochés, grande marge, 6 vol.*

2045 Annales typographici Michaëlis Maittaire. *Hagæ comitum, Vaillant*, 1719. *in-4°. grand papier, broché en carton.*

2046 Origines typographicæ Gerardo Méerman Auctore. *Hagæ comittum*, *Vandaalen*, 1765 *in-4°. grand papier lavé & reglé. 2 vol. brochés, portrait.*

2047 Bibliothèque littéraire, historique & critique de la Médecine ancienne & moderne, par M. Joseph-François Carrere. *Paris*, *Ruault*, 1776, *les 2 premiers volumes in-4°. brochés, les seuls qui aient été publiés.*

2048 Angeli Zavarroni Bibliotheca Calabra. *Neapoli*, *J. de Simone*, 1753. *in-4°. broché.*

2049 Catalogue raisonné des principaux Msts. de Cabinet de M. de Cambis. *Avignon*, *Chambeau*, 1770. *in-4°. broché en carton.*

2050 Bibliotheca Botanica à Joanne Francisco Seguierio digesta; accessit Biblioth. Botanica Jo. Ant. Bumaldi. *Hagæ-comittum*, *Réaulme*, 1740. *in-4°. broché en carton.*

2051 Catalogus historico-criticus Romanarum editionum sæculi xv. A. P. Audifredi. *Romæ*, *typ. Palearinian*, 1783. *in-4°. broché, grand papier.*

2052 Catalogue des Livres de M. Hue de Miromesnil, Garde des Sceaux de France. *Paris*, *Valade*, 1781. *in-4°. broché.*

2053 Bixliotheca Maphæi Pinelii Veneti à Jacobo Morelio descripta. *Venetiis*, *Palesius*, 1787, *in-8°. grand papier, 6 vol. brochés en carton.*

2054 Gerhardi Ernesti de Franckenau, Equit. Dan. Bibliotheca hispanica, historio-genealogico-heraldica. *Lipsiæ*, *Weidmann*, 1724. *in-4°. braché.*

2055 Davidis Braunii de scriptorum Poloniæ

& Prussiæ typis impressorum æquè ac Mstorum. Virtutibus & vitiis Judicium. *Gedani*, *Knochius*, 1739. *in*-4°. *broché.*

2056 Specimen Bibliothecæ Hispano-Manjansianæ, sive idea novi Catalogi critici operum scriptorum hispanorum quæ habet in suâ bibliothecâ Gregorius Majansius; ex Musæo Davidis Clementis. *Hannoveræ*, *Schmidius*, 1753. *in*-4°. *broché.*

2057 Catalogues des Bibliothèques du Duc de Chaulnes, du Président Hénault, du Comte de Clermont & des Msts. de M. Milsonneau. *Paris*, 1770 *& suiv*, *Cette collection est en 6 vol. grand in*-8°. *v. f. d. s. t. filets.*

2058 Catalogue des Livres de la Bibliothèque de M. Picard. *Paris*, *Mérigot*, 1780. *in*-8°. *v. f. d. s. t. grand papier*, *filets. prix & notes de l'Abbé Rive.*

On trouve dans le même volume le Catalogue de Gouttard & celui de M. Boutin.

2059 Catalogue des Livres de feu M. Morand. *Paris*, *Prault*, 1774. *in*-8°. *v. f. d. s. t. filets. prix & notes de l'Abbé Rive.*

2060 Catalogue des Livres de M. d'Aguesseau. *Paris*, *Gogué*, 1785. - Catalogue des Livres rares & singuliers (de Taillandier.) *Paris*, *Née de la Rochelle*, 1786. *in*-8°. *v. f. d. s. t. filets. prix & notes de l'Abbé Rive.*

2061 Catalogue des Livres rares & précieux de M... (le B. d'Heiss.) par Debure, 1785. -- Catalogue de Limare, par Debure. *ibid.* 1786. *in*-8°. *v. f. d. s. t. filets. prix & notes de l'Abbé Rive.*

2062 Catalogue des Livres de l'Abbé Boucher,

Paris, *Gogué*, 1777. *in-8°. v. f. d. s. t. filets. prix & notes de l'Abbé Rive.*

2063 Catalogue des Livres de M. Fevret de Fontette. *Paris*, *Moutard*, 1773. *in-8°. v. f. d. s. t. filets. prix & notes de l'Abbé Rive.*

2064 Catalogue de la Bibliothèque de M. Paris de Meyzieu. *Paris*, *Moutard*, 1779. *in-8°. v. f. d- s. t. filets. prix & notes de l'Abbé Rive.*

2065 Catalogus Librorum Joannis-Baptistæ Verdussen. *Antuerpiæ*, *vid. hieronymi Verdussen*, 1776. 2 *vol. in-8°. v. f. d. s. t. filets avec les prix imprimés à la fin & quelques notes Mstes. de l'Abbé Rive.*

2066 Catalogue des Livres de feu M. G (Gayot) par Debure. *Paris*, 1770. *in-8°. v. f. d. s. t. prix & notes de l'Abbé Rive.*

2067 Catalogus Mstorum. item librorum rarissimorum venalium apud Joannem Ludolphum Bunemannum in Westphaliâ. *Mindæ*, 1732. *in-8°. v. f. d. s. t. filets*, *avec les prix imprimés en Allemand.*

2068 Catalogue des Livres de feu M. de Bourlamaque. *Paris*, *Prault*, 1770. *in-8°. v. f. d, s. t. prix & notes ae l'Abbé Rive.*

2069 Catalogue d'une Collection de Livres choisis provenans du Cabinet de M. (le Comte de Louraguai.) *Paris*, *Deburc*, 2770. *in-8°. v. f. d. s. t. filets. prix & notes curieuses de l'Abbé Rive.*

2070 Catalogue des Livres de M. (Turgot.) *Piget*, 1744. -- Catalogue des Livres de feu M. Lambert. *in-8°. v. f. d. s. t. filets. prix.*

2071 Catalogue des Livres de feu M. Lancelot.

Paris, *Martin*, 1741. -- Catalogue des Livres de Bonneau. *Paris*, *Damonneville*, 1754. *in-8°. v. f. d. s. t. filets. prix.*

2072 Catalogue des Livres de feu M. Perrot, avec les prix msts & la table des Auteurs imprimée. *Paris*, *Gogué*, 1776. *in-8°, v. f. d. s. t. filets.*

2073 Catalogue de la Bibliothèque du Maréchal Duc d'Estrées. *Paris*. *Guerin*, 1740. *in-8°. grand papier. 2 vol. m. r. d. s. t. filets. prix.*

2074 Catalogue des Livres de feu M. l'Abbé Desessarts. *Paris*, *Pillot*, 1775. *in-8°. v. jaspé. d. s. t. filets. prix.*

2075 Catalogue des Livres de feu M. Delaleu. *Paris*, *Saillant*, 1775. *in-8°. v. f. d. s. t. filets. prix.*

2076 Catalogue des Livres de feu M. Crozat, Baron de Thiers. *Paris*, *Saillant*, 1771. *in-4°. v. jaspé d. s. t. filets. prix.*

2077 Catalogue des livres de M. Lemarié. *Paris*, *Debure*, 1776. *in-8°. v. f. d. s. t. filets. prix & notes de l'Abbé Rive, grand format.*

2078 Catalogue des Livres de feu M. le Duc de St. Aignan. *Paris*, *Gogué*, 1776. *in-8°. v. f. d. s. t. filets.*

2079 Catalogue des Livres de la Bibliothèque de feue Madame la Marquise de Pompadour. *Paris*, *Hérissant*, 1765. *in-8°, v. m. filets.*

2080 Catalogue des Livres de Mariette. *Paris*, *Pissot*, 1775. *in-8°. v. jaspé, d. s. t. filets. prix & notes de l'Abbé Rive.*

2081 Catalogue des Livres de M. de . . . (Villeneuve.) *Paris, Gogué*, 1773. *in-8°. v. jaspé, d. s. t. filets. prix & notes de l'Abbé Rive.*

2082 Catalogue des Livres rares de M. de... (S. Seran.) *Paris, Debure*, 1780. *in-8°. v. f. d. s. t. filets. prix & notes de l'Abbé Rive.*

On trouve à la fin du volume le Catalogue du Docteur Guettard, imprimé à Paris en 1786.

2083 Catalogue des Livres rares & précieux de feu M. Gouttard, par Debure. *Paris*, 1780. *in-8°. v. f. d. s. t. filets. prix & notes de l'Abbé Rive.*

2084 Catalogue des Livres de M. le Comte de Macarti. *Paris, Debure*, 1779. *On a joint plusieurs autres Catalogues dans un seul volume in-8°. v. f. d. s. t. filets. prix & notes de l'Abbé Rive.*

2085 Bibliographie, par Fr. de Los-Ryos. *Avignon, Seguin*, 1777. -- Catalogue des Livres de M. Bourlat de Montredon. *Paris, Babuty*, 1778. *in-8°. v. f. d. s. t. filets. prix & notes de l'Abbé Rive.*

2086 Catalogue de la Bibliothèque de feu M. Sandras. *Paris*, 1771. *in-8°. broché en carton avec les prix. (On y a joint 3 autres Catalogues.)*

2087 Catalogue des Livres de feu M. Bonnemet. *Paris, Mérigot*, 1772. *in-8°. v. f. d. s. t. fil. prix & notes Mstes. de l'Abbé Rive; avec d'autres Catalogues.*

2088 Catalogue des Livres de l'Abbé Sepher. *Paris, Fournier*, 1786. *in-8°. v. f. d. s. t. filets. prix & notes de l'Abbé Rive, qui acheta beaucoup de livres de cette Collection.*

2089 Bibliotheca Ankeviana, sive Catalogus librorum

librorum rarissimorum Antonii Askew, M. D, *Londini*, *Baker*, 1775. *in-8°. v. f. d. s. t. filets. avec les prix.*

2090 Catalogue des livres du Duc de la Vrilliere. *Paris*; *Nyon*, 1777. *in-8°. v. f. filets. avec les prix.*

Il y a deux autres Catalogues dans ce même volume.

2091 Catalogo di libri che restano esposti alla vendita in Padova coi loro prezzi. *Padova*, 1781, *in-8°. v. f. filets. prix.*

2092 Catalogue des Livres de M. Filleul avec les prix Msts. *Paris*, *Dessain*, 1779, *in-8°. v. f. filets.*

2093 Catalogue des Livres de feu M. Giraud de Moucy. *Paris*, *Barrois*, 1753. *in-8°. v. br. filets. prix.*

2094 Bibliotheca Senicurtiana, sive Catalogus librorum Joan. Francisci de Senicourt. *Parisiis*, *Musier*, 1766. *in-8°. v. br. prix.*

2095 Musæum Selectum sive Catalogus librorum viri clarissimi Michaëlis Brochard, cum indice auctorum alphabetico. *Parisiis*, *Martin*, 1729. *in-8°. v. m. prix.*

2096 Catalogus librorum Bibliothecæ Comitis de Hoym; à Gabriele Martin. *Parisiis*, 1738. *in-8°. v. f. prix.*

2097 Bibliotheca Fayana, seu hieronymi de Cisternay Dufay, à Gabr. Martin. *Parisiis*, 1725. *in-8°. v. f. grand papier.*

2098 A Catalogue of Books of the Libraries &c.

Oxford, *Osborne*, 1750. *in-8°. broché en carton*; 4 *vol. prix imprimés*.

2099 Catalogue de M. le Comte de Pontchartrain, par Boudot. *Paris*, *Prault*, 1747, *in-8°. v. m. prix*.

2100 Catalogue des Livres de M. G. D. P., par Debure. *Paris*, 1757. *in-8°. v. m. prix*.

C'est le Catalogue de M. Girard de Préfond.

2101 Catalogue des Livres rares rassemblés par J. Neaulme, Libraire. *La Haye*, *Vandaalen*, 1765. *in-8°. rélié en carton*, *prix imprimés*.

2102 Catalogue de la Bibliotheque de M. Secousse. *Paris*, *Barrois*, 1755. *in-8°. v. m. prix*.

2103 Catalogue des Livres de M. de Selle. *Paris*, *Barrois*, 1761, *in-8°. v. m.*

2104 Catalogue des Livres de M. l'Abbé Delan. *Paris*, *Barrois*, 1755. *in-12. v. m. prix*.

2105 A. Catalogue of Many Thousand volumes Lately purchased, including the valuble libraries, &c. By. John. Whiston. *Lond.* 1752. *in-8°.* 2 *vol. réliés en carton*, *prix imprimés*.

2106 Jo. Georgii Walchii Bibliotheca Theologica selecta. *Jenæ vid.* Boeckeriana. 1757. *in-8°. grand format*, *v. f. d. s. t. filets*, 4 *vol.*

2107 Christ. Guil. Kestneri Bibliotheca Medica. *Jenæ*; *Cuno*, 1746. *in-8°. grand papier. v. f. d. s. t. filets*, 2 *vol.*

2108 Bibliotheca historiæ litterariæ Burc. Gottl. Struvii, edente Joh. Frid. Jugler. *Jenæ*, *Cuno*, 1754. *in-8°.* 3 *vol. v. f. d. s. t. filets*

2109 Catalogue des Livres de M. Mutte. *Cambrai, Berthoud*, 1775. *in-8°.*, *v. f. d. s. t. filets.*

2110 Catalogue des Livres de Denis Guyon, Seigneur de Sardiere. *Paris, Barrois*, 1759. *in-4°. v. f. d. s. t. filets.*

2111 Chr. Godofr. hofmanni Bibliotheca juris publici. *Francofurti, Conradi*, 1732. *in-4°. v. f. d. s. t. filets.* Note *de l'Abbé Rive.*

2112 Plan du Traité des origines typographiques par M. Méerman. *Paris, Lottin*, 1762. -- Dissertation sur l'origine de l'Imprimerie, par D. G. Imbert. *Paris, Couturier*, 1775. -- Catalogus librorum rarissimorum, antè annum 1500 excusorum. *in-8°.*, *v. f. d. s, t. filets.*

2113 Bibliographiæ Anatomicæ specimen à Jacobo Douglas. Editio secunda. *Lugduni batav. Langerak*, 1734. *in-8°.*, *v. f. d. s. t. filets.*

2114 Henrici Jonath. Clodii primæ lineæ Bibliothecæ lusoriæ. *Lipsiæ, Langenhemius*, 1761. *in-8°. v. f d. s. t. filets.*

2115 Theatrum fati sive notitia scriptorum de providentiâ, fortunâ & fato, autore Petro Friderico Arpe. *Roterodami, Bos*, 1716. *in-8°.*, *v. f. d. s. t. filets.*

2116 Bibliotheca ex omni facultate librorum quos reliquit R. D. Carolus Major. *Mechliniæ, Vander Elst*, 1767. *in-8°. v. f. d. s. t. filets.* 2 *parties en un vol.*

2117 Jo. Georgii Walchii Bibliotheca patriotica. *Jenæ, vid. Croecker*, 1770. *in-8°. v. f. filets. d. s. t.*

2118 Bibliotheca Croftsiana. A Catalogue of the curious and distinguished Library of the Reverend Thomas Crofts. *London*, 1783. *in*-8°. *v. f. d. s. t. filets*.

2119 Catalogus librorum Bibliothecæ Domini Joachimi Faultrier, digestus à Prospero Marchand. *Parisiis*, *Marchand*, 1709. *in*-8°. *v. f. d. s. t. filets*.

2120 Catalogue des Livres de M. Buc'hoz, par Debure. *Paris*, 1778. *in*-8°. *v. f. d. s. t. filets*.

2121 Catalogue de M. de St. Albin, Archevêque de Cambray. *Cambray*, *Berthoud*, 1766. *in*-8°. *v. f. d. s. t. filets*.

2122 Catalogue des Livres imprimés & Mss, de M. le Comte de Pont-de-Vesle. *Paris*, *le Clerc*. 1774. *in*-8°. *v. f. d. s. t. filets*.

2123 Bibliothéque du Théâtre françois (par M. le Duc de la Valliere.) *Dresde*, *Groeil*, 1768. *in*-8°. *grand papier*, *v. f. d. s. t. filets* 3 *vol*.

2124 Analecta litteraria de libris rarioribus edita à Frid. Gotthilf. Freytag. *Lipsiæ*, *Weidmann*. 1750. *in*-8°. *v. f. d. s. t. filets*.

2125 Specimen historicum Typographiæ Romanæ xv sæculi operâ & studio P. Franc. Xaver. Laire. *Romæ*, *Monaldini*, 1778. *in*-8°. *grand format*, *v. f. d. s. t. filets*.

2126 Jo. Gottl. Heineccii opuscula minora Varii argumenti cum indice scriptorum heineccianorum. *Amstelodami*, *Jansson*, 1738. *in*-8°. *v. f. d. s. t. filets*, *grand papier*.

2127 Catalogue de la Bibliothèque du Duc de

Belle-Isle. *Paris*, *Mérigot*, 1762. *in-8°. graud papier*, *v. f. filets*, 4 *vol.*

2128 Catalogue des Bibliothèques des Jésuites de Mons, de Tournay & de Bruges. *Bruxelles*, *Jorez*, 1778. *in-8°. v. f. filets.*

2129 Catalogne des Livres de feu M. Mallard. *Paris*, *Debure*, 1766. *in-8°. grand format*, *v. f. filets.*

2130 Catalogue des Bibliothèques des Jésuites d'Ipres, de Courtray, de Gand, de Luxembourg & d'Alost. *Bruxelles*, 1778 *& suiv. in-8°. v. f. lets.*

2131 Catalogus Bibliothecæ Harleianæ. *Londini*, *Osborne*, 1743. *in-8°. grand format*, *v. f.* 2 *vol.*

2132 Catalogue des Bibliothèques des Jésuites de Bruxelles & de Malines. *Bruxelles*, *Vanden Berghen*, 1778.. *in-8°. grand format*, *v. f. filets.*

2133 Johannis Vogt Catalogus Historico-criticus librorum rariorum, jàm curis tertiis recognitus. *Hamburgi*, *Heroldus*, 1747, *in-8°. v. br. d. s. t. filets.*

2134 Bibliotheca Cometiana. *Paris*, *Debure*, 1730. -- Catalogue des Livres & Estampes du Comte de Vence. *Paris*, *Prault*, 1760. -- Catalogue des Livres de M. Dudoyer. *Paris*, *Mérigot*, 1763. -- Catalogue de M. Rouillé. *Paris*, 1763. *in-8°. grand format*, *v. f. fiilets.*

2135 Bibliotheca Burmanniaua. *Lugd. batavorum*, *Luchtman*, 1779. -- Bibliotheca Verburgiana, *Amstelædami*, *Schouten.* 1746. *in-8°. v. f. filets*, *grand format.*

2136 Bibliotheca exquisitissima à Petro Vander Aa. *Lugduni batavor.*, *idem Vander Aa*, 1729. *in-8°. v. f.*

2137 Commentarii de scriptoribus Britannicis auctore Joanne Lelando, Londinate. *Oxonii è Theatro sheldoniano*, 1709. *in-8°. v. f. 2 tom. en 1 vol.*

2138 Catalogue des Livres dn Comte de la Mark, & de ceux de Mre. Gueret. *Paris*, 1751 & 1765. *in-8°. v. br. filets. prix au 2me. Catalogue.*

2139 Bibliotheca historica B. Burc. Gotlhelfii. struvii. *Jenæ*, *Cuno*, 1740. *in-8°. v. m. 2 vol.*

2140 Bibliotheca Meadiana, seu Catalogus librorum Richardi Mead. *Londini*, *Baker*, 1755. *in-8°. grand format*, *v. m.*

2141 Catalogus librorum Caroli Nicolai Huguet de Sémonville. *Parisiis*, *G. Martin*, 1732. *in-8°. v. br.* (on y a joint les Catalogues de Magueux & de Bernard de Rieux.

2142 Bibliothèque des Théâtres. *Paris*, *Prault*, 1733. *in-8°. v. f. fig.*

Notes de l'abbé Rive.

2143 Catalogus Mssornm. Codicum Collegii claromontani. *Parisiis*, *Saugrain*, 1764. *in-8°. v. m.*

2144 Bibliotheca Selectissima, seu Catalogus librorum rarissimorum quos collegit Samuel Engel. *Bernæ*, *Fetscherin*, 1743. *in-8°. v. br.*

2145 Joan. Harduini ad censuram veterum scriptorum Prolegomena. *Londini*, *Vaillant*, 1766. *in-8°. v. br. réliure anglaise.*

2146 Bibliotheca Vilenbroukiana. *Amſtelædami*, *Vetſtenius*, 1729. *in-8°. v. m. 2 vol.*

2147 Catalogue des Livres dn Cabinet de M. de Boze. *Paris*, *G. Martin*, 1753. *in-8°. v. br. carton à la pag.* 209.

2148 Catalogus Bibliorhecæ Thuanæ à Jacobo Queſnel editus. *Pariſiis*, *Leveſque*, 1679. *in-8°. 2 tom. en 1 vol. velin marbré.*

2149 Bibliotheca anonymiana, ou Catalogue des Livres rares &c. *La Haye*, *Beauregard*, 1765. *in-8°. demi réliure.*

2250 Florilegium hiſtorico-criticum librorum rariorum à Daniele Gerdes, *Groningæ*, *Spandaw*, 1763. *in-8°. velin.*

2151 Nouvelle Bibliothèque des Auteurs eccléſiaſtiques, par L. Ellies Dupin. *Paris*, *Pralard*, 1691 *& ſuiv. in-8°. v. f.* 46 *vol.*

2152 Catalogue des Livres de feu M. Randon de Boiſſet. *Paris*, *Debure*, 1777. *in-12. m. r. d. s. t. filets. prix & notes de l'Abbé Rive.*

2153 Catalogue des Livres de feu Meſſire Bernard Couet, Chanoine de Notre-Dame, &c. *Paris*, *Barrois*, 1737. *in-12. v. f. d. s. t. filets. prix.*

On y a joint le Catalogue de l'Abbé Danés. *Paris*, *Osmont*, 1738.

2154 Bibliotheca Colbertina, ſeu Catalogus librorum J. B. Colbert, &c. *Pariſiis*, *Martin*, 1728. *in-12.* v. *m.* 3 *vol. prix.*

2155 Catalogue des Livres de l'abbé de Longuerue. *Paris*, *Barois*, 1735. *in-12. v. m. prix.*

2156 Bibliotheca ſtoſchiana, ſive Baronis de

Stosch. *Florentiæ*, 1759. *in*-8°. *v. éc. d. s. t. filets. imprimés.*

2157 Bibliotheca Sarraziana distrahenda per Abr. de Hondt & H. Scheurleer bibliopolas. *Hagæ Comitum*, 1715. *in*-12. *v. f. d. s. t. filets. prix.*

2158 Bibliotheca Heinsiana, sive Nicol. Heinsii. *Lugd. bat. de Vivié*, 1683. *in*-12. *v. f. d. s. t. filets. prix. portrait de Heinsius.*

2159 Bibliotheca Menarsiana, ou Catalogue de la Bibliothéque de Jean-Jacques Charron, Marquis de Menars. *La Haye, de Hondt*, 1720. *in*-8°., *v. br. prix.*

2160 Bibliotheca Bultelliana, sive Catalogus librorum D. Caroli Bulteau, à Gab. Martin. *Parisiis, Giffart*, 1711. *in*-12. *v. br. prix.* 2 *vol.*

2161 Catalogue des Livres de M. l'abbé de Fleury. *Paris, Martin*, 1756. *in*-8°. *rélié en carton, prix & quelques notes mstes.*

2162 Biblioteca Petariana & Mansartiana. *La Haye, de Hondt*, 1722, *in*-12. *rélié en carton. prix.*

2163 Catalogue des Livres de M. Danty d'Isnard. *Paris, G. Martin*, 1744. *in*-12. *broché en carton. prix.*

2164 Monumenta Typographica studio Jo' Christ. Wolfii. *Hambusgi, Heroldus*, 1740. *in*-8°. *v. f. d. s. t. filets.* 2 *vol.*

2165 Gottlob Augusti Ienichem Continuatio Notitiæ auctorum juridicorum, &c. *Lipsiæ*, 1738. *in*-8°. *v. br. filets. d. s. t.*

2166 Adparatus Litterarius, ubi libri partim antiqui, partim rari recensentur à Frider. Gotthilf. Freytag

Freytag. *Lipsiæ*, Weidmam, 1752. *in-8°. v. f. d. s. t. filets.* 3 *vol.*

2167 Catalogue des Livres de M. le C. D. L. 1779. *in-12. m. v. d. s. t. filets.*, *sans nom de ville*, (jolie édition.)

2168 Acta Litteraria ex Mss. eruta atque collecta à Burcardo-Gott. struvio. *Jenæ, Bielckius*, 1706. *in-12. v. f. d. s. t. filets.* 2 *vol.*

2169 Joannis Schefferi suecia litterata. *Holmiæ, Rueser*, 1680. *v. f. d. s. t. filets.*

2170 Bibliotheca PP. Apostolicorum Græco-latina auctore Thomâ Ittigio. *Lipsiæ, Richter*, 1699. *in-8°. v. f. d. s. t. filets*, *portrait de l'Auteur.*

2171 Nicolaï Petri Sibbern, Bibliotheca Dano-norvegia. *Hamburgi*, *Liebezeit*, 1716. *in-12. v. f. d. s. t. filets.*

2172 Ariana sacra Bibliothecarum Dresdensium. *Dresdæ*, *Hekelius*, 1738. *in-12. v. f. d. s. t. filets.*

L'Auteur se nomme Auguste Beyer.

2173 Memorabilia Bibliothecæ Academiæ Jenensis. *Jenæ*, *Croeker*, 1746. *in-12. v. f. d. s. t. filets*; *portrait de Jean-Christophe Mylius*, *auteur de ce livre.*

2174 D. Christian. Frid. Georg. Meisteri Bibliotheca juris naturæ & gentium. *Goettingæ*, Vandenhoeck, 1749. *in-8°. v. f. d. s. t. filets.* 2 *tom. en* 1 *vol.*

2175 Bibliotheca hoendorfiana. *La Haye*, *de*

Hondt, 1720. *in*-8°. *v. f. d. s. t. filets*, 3 *parties en* 1 *vol.*

2176 D. Thomæ Ittigii de Bibliothecis & catenis Patrum. *Lipsiæ, Lankisius*, 1707. *in*-8°. *v f. d. s. t. filets*

2177 Bibliotheca Aprosiana, liber rarissimus, cum præfatione Jo. Christoph. wolfii. *Hamburgi*, 1734. *in*-12. *v. f. d. s. t. filets.*

2178 Manuel Typographique par Fournier le jeune. *Paris*, *Barbou*, 1764. *in*-12. 2 *vol. d. s. t. filets. fig.*

2179 Catalogue des Livres du Président des Brosses. *Dijon*, *Frantin*, 1778. *in*-12. *v. f. d. s. t.*

On trouve quelques autres Catalogues dans le même volume.

2180 Bibliothecæ Regiæ Stockolmensis historia brevis & succincta, auctore Magno O. Celsio. *Holmiæ*, *Salvius*, 1751. *in*-12. *v. f. filets.*

2181 Bibliotheca Acroamatica, Theologica, Juridica, Medica, &c. olim à Petro Lambecio & Daniele Nesselio congesta ; nunc à Jacobo Friderico Reimanno restituta : accessit dissertatio præliminaris & index triplex copiosissimus. *Hannoveræ*, *Foester*, 1712. *in*-8°. *v. f. d. s. t. filets*, *portrait.*

2182 Bibliothèque françoise, par l'abbé Goujet. *Paris*, *Mariette*, 1741. *in*-12. *v. m. filets*, 18 *vol.*

2183 La Biblioteca Aprosiana di Cornelio Aspasio. *Bologna*, *Manolessi*, 1673. *in*-12, *velin.*

La traduction latine de ce livre est citée u n°. 2176.

2184 Bibliotheca Mariana ab Hippolyto Marracio. *Romæ*, *Caballi*, 1648. *in-8°. v. f. filets.* 2 *volumes.*

Livre rare en Allemagne & en France.

2185 Bibliotheca Dalmanniana. *Hagæ-Comitum*, *de Hondt*, 1723. *in-12. v. m.*

2186 Danielis Maichelii introductio ad historiam litterariam de præcipuis Bibliothecis Parisiensibus, locupletata annotationibus atque Methodo. *Cantabrigiæ*, *Typis Accademicis*, 1721. *in-8°. v. m.*

2187 Bibliotheca D. Joannis Galloys. *Parisiis*, *Seneuze*, 1710. *in-8°. v. br.*

2188 Catalogue des ouvrages de M. Fourmon l'aîné. *Amsterdam*, 1731. *in-8°. v. br.*

2189 Catalogus librorum à Davide Clemente relictorum. *Hanoveræ*, 1760. *in-12. v. m.*

David Clement est l'Auteur de la fameuse Bibliothéque des livres rares en 7 vol. in-4°. Il y a dans ce Catalogue grand nombre des livres qu'il a cités.

2190 La Bibliothèque choisie de M. Colomiés, nouvelle édition augmentée des notes de MM. Bourdelot, de la Monnoye & autres. *Paris*, *G. Martin*, 1731. *in-12. v. m.*

2191 Jo. Henrici Boecleri Bibliographia Critica, edente Johanne Gottlieb Krause. *Lipsiæ*, *Hæredes Grossii*, 1715. *in-8°. v. br.*

2192 Bibliotheca Martiniana, avec un Appendix de livres curieux & rares. *La Haye*, *Scheurleer*, 1752. *in-8°. v. m.*

2193 Bibliotheca Danielis Salthenii. *Regiomonti Borussorum*, Hartungius, 1751. *in-12. v. m.*

2194 Biblioteca Baluziana. *Parisiis*, *Martin*, 1719. *in-8°. v. f. filets.*

2195 Bibliotheca scriptorum venaticorum congesta à Georgio-Christophoro Kregsig. *Altenburgi*, *Richter*, 1750. *in-12. broché en carton.*

2196 Bibliotheca scriptorum historiæ naturalis. à Joh. Jacobo Scheuchzer. *Tiguri*, *Bodmerus*, 1716. *in-12. velin.*

2197 Catalogus operum Thomæ Bartholini hactenus editorum. *Hafniæ*, *Hauboldus*, 1661. *in-12. demi-reliure.*

2198 Bibliotheca Duboisiana. *La Haie*, 1725. *in-8°. 4 vol. velin.*

2199 A Catalogue of the valuable library of the Reverend Mr. Cæsar de-Missy. *London*, 1776. *in-8°. grand format*, *rélié en carton.*

2200 Bibliotheca antitrinitariorum, opus posthumum Christophori Chr. Sandii. *Freistadii*, *Aconius*, 1684. *in-12. v. éc. filets.*

2201 Bibliothéque curieuse & instructive. 2 *tom. en* 1 *vol.* (par le P. Menestrier.) *Trévoux.* (*Paris*, *Boudot.*) 1704. *in-12. v. f.*

2202 Nova librorum rariorum Conlectio. *Halis Magdeburg. Rengerius*, 1709. *in-8°. v. br.*

2203 Jo. Alberti Fabricii conspectus Thesauri Litterarii Italiæ. *Hamburgi*, *Brandt*, 1730. *in-12. v. m.*

2204 Vindiciæ Mss. Codicum A. R. P. Bartholomæo Germon impugnatorum ; Autore Domno Petro Coustant. *Parisiis*, *Muguet*, 1706. *in-8°. v. br.*

2205 Index librorum prohibitorum. *Romæ*, *Cam. Apost.* 1670. *in-12. v. br. filets. or sur plat.*

2206 M. Augusti Beyeri Memoriæ historico-criticæ librorum variorum. *Dresdæ*, *Hekel*, 1734. in-12. *v. br.*

2207 Bibliographia Medica & Physica Novissima. Operâ ac studio Cornelii à Beughem. *Amstelædami*, *Waesbergius*, 1681. *in-12. v. f.*

2208 Discours sur les principales éditions des Bibles polyglottes, (par l'Abbé de Tilladet.) *Paris*, *Pralard.* 1713. *in-12. v. br.*

2209 Epreuves des Caractères du fond des Sanlecques. *Paris* ; 1757. *in-12. broché en carton.*

2210 Fasciculus rariorum ac curiosorum scriptorum Theologicorum. *Francofurti*, *Grossius*, 1692. *in-12. v. br. 4 vol.*

Note de l'abbé Rive.

2211 Traité des plus belles Bibliothéques de l'Europe, par le sieur le Gallois. *Paris*, *Michallet*, 1680. *in-12. v. br.*

2212 Johannis Groningii Bibliotheca universalis, *Hamburgi*, *Liebezeitth*, 1701. *in-12. v. br.*

2213 Index expurgatorius librorum qui hoc sæculo prodierunt, cum præfatione Doct. Joannis Pappi. *Strasbourg*, *Zetzner*, 1599. *in-12. v. f.*

Notes de l'abbé Rive.

2214 La Bibliothéque françoise de M. C. Sorel. *Paris*, 1664. *in*-12. *v. f.*

2215 Bibliothéque historique & critique des Auteurs de la Congrégation de St. Maur, par D. Filipe le Cerf. *La Haye*, *Gosse*, 1726. *in*-12. *v. br.*

2216 Philippi II Regis Catholici de librorum prohibitorum Catalogo observando. *Antuerpiæ*, *Plantin*, 1580. *in*-8°. *velin.*

2217 Bibliothéque historique du Poitou, par M. Dreux de Radier. *Paris*, *Ganeau*, 1754. in-12. *v. m.* 5 *vol.*

2218 Jo. Alberti Fabricii Bibliotheca latina. Accedunt Wipponis proverbia. H*amburgi*, *Felginer*, 1734. in-8°. 6 *tom. en* 7 *vol. velin.*

2219 Observationum selectarum ad rem litterariam spectantium libri (auctore Jacobo Thomasio.) H*alæ Magdeburgicæ*, 1700. in-12. 12 *vol. v. f.*

Cet ouvrage fort estimé est connu sous le nom de *Observationes hallenses*; il n'est qu'en 10 vol. Cet exemplaire en a douze, parce que les deux derniers volumes renferment des additions.

2220 Bibliotheca juris selecta à Burcardo Gottl. Struvio edente Christ. Gottlieb Buder. *Jenæ*, *Cuno*, 1743. *in*-8°. *grand format*, *velin. fig.*

2221 Supplementum de scriptoribus vel scriptis Ecclesiasticis a Bellarmino omissis; collectore F. Casimiro oudin. *Parisiis*, *Dezallier*, 1686, *in*-8°. *v. br. grand format.*

2222 Bibliotheca Pontificia Ludovici Jacob a S. Carolo. *Lugduni*, *Boissat*, 1643, in-4°. *velin noir.*

2223 Li Scrittori della liguria di Raffaele soprani. *Genova, Calenzani*, 1667, *in-4°. velin.*

2224 Bibliotheca Umbriæ, authore Ludovico Jacobillo. *Fulginæ, ulterius*, 1658, *in4°. v. br. filets.*

2225 Davidis Czuittingeri specimen hungariæ litteratæ. *Francofurti*, 1711, *in-4°. v. f. filets.*

2226 Athenæum Ligusticum ab Augustino oldoino Soc. Jesu. *Perusiæ, Typ. Episcop.*, 1680, *in-4°. v. br.*

2227 Catalogus Scriptorum florentinorum a P. Michaele Pocciantio. *Florentiæ, Juncta*, 1589, *in-4°. demi-reliure.*

2228 Joc. Molleri Schediasma de scriptoribus homonymis quadripartitum. *Hamburgi*, 1695, *in-8°. v. f.*

2229 Catalogue des Livres de M. Ferrary. *Paris, Rollin*, 1730, in-8°. *broché en carton.*

2230 Catalogue des Livres de la Maison Professe des Jesuites, (par D. Clement, Bénédictin,) *Paris, Pissot*, 1763, in-8°. *broché en carton.*

2231 Catalogue des Livres de M. **, *Paris, Gandouin*, 1743. *in-8°. broché.*

2232 Catalogue de la Bibliothèque de feu M. Bouvart, Prêtre. *Paris, Prault*, 1756, *in-8°. broché.*

2233 Catalogue des Livres de M. Valois. *Paris, Barois*, 1748, in-12, *broché en carton.*

1234 Catalogue des livres de M. ***. *Paris, Piget*, 1739. in-8°. *broché en carton.*

2235 Catalogo della libreria Floncel. *Parigi*, *Cressonnier*, 1774. in-8°. 2 *vol. brochés en carton.*

2236 Catalogue des Livres de M. le Gendre d'Arminy. *Paris*, *Prault*, 1740. in-8°. *broché.*

2237 Catalogus librorum per triginta annos Liburni collectorum. *Liburni*, *Santini*, 1756. in-8°. *broché.*

2238 Catalogue des Bibliothéques des Jésuites des Pays-Bas. *Bruxelles*, *Ermens*, 1780. in-8°. *broché.*

2239 Catalogue des Mfts. de la Bibliothéque de Genève, par J. Senebier. *Genève*, *Chirol*, 1779. in-8°. *broché.*

2240 Catalogus librorum omnium facultatum apud Piestre & de la Moliere Bibliopolas Lugduni Prostantium. 1786. in-8°. *broché.*

2241 Catalogue des Livres de feu M. Falconet, Médecin. *Paris*, *Barois*, 1763, in-8°. *brochés*, 2 *vol. prix.*

2242 Catalogue des Livres provenans de la Bibliothéque de M. L. D. D. L. V. disposé par Guill. Franc. Debure. *Paris*, *Debure*, 1767. in-8°. 2 *vol. brochés*, *prix.*

Catalogues de Cabinets d'Estampes, dessins, &c.

2243. Catalogue de Tableaux, peintures, dessins, &c. du Cabinet de M. Van-Schorel. *Anvers*, *Grangé*, 1774. in 8°. *v. f.*

2244 Catalogue d'une Collection de Tableaux d'un Amateur. *Paris*, *Prault*, 1777. in-8°. *v. f. filets.* 2 *vol.*

2245 Catalogue des Tableaux originaux du Cabinet de M. C. D. *Paris*, *Prault*, 1774. in-8° *v. f. filets.*

2246 Catalogue d'Estampes & dessins, par Bazan, *Paris*, 1764, & *f.* in-8°. 4 *vol. v. f. filets.*

2247 Catalogue raisonné de l'Œuvre de Sebastien Leclerc, par Charles-Ant. Jombert. *Paris*, 1774. in-8°. *v. f. d. s. t. filets. fig. doubles* 2 *vol.*

2248 Description des Dessins du Cabinet de feu M. Crozat, par Mariette. *Paris*, 1741. in-8°. *grand format*, *v. f. d. s. t. filets. prix.*

2249 Catalogue des Collections d'Estampes du Cabinet de M... *Paris*. 1770. in-8°. *v. f. d. s. t. filets. prix.*

2250 Catalogue des Tableaux, Bustes & Bronzes du Cabinet de M. le Comte de Pontchartrain. *Paris*, *Mariette*, 1745. in-8°. *v. f. filets. prix.*

2251 Catalogue des Dessins & Tableaux de M. Neyman, *Paris*, *Prault*, 1776. in-8°. v. *f. d. s. t. filets. prix.*

2252 Catalogue des Tableaux & Sculptures du Cabinet du Président de Tugny. *Paris*, *de la Tour*, 1751. in-8°. *v. m.*

2253 Catalogue de Livres d'Estampes par M. de Marolles. *Paris*, *Léonard*, 1666. in-12. *velin.*

2254 Catalogue des Tableaux, Dessins, &c.

de feu M. Boucher. *Paris*, *Musier*, 1771. in-12. *v. f. filets.*

2255 Catalogue des Ouvrages de l'Art du Cabinet de Mlle. Clairon. *Paris*, *Lambert*, 1773. in-12. *v. f. d. s. t. filets. prix*, 2 *vol.*

2256 Catalogue de Coquilles & autres curiosités. *Paris*, *Prault*, 1736. in-12. *v. br. filets. d. s. t. fig.*

2257 Catalogue de Tableaux précienx par Pierre Remy. *Paris*, 1776. in-12. *v. f. d. s. t. filets*, *prix.*

2258 Catalogue des Tableaux, &c. de M. de Julienne, par P. Remi. *Paris*, *Vente*, 1767. in-12. *v. f. d. s. t. filets*, *prix & notes.*

2259 Catalogue raisonné de toutes les piéces qui forment l'œuvre de Rembrandt, composé par M. Gersaint & augmentè par les sieurs Halle & Glomy. *Paris*, *Hochebeau*, 1751. in-12. *v. f. d. s. t. filets.*

2260 Catalogue du Cabinet d'Estampes de M. le Duc de Mortemart. *Paris*, *Briasson*, 1739. in-12. *v. br. prix & notes de l'Abbé Rive.*

2261 Catalogue du Cabinet de Tableaux du Prince de Conty. *Paris*, 1777. in-12. *v. f. d. s. t. filets*, *prix.*

2262 Recueil de différens Catalogues de curiosités, Tableaux, &c. *Paris*, 1757 à 1772. in-12. *v. f. filets*, 2 *vol. fig.*

2263 Catalogue du Cabinet de M. le Duc de

Tallard. Paris, Didot, 1756. in-12. *v. jaspé, d. s. t. lets, fig. prix & notes*

2264 Catalogue des Cabinets de MM. de la Roque & Godefroy. *Paris*, 17?5 *& f.* in-12. *v. jaspé, d. s. t. filets, prix.*

2265 Catalogue du Cabinet de M. Quentin de l'Orangere. *Parie, Barois*, 1744. in-12. *v. jaspé, d. s. t. filets, prix. fig.*

2266 Catalogue d'une Collection de Minéraux. Paris, *Dèlalain*, 1769. in-8°. *grand papier, v. f. d. s. t. filets. prix.*

2267 Catalogue des Tableaux de Coypel. *Paris*, 1753. in-12. *v. f. d. s. t. filets, prix 2 vol.*

2268 Catalogue du Cabinet de Curiosités de M. Davila. *Paris, Briasson*, 1767. in-8°. *grand format, v. m. 3 vol. prix.*

2269 Catalogue raisonné d'une Collection de Curiosités de feu M. Bonnier de la Mosson, par Gersaint. *Paris, Barrois*, 1744. in-12. *v. f.*

2270 Catalogue de l'Œuvre de Ch. Nic. Cochin, fils; par Charles-Ant. Jombert. *Paris*, *Prault*, 1770. in-8°. *broché.*

2271 Catalogue des Curiosités du Cabinet de M. de ***, *Paris, Hérissant*, 1774, in-8°. *broché.*

2272 Catalogue des effers précieux qui composent le Cabinet de feu M. le Duc d'Aumont, par Julliot & Paillet. *Paris*, 1782. in-8°. *broché. figures.*

2273 Essai d'un Catalogue de l'Œuvre d'Etienne

ne de la Belle, Peintre & Graveur Florentin; par Jombert. *Paris, chez l'Auteur*, 1772. in-8°. *broché*.

2274 Catalogue raisonné du Cabinet d'Histoire naturelle de M. Gallois. *Paris, Didot*, 1780. in-8°, *broché*.

VIES
DES HOMMES ILLUSTRES.

2275 De illustrium ac obscurorum scriptorum Erroribus præcipuis in Historiâ Mahometi Dissertatio, auctore Jacobo Ehrhart. *Memmingæ, Rothius*, 1731. in-12. *rélié en carton*.

2276 Histoire des Troubadours (*par l'Abbé Millot.*) *Paris, Durand*, 1774. in-12. *v. m.* 3 *volumes*.

2277 Trajectum Eruditum virorum Doctrinâ inlustrium, qui ibi habitarunt, auctore Gaspare Burmanno. *Trajecti ad Rhenum, Bessèling*, 1750. in-4°. *v. m.*

2278 Pauli Colomesii Italia & Hispania orientalis sive Italorum & Hispanorum qui linguam hebræam aut alias orientales excoluerunt, vitæ; è Joh. Christoph. Wolfio. *Hamburgi, Vid. Felgineria* 1730. in-4°. *v. br.*

Falconet n°. 19028.

2279 Histoire de Philippe, par Olivier. *Paris*, *Debure*, 1740. in-12. 2 *vol. brochés en carton.*

2280 Histoire de Timur-Bec, connu sous le nom du grand Tamerlan, traduit du Persan de Chereffedin Ali, par feu M. Petis de la Croix. *Paris*, *Amaulry*, 1722. in-12. *v. br.* 3 *vol.*

Falconet, n°. 17440.

2281 Eloges des Hommes savans, tirés de l'Histoire de M. de Thou, par Antoine Teissier, *Leyde*, *Haak*, 1715. in-8°. 4 *vol. v. br.*

Falconet n°. 19338.

2282 Vie privée & ministerielle de M. Neker. *Genève*, *Pellet*, 1790. in-8°. *broché en carton avec le Supplément*, *fig.*

2283 Philostrati de vitâ Apollonei Tyanei libri octo græcè. Idem libri latinè. *Venetiis*, *Aldus*, 1502. in-fol. *m. r. d. s. t. filets.*

Débure cite la version française au n°. 6097.

2284 Thomæ Hobbes Angli Philosophi vita. *Carolopoli*, 1682. in-4°. *velin.*

2285 Icones id est veræ imagines virorum Doctrinâ simul & pietate illustrium, Theodoro Bezâ Auctore. *Laonius*, 1580. in-4°. *velin.*

Falconet cite la version française imprimée à Geneve en 1581, au n°. 19350.

2286 Le Bouclier d'honneur par F. Bening. *Avignon*, *Bramereau*, 1616. in-8°.

Édition originale & rare. C'est l'Oraison funebre du fameux Crillon par un Jésuite : je la place ici l'ayant omise dans la classe des Orateurs. Ceux qui ont le Dictionnaire des Hommes illustres de la Provence peuvent voir, à l'article BENING, combien cette pièce est extravagante Falconet n°. 15520.

2287 Magni Crusii singularia Plessiaca, sivè Memorabilia de vitâ & morte Philippi Mornæi de Plessis. *Hamburgi, Kisnerus*, 1724. in-8°. *v. f. filets.*

2288 Gli Scrittori d'Italia, Cioè notizie storiche è critiche intorno alle vite de' letterati italiani del Conte Mazzuchelli. *Brescia, Bossini*, 1753. in-fol. *v. f. d. s. t. filets. 6 vol.*

Falconet, n°. 8372.

☞ 2289 Joannis Georgii Shelhornii de vitâ & fatis ac meritis Philippi Camerarii Commentarius. *Noribergæ, Seitz*, 1740. in-4°. *v. br. portrait.*

Falconet, n°. 19462.

2290 Jo. Chrysostomi Magneni, Burgundi; Democritus reviviscens, sive vita & philosophia Democriti. *Lugd. Batav. Wingaerden*, 1648. in-12. *velin.*

Falconet n°. 2335 : édition rare & jolie, plus estimée que celles qui parurent en 1658 à Londres in-12 & à la Haye in-24. On trouve cette édition au Catalogue de Bulteau n°. 1746 ; le Libraire Martin, qui n'en connoissoit pas la valeur, le ceda pour seize sols. (*Notes de l'Abbé Rive.*)

2291 Nottitie de' Professori del Disegno da Cimabue, &c. opera di Filippo Baldinucci. *Firenze, Fianchi*, 1681. in-4°. *velin*, 5 *vol.*

Ouvrage devenu d'une extrême rareté.

2292 Cornelii Nepotis vitæ imperatorum cum notis variorum. *Lugd. Bat. Luchtmans*, 1734. in-8°. *v. f. d. s. t. filets. grand format.*

Debure n°. 6094. Falconet n°. 19321.

2293 Philippi Bonamici de claris Pontificiarum Epistolarnm scriptoribus ad Benedictum XIV Pont. max. liber. *Romæ*, *Pallas*, 1753. in-8°. *velin vert*, *beau.*

2294 Leonis Allatii de Symeonum scriptis diatriba gr. & lat. F. Franciscus Combefis notis illustravit. *Parisiis*, *Piget*, 1664. in-4°. *v. m.*

Falconet n°. 19660.

2295 Abecedario Pittorico del M. R. P. Pellegrino Antonio Orlandi Bolognese. *Venezia*, *Pasquali*, 1753. in-4°. *velin*, *fig.*

Debure n°. 6116, cite l'édition de Bologne de 1719.

2296 Hieronymi Cardani de propriâ vitâ liber ex Bibliothecâ Gabrielis Naudæi. *Amstelædami*, *Ravesteinius*, 1654. in-16. *velin. On trouve dans le même volume, un ouvrage des mêmes presses & de la même date sous ce titre :* Hieronymi Rorarii quod Animalia bruta ratione utantur melius homine.

Falconet n°. 19469. Debure 1443.

2297 Continuation des Essais de Morale, contenant la vie de M. Nicole & l'Histoire de ses ouvrages. Nouvelle édition. *Liége*, 1767. in-12. *v. br.*

Cette vie est de l'Abbé Goujet. Il y a des Msts. que sont plus étendus : on y trouve une préface & une seconde partie qui manquent à cette édition. Falconet n°. 19597.

2298 Christoph. Sandii notæ & animadversiones in Gerardi Joh. Vossii libros tres de historicis latinis. *Amstelodami*, *Waesberg*, 1677. in-12. *v. br.*

Falconet n°. 18861.

2299 Dissertazioni Vossiane di Apostolo Zeno cioé giunte é osservazioni intorno agli storici italiani che hanno scritto latinamente, ramentati dal Vossio nel III libro *de historicis latinis. Venezia*, *Albrizzi*, 1752. in-4°. 2 *vol. broché.*

Falconet n°. 18861.

2300 De rebus gestis ac scriptis operibus Baptistæ Mantuani Cognomenti hispanioli, carmelitæ, Exercitatio historico-critica P. Floridi Ambrosio in Taurinensi Carmelo S. Theologiæ regentis. *Taurini*, *Soffietti*, 1784. in-4°. *broché.*

2301 Joannis Clerici vita & opera. *Amstelodami*, *Delorme*, 1711. in-12. *v. br.*

2302 Scriptores historiæ Romanæ latini veteres qui extant omnes, notis variis illustrati à Carolo Henrico de Kletomberg & Wildeck. *Heidelbergæ*, *Hœner*, 1743. in-fol. *grand papier*, 4 *vol. v. f. d. s. t. filets. fig.*

Debure, n°. 4255.

2303 Les Hommes illustres, avec leur portrait au naturel, par M. Perrault. *Paris*, *Dezallier*, 1697. in-fol. *grand form.*, 2 *vol. v. br. complet. fig.*

Falconet n°. 19325. Debure, n°. 6105.

2304 Vita del Cavaliere Gio. Lorenzo Bernino da

da Filippo Baldinucci, Fiorentino. *Firenze*, 1682. in-4°. *v, f. sur le dos & velin, fig.*

Falconet, n°. 19447.

2305 Vita Nicolai V. Pont. Max. à Dominico Georgio. *Romæ*, *Palearini*, 1742. in-4°. *v. br.*

2306 Opere Varie critiche di Lodovico Castelvetro, colla vita dell' Autore. *Milano*, *Nava*, 1727. in-4°. *v. f.*

Falconet, n°. 13046.

2307 Vie de M. Nicole. *Mst.* in-4°. *broché.*

On croit que c'est ici la vie Mste. d'après laquelle l'abbé Goujet a fait la Vie de Nicole que nous avons citée au n°. 2296. Celle-ci est plus étendue que celle de Goujet.

2308 Viri illustris Nicolai-Claudii Peyresc Vita per Petrum Gassendum. *Parisiis*, *Cramoisy*, 1641. in-4°. *v. f.*

Il y a dans ce livre le portrait de Peyresc par Mellan. Cette Vie a été réimprimée à la Haye, chez Ad. Ulacq en 1655, avec des additions. Falconet, n°. 19603.

2309 Alberti Menonis Verpoortennii SS. Theolog. Doct. De Georgii-Laurentii Seidenbecheri vitâ & institutis Commentatio. *Gedani*, *Schreiber*, *sans date*, *in*-4°. *v. br.*

Ce Livre est des premieres années de ce siècle.

2310 De vitâ & scriptis famosi Athæi Julii Cæsaris Vanini tractatus à Joanne Mauritio Schramm. *Custrini*, *Heinichius*, 1709. in-4°. *v. f. d, s. t, filets.*

Rare. Falconet cite une édition de 1713 au n°. 19614.

2311 De vitâ & Moribus Epicuri libri octo à Petro Gassendo. *Hagæ-comittum*, *Ulacq*, 1656. in-4°, *v. br.*

Falconet, n°. 2336, 2339.

2312 Icones quinquaginta Virorum illustrium cum eorum Vitis, à Jan. Jac. Boissardo, Vesunti. *Francofurti*, 1597. in-4°. *v. br.* 4 *vol. fig.*

Très-rare. Voy. David Clément pag. 18, tom. 5. Debure n°. 6107. Falconet, n°. 19332.

2313 Indice degl' uomini illustri del Signor Ieronimo Ruscelli. *Venetia*, 1572. in-4°. *v. f. d. s. t. filets.*

Falconet, n°. 19353.

2314 Virorum qui superiori nostroque sæculo illustres fuerunt, Vitæ à Joanne Fichardo. *Francofurti*, *Egenolphus*, 1536. in-4°. *v. m.*

Livre très-rare. Voy. Loppi, *Bibliotheca Napolitana.* p. 348. vol. 1.

2315 Henrici Ranzovii Catalogus Imperatorum Regum, &c. *Lipsiæ*, 1584. in-4°. *velin*, *figures.*

Falconet, n°. 8735.

2316 Vie d'Etienne Dolet, Imprimeur à Lyon dans le 16me. siècle, avec une notice de Libraires & Imprimeurs Auteurs. *Paris*, *Gogué*, 1779. in-4°. *broché*, *papier fin.*

Il n'y a que 25 exemplaire de ce format.

2317 Christophori Saxii onomasticon Litterarium sive nomenclator historico-criticus præstantissimorum scriptorum, &c. *Trajecti ad Rhenum*,

Paddenburg, 1775. in-8°. 2 *vol. v. éc. d. s. t. filets, grand format.*

2318 De Græcis illuſtribus Linguæ græcæ inſtauratoribus ab humfredo hodio, edente S. jebb. *Londini.*, *Davis*, 1742. in-8°. *grand format. v. f. filets.*

Debure, n°. 5950. Falconet, n°. 18946.

2319 Vitæ Germanorum Theologorum qui ſuperiori ſæculo Eccleſiam chriſti voce ſcriptisque propugnarunt, à Melchiore Adamo. *Francofurti*, *Jonas Roſa*, 1653. in-8°. *v. f. d. s. t. filets.*

Falconet, n°. 19382.

2320 Decades duæ continentes Vitas Theologorum exterorum qui Eccleſiam Chriſti ſuperiori ſeculo propagarunt; à Melchiore Adamo, Sileſio. *Francofurti*, *Roſa*, 1653. in-8°. *v. f. d. s. t. filets.*

Debure, n°. 6109.

2321 De Philippi Melanchtonis ortu, totiùs vitæ Curriculo & morte, Narratio diligens Joachimi Camerarii. *Lipſiæ*, *Voegelin*, 1566. in-8°, *v. f.*

Falconet, n°. 14329.

2322 La Vita di Pietro Aretino dal conte Giammaria Mazuchelli. *Padova*, *Comino*, 1741. in-8°. *v. m.*

2323 Chriſtiani Gryphii apparatus de ſcriptoribus hiſtoriam ſeculi XVII illuſtrantibus. *Lipſiæ*, *Friſch*, 1710. in-12. *v. jaſpé, d. s. t. filets.*

Falconet, n°. 18935.

2324 Vitæ Germanorum Poilosophorum qui sæculo superiori floruerunt, à Melchiore Adamo. *Haidelbergæ*, *Rosa*, 1615. in-8°. *v. f. d. s. t. filets.*

2325 Germanorum Medicorum qui seculo superiori claruerunt vitæ, à Melchiore Adamo. *Haidelbergæ*, *Rosa*, 1620. in-8°. *v. f. d. s. t. filets.*

2326 Vida del ingenioso Cavalero Don-Quixotte de la Mancha, por Miguel de Cervantes. *Bruselas*, *Mommarte* 1662. in-8°. *v. f. d. s. t. filets.* 2 *vol.*

Voy. Debure, n°. 3884 & 3885. Falconet 12078.

2327 Historia vitæ Jacobi Arminii, auctore Gasparo Brantio. *Amstelodami*, *Schagenius*. 1724; in-8°. *grand format*, *v. br.*

Falconet, n°. 14354.

2328 La vie & le Martyre du Docteur Illuminé Raymond Lulle, par M. Perroquet. *Vendosme*, *Hyp*, 1667. in-8°. *v. br.*

Falconet, n°. 14019.

2329 Scotus Hiberniæ restitutus, authore P. Joan. Poncio. *Parisiis*, *Bechet*, 1660. in-8°. *m. r. d. s. t. filets. or sur plat.*

2330 Leonis Allatii Apes Urbanæ, sive de viris illustribus, &c. *Romæ*, *Grignanus*, 1633. in-8°. *demi reliure.*

Falconet, n°. 19412.

2331 Ulrichide Huten Epistola quâ & vitæ suæ rationem & temporum conditionem descripsit. *Wol-*

fenbutteli, *Freytag*, 1717. in-12. *v. f. filets.* 2. *volumes.*

Falconet, n°. 19556.

2332 Vita Jo. Reuchilini, Phorcensis, à Jo. Henrico Majo. *Francofurti*, *Biffen*, 1687. in-12 *v. f. filets.*

2333 Mémoire de la Vie de Jacques-Auguste de Thou, Conseiller d'Etat & Président à Mortier au Parlement de Paris. *Amsterdam*, *l'Honoré*, 1713. in-12. *v. f. filets. portrait.*

2334 Vie d'Edmond Richer, par Adrien Baillet. *Liége*, 1714. in-12. *v. f.*

2335 Vie de Nicolas-Claude Peyresc, par M. Requier. *Paris*, *Musier*, 1770. in-12. *v. f. d. s. t. filets.*

2336 Jani Nicii Erithræi Pinacotheca imaginum illustrium Doctrinæ vel ingenii Laude virorum. *Coloniæ Aggripinæ*, *ab Egmond*, 1643. in-12. *m. cit. filets.*

2337 Vie d'Apollonius de Thyane, par Philostrate, avec les Commentaires de Charles Blount. *Amsterdam*, *Rey*, 1779. in-12. *v. m.* 4 *vol.*

2338 Histoire de Zenobie, Imperatrice de Palmyre, par M. de Hauteville. *Paris*, *Etienne*, 1758. in-12. *v. m.*

2339 La Vie & faits notables de Henri de Valois, 1789. in-12. *m. r. d. s. t. filets.* (*sans nom de Ville ni d'Imprimrur.*) *fig.*

2340 Herm. Sam. Reimari, de vitâ & scriptis

Joannis Alberti Fabricii. *Hamburgi*, *vid. Felginer*. 1737. in-8°. *portrait*, *veau d'Irlande*.

Falconet, n°. 19527.

2341 Vita Thomæ Campanellæ, autore Ern. Sal. Cypriano. *Trajecti ad Rhenum*, *Neaulme*, 1741. in-12. *v. br.*

Falconet, n°. 2813.

2342 C. Plinii Secundi Junioris vita studio Joannis Masson. *Amstelodami*, *Jansson*, 1709. in-12. *v. br. fig.*

Falconet, n°. 13151.

2343 Alberti Rubenii de vitâ Fl. Mallii Theodori Dissertatio cum præfat. Friderici Platner. *Lipsiæ*, *Jahn*, 1754. in-12. *v. br.*

Falconet cite une édition de 1694 au n°. 19665.

2344 Petri Castellani Magni Franciæ Eleemosynarii vita, auctore Petro Gallandio, ex editione Baluzianâ. *Parisiis*, *Muguet*, 1674. in-8°. *v. br.*

Falconet, n°. 19475.

2345 Mémoires concernant les Vies & les Ouvrages de plusieurs Modernes, par M. Ancillon. *Amsterdam*, *Westein*, 1709. in-12. *v. br.*

Falconet, 19400.

2346 Vita Joan. Victorii Roscii. à Jo. Christ. Fischero. *Coloniæ Ubiorum*, 1739. in-12. *v. br.*

2347 La Vie de P. Abeillard & celle d'Heloïse. *Paris*, *Musier*, 1720. in-12. *v. br. 2 vol.*

L'Auteur est D. Gervarse de Paris, second Abbé de Ste. Marie de la Trappe. Falconet n°. 19420.

2348 L'Histoire critique (& littèraire) des personnes les plus remarquables de tous les siécles. (par l'Abbé Bordelon.) *Paris*, *Coustelier*, 1699. in-12. 2 *vol. v. br.*

2349 La France savante, id est, Gallia Erudita operâ Cornelii ab Beughem. *Amstelodami*, *Wolfgang*, 1683. in-12. *v. br.*

2350 Histoire de l'Abbé Joachim surnommè le Prophête; (par D. Gervaise.) *Paris*, *Giffart*, 1745. in-12. *v. m.* 2 *vol.*

2351 Vie privèe de Louis XV. *Londres*, *Lyton*, 1781. in.12. *v. m.* 4 *volumes*, *portrait.*

2352 Annales Velleiani, quintilianei, statiani, seu Vitæ Velleii, &c., ab Henrico Dodwello. *Oxonii*, *è Theatro Sheldoniano*, 1698. in-8°. *grand papier*, *v. br.*

Falconet, n°. 14551.

2353 Speculum boni principis, hoc est Dicta & facta Alphonsi Regis Arragoniæ, ab Antonio Panormita, edente Joh. Santes. *Amstelodami*, *Elzevir*, 1646. in-24. *m. r. d. s. t. filets.*

Notes de l'abbé Rive. Falconet, n°. 16896.

2354 Histoire abrégée de la Vie & des Ouvrages de M. Arnaud. *Cologne*, *Schoutten*, 1695. in-12. *v. br.*

2355 C. Plinii Secundi de Viris illustribus liber. *Parisiis*, *Robert. Stephanus.* 1533. in-8°. *v. f. filets.*

Notes de l'abbé Rive.

2356 Sebaſtiani Conradi quæſtura in quâ vita Ciceronis refertur. Editio quarta. *Lugduni Batavorum*, 1667, in-12. *velin.*

2357 La vie d'Æſope, par M. de Meziriac. *Bourg en Breſſe*, *Ve. Teinturier*, 1646. in-16. *v. br.*

Edition rare & plus recherchée que les réimpreſſions qui en ont été faites.

2358 Vitæ Eruditorum in re litterariâ Virorum authore M. Chriſtiano Henrici. *Lipſiæ*, 1713. in-8°. *v. br.*

Falconet, n°. 19403.

2359 Mémoires pour ſervir à l'Hiſtoire des hommes illuſtres, par le P. Niceron. *Paris*, *Briaſſon*, 1729. in-12. *v. f. filets.* 44 *vol.*

Debure, n°. 6111, cite ſeulement 42 vol. Falconet en cite 43, n°. 19366.

2360 Hiſtoire de Tancrede de Rohan. *Liege*, *Baſſompierre*, 1767. in-12. *v. m.*

2361 Vies des Poëtes provençaux, par Noſtradamus. *Lyon*, 1575. in-8°. *v. br.*

Debure, n°. 6125. Falconet, n°. 19392.

2362 Diſſertation Apologetique pour le B. Robert d'Arbriſſelles (par le P. de Soriz, Prieur de Fontevraud.) *Anvers Desbordes*, 1701. in-12. *v. m.*

2363 La Vie & les Sentimens de Lucilio Vanini. *Rotterdam*, *Fritsch*, 1717. in-12. *v. m.*

Debure n°. 6112, nous apprend que le ſieur Durand en eſt l'Auteur.

2364

2365 Hiſtoria de la Vida del Buſcon, Llamado don Pablos, exemplo de Vagamundos, y eſpejo de Tacanos. *Ruan, Oſmont*, 1629, in-12, *v. f.*

2366 Vie des premiers Peintres du Roi (par M. Lépicié.) *Paris, Durand*, 1752. in-12. *v. m. 2 tom. en 1 vol.*

2367 Hiſtoire critique de Nicolas Flamel & de Pernelle ſa femme, par M. L. V.... *Paris, Deſprez*, 1761. in-12. *v. m.*

2368 M. Tullii Ciceronis hiſtoria per Conſules deſcripta & in annos LXIIII diſtincta per Franc. Fabricium Marcoduranum. *Coloniæ, Cholin*, 1563. in-12. *velin.* (Editio princeps.)

2369 La Vie & les faits mémorables de Chriſtophe Bernard Van-Galen Evêqne de Munſter, par M. G... *Leyde, Mortier*, 1679. in-12. *petit format, velin.*

Pluſieurs autres Vies brochées qu'il ſeroit trop long de détailler.

Dictionnaire & extraits hiſtoriques.

2370 Claudii Æliani varia hiſtoria ex perpetuo Commentario Jac. Perizonii. *Lugd. batav. Duvivié*, 1701. in-8°. *grand format, 2 vol. velin, figures.*

Cet Ouvrage écrit en Grec & en Latin, eſt cité par Debure au n°. 6124.

2371 Valerii Maximi Libri novem factorum dictorumque memorabilium, cum notis variorum.

Leidæ, *Luchtmans*, 1726. in-4°. *grand format*, *veau d'Irlande*.

Debure. n°. 6136.

2372 Dictionnaire historique, par Prosper Marchand. *La Haye*, *de Hondt*, 1758. in-fol. *v. f.* 2 *tom. en* 1 *vol.*

LIVRES OMIS.

Le transport de la Bibliothèque de l'Abbé Rive, d'Aix à Marseille, les déplacemens successifs des livres qui la composent, le désordre inévitable dans ces sortes d'opérations ont occasionné des transpositions dans le corps du Catalogue, que nous avons eu soin d'indiquer. Les mêmes causes nous obligent à donner un supplément assez long. Nous n'y observons pas l'ordre des matières, parce qu'il nous tarde de faire jouir le Public de ce Catalogue, dont l'impression a été beaucoup plus lente que nous ne l'avions annoncé.

2373 Chronicon Carionis latinè expositum & auctum à Philippo Melanrhone. *Witebergæ*, *Hæredes Rhau*, 1560. in-12. *v. f. d. s. t. filets.* (rare.)

2374 La Cacomonade, trad. de l'Allemand du Docteur Pangloss. *Cologne*, 1766. in-12. *v. br. prix.*

2375 Examen sérieux & comique des Discours sur l'esprit, par l'Auteur des Lettres-Américaines. *Amsterdam*, 1759. in-12. 2 *vol. v. m.*

2376 Discours sur la liberté de penser & de raisonner (par Antoine Collins.) *Londres*, 1717. in-8°. *v. br.*

Cette édition est de la Haye comme la premiere de 1714; Debure, n°. 883, se trompe lorsqu'il dit que la premiere est la plus recherchée.

2377 Christiani Francisci Paullini de Asino liber Historico-Physico-Medicus. *Francofurti ad mœnum*, *Zunner*, 1695, in-12. *v. br.*

On trouve dans le même volume la *Lycographia* de cet Auteur, ou le livre sur la nature & l'usage du Loup.

2378 Œuvres complétes d'Helvetius. *Liege*, *Bassompierre*, 1774. in-8°. 4 *vol. grand format*, *m. r. d. s. t. filets*, *portraits enluminés.*

2379 Gasparis Barthi Erotodidascalus, sive nemoralium libri V. cum figuris æneis. *Hanoviæ*, *typis Wechelianis*, 1625. in-8°. *v. f. fig.*

Ce Livre, qui est rare & que Debure & Osmont ont eu tort d'omettre, est une Version latine & libre de la *Diana enamorada* de Gil. Polo, qu'on regarde comme un Chef-d'œuvre en son genre. Il y en avoit deux exemplaires à la Bibliothèque de Falconet n°. 12060 & 12061. Ils sont de la même édition; peut-être il n'en existe pas d'autres.

2380 Œuvres de Montesquieu. *Londres*, *Nourse*, 1767. in-4°. 3 *vol. fig. cartes*, *grand format*, *brochés en carton.*

2381 Themistii opera omnia & Alexandri aphrodisiensis libri duo, græcè. *Venetiis*, *Aldus*, 1534. in-fol. *petit format*, *m. v. d. s. t. filets.* (Editio princeps.)

On trouve rarement cette édition de ces deux Orateur grecs. Elle est citée par Falconet au n°. 10272; par De bure n°. 2361. Elle manque dans tous les autres Catalogues que j'ai parcourus, tels que celui de M. de Foze celui de Faultrier réd é par Prosper Marchand, &c.

2382 Discours de Lycurgue, d'Androcide, d'Isée, de Dinarque, &c. traduits en François, par M. l'Abbé Auger. *Paris*, *Debure*, 1783. in-8°. *v. f. filets.*

2383 Œuvres philosophiques de M. Diderot. *Amsterdam*, *Rey*, 1772. in-8°. 6 *vol. v. éc. filets.*

2384 Reverendissimi Lotharii Dyaconi Cardinalis SS. Sergii & Bachi, qui posteà Innocentius Papa appellatus est, compendium breve quinque continens libros, de Trinitate, de miseriâ conditionis hnmanæ, &c. *Lugduni*, *Regis*, 1473, in-4°. *petit format*, *Gothique*, *m. v. d. s. t. filets.*

2385 Le Poinct-du-Jour ou Traité du commencement des jours & de l'endroict où il est estably sur la terre, par feu M. Nicolas Bergier. *Rheims*, *Hécart*, 1629. in-12. *v. f. filets.*

Livre rare dont l'Abbé Rive a copié le Privilège sur l'édition originale.

2386 Sybilla Trig-Andriana, seu de Virginitate, Virginum statu & jure Tractatus, per Henricum Kornmannum ex Kirchaina chattorum. *Coloniæ*, *Marteau*, 1765. in-12. *v. m.* (livre rare.)

2387 R. P. Theophili Raynaudi Erotemata de malis libris, deque justâ aut injustâ eorumdem confixione, cum indicibus necessariis. *Lugduni*, *Huguetan*, 1653. in-4°. *v. m.*

2388 Julii-Cæsaris Bulengeri Eclogarum ad Arnobium libri duo. *Tolosæ*, *Colomerius*, 1612. in-8°. *velin.*

2389 Théorie de l'Impôt, 1760. -- Doutes proposés à l'Auteur de la Théorie de l'Impôt. 1761. -- Tout est dit *de 8 pages.* -- Reflexions sur l'écrit intitulé : Richesses de l'Etat. -- Doutes modestes sur la Richesse de l'Etat, 1763. *Paris, Ruinart*, in-4°. *v. br.*

2390 Nouveau Projet d'une Taille réelle contre le Projet d'une Dixme Royale de Vauban. -- Mémoires de M. Desmaretz sur l'administration des Finances, depuis le 20 Février 1708 jusqu'au premier Septembre 1715. -- Entendons-nous, ou le radotage du vieux Notaire, sur la richesse de l'Etat. in-8°.

Voyez les notes de l'Abbé Rive. Desaint Pierre est l'Auteur du premier ouvrage contenu dans ce Recueil. (Falconet, n°. 15810.)

2391 Le Ministre Public dans les Cours étrangeres, par le sieur J. de la Sarraz du Franquesnay. *Amsterdam*, 1731. in-12. *broché.*

2392 Dissertation sur les biens nobles, avec des observations sur le Vingtième, Par M. le Franc de Pompignan. 1758. in-12. *v. m.*

2393 Joannis Robeck, Calmaria-Suedi, de morte voluntariâ exercitatio cum animadversionibus Joh. Nicolai Funccii. *Marburgi, Muller*, 1753. in-4°. *v. br. d. s. t. filets.*

2394 Somniorum Synesiorum omnis generis insomnia explicantes libri IV. per hieron. Cardanum. *Basileæ, Henric-Petri*, 1585. in-4°. *velin.*

Rare. Voy. la note que l'Abbé Rive a écrite dans ce Livre.

2395 Le Livre du gouvernement des Seigneurs appellé le ſécret des ſecrets Ariſtote. *Mſt. in-fol. Gothique ſur velin, rélié en carton, couvert de peau rouge.*

2396 Mens Jani Cœcilii Frey, Reginæ Matris & Paris. Medici philoſophorumque Decani. Editio IV. auctior & ordinatior. *Pariſiis, Geſſelin*, 1645. in-8°. *m. r. d. s. t. filets*, 2 *vol.*

2397 Admiranda rerum encomia, ſive diſerta & amœna Pallas. *Noviomagi batavorum, Smetius*, 1666. in-8°. *v. f.*

On lit dans ce Livre une note Mſte. de l'Abbé Rive en ces termes : » ceci a quatre ou cinq pièces de plus que *Diſſertationum ludicrarum ſcriptores: Lugd. bat.* 1644. in-16. Ce ſont paradoxes & abus de la Raiſon. »

2398 De Officio Scholaſtici ſeu Magiſtri Scholarum, auctore Sebaſtiano Cohon. *Nannetis, Doriou*, 1622. in-8°. *velin.*

2399 Œuvres completes d'Alexandre Pope, traduites en François. *Paris, Ve. Ducheſne*, 1779. in-8°. *grand format*, 8 *vol. v. éc. filets. fig.* Superbe édition.

2400 Detti & fatti piacevoli & gravi di diverſi Principi, filoſofi & Cortegiani; Racolti da Guicciardini. *Venetia, Zaltieri*, 1583. in-8°. *v. f. d. s. t. filets.*

2401 Les Hipotipoſes ou inſtitutions Pirroniennes de Sextus-Empiricus, en trois livres, traduites du Grec. 1725. in-12. *v. f. filets.*

2402 Traité philoſophique de la foibleſſe de

l'Esprit humain, par feu M. Huet. *Londres*, *Nourse*, 1741. in-12. *v. m. filets.*

2403 Virtutum encomia; sive Gnomæ de virtutibus: ex poëtis & philosophis utriusque linguæ græcis versibus, adjectâ interpretatione Henrici Stephani. *Parisiis, idem Heur. Steph.* 1573. in-16. *m. v. d. s. t. filets.*

2404 Theophili, Episc. Antiocheni libri III ad Autolycum græcè, edente Jo. Christophoro Wolfio. *Hamburgi, Felginer*, 1724. in-12. *v. m.*

L'Auteur combat le Paganisme, l'Athéisme, &c.

2405 Lodovici Cælii Rhodigini lectionum antiquarum libri XXX. recogniti ab auctore. *Basileæ, Frobenius*, 1550. *in-fol. v. f. d. s. t. filets, papier lavé & réglé, 2 vol.*

Jean Albert Fabricius n'a pas connu cette édition, ou bien il s'est trompé en la datant de 1551 : il est à remarquer qu'il existe deux éditions de ce Livre à la date de 1550 à Basle. Celle qui a trente quatre lignes sur ses pages entières, n'est pas d'un grand prix : celle au contraire, qui n'en a que trente-trois est recherchée. Tel est notre exemplaire que l'Abbé Rive a enrichi de notes marginales.

2406 Exposé succinct de la contestation qui s'est élevée entre M. Hume & M. Rousseau. *Londres*, 1766. in.12. *v. éc.*

2407 Joannis Nicolai Tractatus de Synedrio Ægyptiorum. *Lugduni batavor.*, *Teering*, 1711. -- Christiani Daumii Epistolæ Philologico-criticæ. *Chemnicii*, *Soressellus*, 1709. in-12. *v. br.*

2408 De Statu mortuorum & resurgentium liber, auctore thomâ Burneto. *Londini*, 1723. in-

4°. v. f. d. s. t. filets. (Falçonet n°. 1021.)

2409 Torchilli Badenii Jacobi filii, Roma Danica, harmoniam atque affinitatem Linguæ Danicæ cum Linguâ Romanâ exhibens. *Hafniæ*, *vid. Bockenhoffer*, 1699. in-12. *v. éc. filets.*

Ce Livre auroit dû être placé parmi les Grammaires.

2410 Examen du Fatalisme, ou Examen & réfutation des principaux Systêmes de Fatalisme qui ont partagé les Philosophes. *Paris*, *Didot*, 1757. in-12. 3. *vol. v. m.*

2411 Vindiciæ secundum libertatem Ecclesiæ Gallicanæ & Regii statûs Gallo-Francorum (Auctore Ludov. Servin.) *Augustæ Turonum*, *Metaterus*, 1590. in-12. *v. br.*

2412 Observationum Divini & Humani juris liber (à Barnabâ Brissonio.) *Parisiis*, *Rouillius*, 1564. in-12. *v. br.*

2413 Concordata inter Sanctissimum Dominum nostrum Papam Leonem X & Christianissimum Dominum nostrum Regem Franciscum hujus nominis Primum. Pragmatica Sanctio. Facultates Legati. 1534. in-16. *v. br.*

2414 Mémoires philosophiques du Baron de **. *Vienne*, (*Paris.*) 1777. in-8°. *v. f. filets.* 2 *vol.*

2415 La Magnifique Doxologie du Festu, par. Sebastian Rouilliard. *Paris*, *Millot*, 1610, in-8°. *v. f. d. s. t. filets.*

Livre satyrique, cité par Falconet au n°. 12608.

2416

2416 Jo. Gottil. Heineccii Prælectiones Academicæ in Hugonis Grotii de jure Belli & pacis libros tres. *Berolini, Rudiger*, 1744. in-8°. *v. f. d. s. t. filets, grand papier.*

2417 Jo. Math. Gesneri V. C. Socrates sanctus pædærasta. Accedit ejusdem Corollarium de antiquâ asinorum honestate. *Trajecti ad Rhenum*, 1769. in-8°. *de 61 pages v. f. d. s. t. grand papier.*

2418 Etrennes aux Joueurs de Cartes, ou éclaircissemens historiques & critiques sur l'invention des cartes à jouer, par M. l'Abbé Rive. *Paris, Didot*, 1780. in-8°. *v. f. d. s. t. filets. grand papier d'Hollande. Notes marginales de l'Auteur.*

2419 Gabrielis Naudæi Syntagma de studio Militari. *Romæ, Faccioti*, 1637. in-4°. *velin.*

Voy. Falconet, n°. 9191 & 9192.

2420 Jo. Buxtorfii anticritica seu vindiciæ veritatis hebraïcæ. *Basileæ, Regis*, 1653, in-4°. *v. br.*

2421 Problêmes plaisans & delectables qui se font par nombres, par Claude Gaspard Bachet, sieur de Meziriac. *Lyon, Rigaud*, 1624. *in-8°. m. r. d. s. p. & s. t.*

2422 Justification des Anciens où l'on fait voir qu'ils ont su ce qne les Modernes nous débitent en Médecine comme de nouvelles découvertes, par M. Jobert. *Paris, Chardon*, 1690. in-12. *velin.*

2423 Juniperi descriptio curiosa ad normam & formam sacri Imperii Romani Academiæ naturæ curiosorum elaborata à Benjamin Scharffio. *Francofurti*, Wollfius, 1679. in-12. *v. f. filets.*

2424 Dokimiastès, five de librorum circà res Theologicas approbatione Disquisitio historica. *Antuerpiæ*, *Salius*, 1707. *in*-12. *v. br.*

Livre rare. Il est de *Jacques Boileau*, qui n'osa pas le publier après qu'il l'eût fait imprimer.

2425 Theodori Janssonii ab Almeloveen Inventa nov-antiqua. *Amstelædami*, *Jansson*, 1684. *in*-12. *v. f. d. s. t. filets.*

C'est ici un ouvrage de Médecine.

2426 Historica Disquisitio de re vestiariâ hominis sacri vitam communem more civili traducentis (auctore Jacobo Boileau.) *Amstelodami*, *Delorme*, 1704. in-12. *v. br.*

2427 L'introduction au Traité de la conformité des Merveilles anciennes avec les modernes ou Traité préparatif à l'Apologie pour hérodote, par Henri Estienne. *Paris*, *le même Estienne*, 1566. *in*-8°. *v. br.*

Livre curieux & rare qui devoit être placé dans la Philologie.

2428. Origine des découvertes attribuées aux Modernes, par M. Dutens. *Paris*, *Ve. Duchesne*, 1776. *in*-8°. *v. jaspé*, *d. s. t. filets.* 2 *vol.*

Cet Ouvrage est terminé par une Lettre de l'Abbé Rive pag. 589 & suiv. du 2e. vol. Il y a aussi des notes Mstes. marginales de la main de ce savant Bibliographe.

2429 Syntagma variarum dissertationum rariorum ex Musæo Joan. Georgii Grævii. *Ultrajecti*, *Vande Water*, 1702. *in-4°. velin*, *fig.*

2430 Reliqua librorum Friderici II Imperatoris de arte venandi cum avibus, cum Manfredi Regis additionibus. -- Albertus Magnus de Falconibus, asturibus & accipitribus. *Augustæ Vindelicorum*, *Prætorius*, 1596. *in-12. v. f. d. s. t. filets.*

Voyez la Bibliothéque de Colbert, n°. 16553.

2431 Petri Texelii Phænix visus & auditus. *Amstelædami*, *Vanderplaats*, 1706. *in-4°. v. m. fig. filets.*

Falconet n°. 4542, parmi les livres d'Histoire naturelle.

2432 Friderici Spanhemii historia imaginum restituta. *Lugduni batavor. Verbessel*, 1686. *in-8°. veau d'Irlande.*

Falconet n°. 1464.

2433 Essai sur les Hiérogliphes des Egyptiens trad. de l'Anglois de Warburthon. *Paris*, *Guerin*, 1744. in-12. 2 *vol. v. m. fig.*

Il y a dans le premier vol. des notes très-longues & très-curieuses.

2434 Deliciæ eruditorum seu veterum *Anecdoton* opusculorum Collectanea. Jo. Lamius Collegit, illustravit, Edidit. *Florentiæ*, *Bruscagli*, 1742. *in-8°. v. br.*

Ce n'est ici que le douzième volume de cette Collection qui a quinze tomes. On a ajouté un titre sans indication de volume. Falconet n°. 12989, cite l'édition entière imprimée depuis 1736 jusqu'en 1754.

2435 Censorini liber de Dienatali, ex recenfione Sigeberti Havercampi. *Lugd. bat. Potuliet*, 1743. *in-8°. broché en carton.*

2436 Projet d'un Dictionnaire critique. *Rotterdam*, *Léers*, 1692. *in-8°. v. br.*

2437 C. F. Meneſtrerii Soc. Jeſu Philoſophia imaginum, id eſt Sylloge ſymbolorum ampliſſima, &c. è linguâ gallicâ in latinam tranſlata. *Amſtelodami*, *Janſſon*, 1695. *in-8°. v. f. d. s. t. filets.*

Falconet cite l'édition originale françaiſe au n°. 12758, ſous le titre d'Hyérogliphes.

2438 Joh. Fabricii conſideratio variarum controverſiarum cum Atheis, gentilibus, &c. *Helmeſtadii*, *Wolſgangus*, 1704. in-4°. *dos en baſane.*

2439 Philologus hebræo-mixtus unà cum Spicilegio Philologico Johannis Leuſden. Editio quarta. *Baſiliæ*, *Thurniſii*, 1739. in-4°. *v. br. fig.*

2440 Gilberti Cuperi obſervationum libri tres. *Trajecti ad Rhenum*, *Elzevir*, 1670. *in-8°. m. r. d. s. t. filets.*

Falconet n°. 12498.

2941 Dénonciation contre Necker par James Rutledge. *Paris*, *Rozé*, 1790. in-8°. *broché en carton.*

2442 Arithmétique politique, traduit de l'Anglois d'Young, par M. Frèvile. *La Haye*, *Goſſe*, 1775. in-8°. 2 *vol. v. m.*

2443 Eſſais philoſophiques ſur l'entendement

humain, par M. Hume. *Amsterdam*, *Schneider*, 1758. in-12. *v. m.* 2 *vol.*

2244 Dissertation sur la Glace, par M. de Mairan. *Paris*, *Imp. Roy.* 1749. in-12. *v. m.* *figures.*

2445 L'ancienne Police sur l'administration de l'Eucharistie, par Gabriel de l'Aubespine. *Paris*, *Estienne*, 1629. *in*-12. 2 *vol.* *v. br.*

2446 Miscellæ defensiones pro Cl. Salmasio de Variis observationibus & emendationibus ad jus atticum, & Romanum pertinentibus. *Lugduni Batav. Maire*, 1545. in-8°. *v. br.*

2447 De Transubstantiatione liber simplicio Verino auctore. *Hagiopoli*, *Eudoxus*, 1646. in-12. *v. br.*

2448 Hieronymi Mercurialis variarum Lectionum in Medicinæ scriptoribus & aliis libri v. *Parisiis*, *Nivellius*, 1585. in-8°. *v. br.*

2449 Trifolii Fibrini historia, operâ Joannis Franci. *Francofurti*, 1701. in-8°. *v. br.*

Falconet, n°. 4295.

2450 Tombeau de la Folie, ou le Chymique ingenu, par le sieur de la Martiniere. *Paris*, (*sans date.*) in-12. *v. f. d. s. t. filets.*

2451 Alberti Bartholini de scriptis Danorum liber posthumus, auctior, editus â Fr. Thomâ Bartholino. *Hafniæ*, *Godichenius*, 1666. in-12. *veau jaspé*, *d. s. t. filets.*

2452 L'Histoire du Regne de l'Empereur Charles V. traduite de l'Anglois de Robertson. *Paris, Saillant*, 1771. in-4°. 2 *vol. brochés en carton.*

2453 Annus Sacer Poëticus à R. P. Justo Santes Soc-Jesu. *Parisiis*, *Henault*, 1665. in-12. *v. br.*

2454 Rélation de ce qui se passa entre le Pape Alexandre VII & le Roi de France, au sujet de l'insulte que les Papalins firent au Duc de Créqui le 20 Août 1662. trad. de l'Italien. *Cologne*, *le Pain*, 1670, in-16. *v. f. d. s. t. filets.*

2455 Supplément au n°. XXVI du Journal des 3 regnes de la nature par Buc'hoz. *Paris*, 1779. *in-12. v. f. filets.*

2456 Hïstoire & explication du Calendrier des Hebreux des Romains & des François, par M le Coq-Madeleine. in-12. *m. r. d. s. t. filets.*

Falconet, n°. 1366. Cet ouvrage est savant, estimé & rare.

2457 Forestiere illuminato intorno le cose più rare della Citta di Venezia. *Venezia*, *Albrezzi*, 1740, in-8°. *v. éc. fig.*

2458 Tableau historique des Sciences des Belles-Lettres & des Arts dans la Province de Picardie, par le P. Daire. *Paris*, *Herissant*, 1768. -- Eloges des Hommes illustres de la Province du Thymerais, par M. DD. *Paris*, *Berthier*, 1749. -- Jo. And. Schmidi D. PP. Abbatis Mariævallensis programma de historicis verum sacrarum deperditis, Disputationibus XV publicis, &c. *Helmstadii*, *Hessius*. -- Remarques critiques sur la Bibliothéque générale des Ecrivains de l'Ordre de St. Benoît en 29 pages. -- Nouvelles Remarques sur le même sujet en 72 pages. -- Renati Christ. Leonardi Schediasma litterarium de Doctis Reimmannis. *Michaelsteini*, *Struvius*, 1717. -- Problême littéraire : qui est l'Auteur de l'Histoire des trois Siècles de Littérature ? -- Lettre de M. D. P. à M. D. L., sur le livre intitulé : *Origine* de' Volgar Proverbii *di Aloise di Cynthio*, &c. Le tout en *un vol.* in-12. *v. f. filets.*

2459 Dictionnaire des Arrêts ou Jurisprudence universelle, par Pierre-Jacques Brillon. *Paris*, 1727. *in-fol. 6 vol. brochés en carton.*

2460 Josephi Scaligeri de Emendatione temporum. *Coloniæ Allobrogum*, 1639. *in-fol. v. m.*

2461 Linguarum Vett. septentrionalium Thesauri Grammatico-critici & Archæologici, per Runolphum Jonam. *Oxoniæ*, *è Theatro Sheldoniano.* 1703. *in-fol. 3 vol. v. f.*

2462 Annales Typographici ab Artis inventæ origine ad annum M. DC. LXIV. Operâ M, Maittaire A. M. *Amstelodami*, *Humbert*, 1733. in-4°. *brochés*, 8 *vol.*

2463 Observations sur la véritable Constitution de la Provence. *Aix* : *David*, 1788. in-4°. *broché.*

2464 Arte di cognoscere l'età de' Codici latini e italiani. di D. Giovan-Crisostomo Trombelli, Bolognese. *Bologna*, *Corciolani*, 1756. in-4°. *broché*, *fig.*

2465 Bibliothèque générale des Auteurs de France, par le R. P. Dom Jean Liron. *Paris*, *Garnier*, 1719. in-4°. *m. r. d. s. t. filets.*

2566 Historia Regni Græcorum Bactriani auctore Theophilo-Sigefrido Bayero. *Petropoli*, *Typis Acad.* 1738. in-4°. *v. f. d. s. t. filets.*

2467 Joan. Jacobi Sorberi de Comitiis veterum Germanorum antiquis. *Francofurti*, *vid. Knochii*, 1749. in-4°. *v. f. d. s. t. filets.*

2468 Obras Sueltas de D. Juan de Yriarte publicadas en obsequio de la litteratura. 1774. *Madrid*, *Manuel de Mena*, 2 *vol. in-4°. v. f. filets. portrait.*

2469 Osservazioni Sopra la Merope del Sig. Marchese Scipion Maffei; de Francesco Benaglio, Trivigiano. *Roma*, *Pagliarini*, 1743. in-4°. *m. r. d. s. t. filets.*

2470 L'Origine de l'Imprimerie de Paris, par André Chevillier. *Paris*, *de Laulne*, 1694. in-4°. *v. f. d. s. t. filets.*

2471 Joannis Vignolii de Columnâ Imp. Antonini Pii Dissertatio. *Romæ*, *Gonzaga*, 1705. in-4°. *v. f. d. s. t. filets. fig.*

2472 Della Ragion Poetica libri due e della Tragedia libro uno de Vincenzo Gravina Giurisconsulto. *Venezia*, *Geremia*, 1731. in-4°. *v. f. d. s. t. filets.*

2473 Eduardi Corsini Dissertationes IV Agonisticæ, acecedit hieronicarum Catalogus. *Florentiæ*,

tiæ, 1743, *ex Typ. Imperial.* in-4°. *v. f. d. s. t. filets.*

On trouve dans le même volume : LA BOLLA D'ORO DÉ FANCIULLI NOBILI ROMANI, DA FRANCESCO DE'FICORONI. *Roma.* 1731.

2474 Zend-Avesta, ouvrage de Zoroastre, par M. Anquetil du Perron. *Paris, Tilliard*, 1771. in-4°. 3 *vol. v. jaspé, d. s. t. filets.*

2475 Jo. Francisci Buddei Isagoge Historico-Theologica. *Lipsiæ, Fritshius*, 1730. in-4°. 2 *vol. v. f. d. s. t. filets.*

2476 Decretales cum Glossa Do. Jo. Andre. *Lugduni, Hugo à Portâ*, 1553. in-4°. *m. r. d. s. t. filets.* 2 *vol.*

2477 Jani Vincentii Gravinæ opera cum notis Gotefridi Mascovii. *Venetiis, Pitteri*, 1758. in-4°. *v. m.*

2478 Isaaci Vossii de septuaginta interpretibus Dissertationes. *Hagæ-Comitum, Ulacq*, 1661. in-4°. *v. m.*

2479 Scriptorum de Jure Nautico & Maritimo fasciculus, &c. Cum præfatione Jo. Gottl. Heineccii. *Halæ Magdelb.* 1740. in-4°. *v. br.*

2480 Admiranda Ethnicæ Theologiæ Mysteria à Joan. Frid. Hervart. *Monachii, Nicol. Henricus*, 1626. in-4°. *m. v. d. s. t. filets.*

2481 Recueil des Roys de France leurs Couronne & Maison, par M. du Tillet. *Paris, Jamet*, 1602. in-4°. *v. f. d. s. t. filets.*

2482 Marquardi Gudii & doctorum virorum ad

eum Epistolæ &c. *Hagæ-Comitum*, *Scheurléer*, 1714. in-4°. *v. br.*

2483 Dissertatio Jacobi Thomasii de Plagio literario. *Suobaci*, *Hagen*, 1692. in-4°. *v. br. portraits.*

2484 Petri Bungi, Bergomatis, numerorum Mysteria. *Lutetiæ*, *Sonnius*, 1618. in-4°. *demi-reliure.*

2485 Scriptorum è Soc. Hafniensi Danicè Editorum partes duæ interprete P. P. *Hafniæ*, *Kisel.* 1731. *fig.* in-4°. *brochés en carton.* 2 *vol.*

2486 Petri Poireti Posthuma, cum præfatione J. Langii. *Amstelæd. Wetstenius*, 1721. in-4°. *broché. portrait.*

Très-belle édition avec une Vie de Poiret fort étendue.

2487 Miscellanea historiæ philosophicæ-litterariæ à Jacobo Bruckero. *Augustæ Vindelicorum*, *Lotterlin*, 1748. in-8°. *v. f. d. s. t. filets. grand format.*

2488 Traité de l'Athéisme & de la Superstition, par Jean-Fr. Buddeus, trad. en François, par L. Philon. *Amsterdam*, *Mortier*, 1740. in-8°. *v. f. filets. grand format.*

2489 Théologie de l'Eau, traduit de l'Allemand de J. Alb. Fabricius. *La Haye*, *Paupie*, 1741. *in-8°. v. éc. filets.*

2490 Principes de la Législation universelle *Amsterdam*, *Rey*, 1776. in-8°. *v. f. filets.* 2. *vol. grand format.*

2491 Loix de Platon, par le Traducteur de

la République. *Amsterdam*, *Rey*, 1769. in-8°. *v. f. filets*. 2 *vol. grand papier*.

2492 De Atramentis cujuscumque generis opus sanè novum, auctore Petro-Mariâ Canepario. *Londini*, *Martin*, 1660. in-4°. *v. f. d. s, t. filets*.

2493 Adami Franc. Kollarii de originibus & usu Perpetuo Potestatis Legislatoriæ, circà sacra Apostolicorum Regum Ungariæ, liber singularis. *Vindobonæ*, *Trattner*, 1764. in-8°. *v. f. d. s. t. filets*.

2494 Homélies & Extraits des ouvrages de S. Jean Crysostome, trad. par M. l'Abbé Auger. *Paris*, *Debure*, 1785. 4 *vol.* in-8°. *v. f. filets*.

2495 Le Théisme; Essai Philosophique. *Londres*, 1773. in-8°. *v. m.* 2 *vol.*

2496 Traité de l'Olivier par Couture. *Aix*, *David*, 1776. in-8°. 2 *vol. v. m. fig.*

2497 Histoire du Christianisme des Indes, par la Croze. *La Haye*, 1758. in-12. *v. f. filets*, 2 *volumes*.

2498 Memoriæ philosophorum, oratorum &c. nostri seculi, Curante M. Henningo Witten. *Francofurti*, *Moewald*, 1677. in-8°. 2 *vol. v. f. filets. d. s. t.*

2499 Examen du Matérialisme, par M. Bergier. *Paris*, *Humblot*, 1771. in-12. *v. m.* 2 *vol.*

2500 De l'Homme, par J. P. Marat. *Amsterdam*, *Rey*, 1775. in-12. 3 *vol. v. m.*

2501 De l'Homme & de la Femme, par Mr de Lign ac *Lille*, *Henri*, 1773. in-12. *v. m.* 3 *volumes*.

2502 Reflexions critiques sur la Poésie & la Peinture. *Paris*, *Mariette*, 1733. in-12. *v. f. filets.* 3 *vol.*

2503 Historiæ Romanæ scriptores. *Venetiis*, *Aldus*, 1516. in-8°. *m. r. d. s. t. filets*, *or sur plat.*

2504 Everardi Ottonis Papinianus sivè de vitâ Papiniani Diatriba. *Lugd. Bat. Luchtmans*, 1718. in-8°. *broché en carton.*

2505 Dissertation sur le martyre de la Légion Thebéene, par Jean Dubourdieu. *Amsterdam*, *Roger*, 1705. in-12. *v. m.*

2506 Dissertations mêlées sur divers sujets. *Amsterdam*, *Berncrd*, 1740. in-12. *v. m.* 2 *tom. en* 1 *vol.*

2507 De Litteris & linguâ Getarum sive Gothorum Editore Bon. Vulcanio, Brugensi. *Lugd. Batav. Plantin*, 1597. in-8°. *v. f. d. s. t. filets.*

2508 Histoire d'une Dame chrétienne de la Chine. *Paris*, *Michallet*, 1688. in-12. *v. éc. fig.* (par le P. C. Jésuite.)

2509 Nouvelle Dissertation touchant le temps auquel la Religion chrétienne a été établie dans les Gaules. *Toulouse*, *Boude*, 1703. in-12. *v. br.*

2510 El impossible Vencido. Arte de la lengua Bascongada. su Author El P. Manuel de Larramendi. *Salamanca*, *Alcaraz*, 1729. in-8°. *v. f. d. s. t. filets.*

2511 Dissertatio Academica de Suediâ Boreali ab Erico Julio Bidrrer. *Holmiœ*, 1717. in-12. *v. f. d. s. t. filets.*

2512 Jac. Philippi Tomasini Titus-Livius Patavinus. *Amstelodami*, *Frisius*, 1770. in-12, *v. m.*

2513 Œuvres de M. de la Mettrie. *Berlin.* 1764. in-12. 2 *vol. petit format. v. m.*

2514 Contre la Nouvelle Apparition de Luther & de Calvin, &c. 1669. in-12. *v. m.*

Livre très-rare. Voy. la note de l'Abbé Rive sur le Frontispice.

2415 Christiani Francisci Paullini Moscocaryographia seu Nucis moschatæ curiosa Descriptio. *Francofurti*, *Stosselius*, 1704. in-8°. *veau d'Irlande.*

2516 Athanasii Kircheri Diatribe de Crucibus, &c. *Romæ*, *Deversin*, 1661. in-8°. *velin.*

2517 Principes de Chirurgie de la Faye. *Paris*, *d'Houry*, 1746. in-12. *v. m.*

2518 Scipionis Marantæ Messanensis expostulatio in Bartholom. Germonium, &c. *Messanæ*, *Tarinus*, 1708. in-8°. *velin brun.*

2519 La Sicilia Inventrice d'Antonio Mongitore. *Palermo*, *Marino*, 1704; *in-4°. v. f. filets.*

2520 Lettres sur les Montagnes, &c. par J. A. du Luc. *La Haye*, *Detune*, 1778. in-8°. *v. m.*

2521 Eclaircissemens sur le Martyre de la Légion Thébéenne par P. de Rivaz. *Paris*, *Berton*, 1779. in-8°. *grand format. v, f. d. s. t. filets.*

2522 Epistolarum Medicinalium Conradi Gesneri libri III. *Tiguri*, *Frosch.* 1577. in-8°. *v. br grand papier.*

2523 Dissertatio Duplex : I. de Photino : II. de Liberio, authore Mat. Laroquano. *Genevæ*, *Detournes*, 1670. in-12. *v. f. d. s. t. filets.*

2524 Histoire de Ptolemée Auletes. *Paris*, *Aubouin*, 1698. in-12. *v. f. d. s. t. filets. fig.*

2525 Traité de l'Education des Abeilles, par Ducarne de Blangy. *Paris*, *Gueffier*, 1771. in-12. *v. m.*

2526 Nicolai-Hieronymi Gundlingii obſervationes ad rem litterariam. *Halæ*, *Rengerius*, 1737. in-8°. *veau d'Irlande.* 3 *tom. en* 1 *vol.*

2527 Memoriæ philoſophorum, oratorum, &c. à Rein. hear. Rollio. *Lipſiæ*, 1710. in-8°. *v. f. d, s. t. filets.*

2528 Apologétique de Tertullien, nouvelle édition, par l'Abbé de Gourcy. *Paris*, *Sorin*, 1780. in-12. *v. f. filets.*

2529 Le voyageur naturaliſte, par Lettſom. *Paris*, *Lacombe*, 1775. in-12. *v. br. fig.*

2530 Antiquitatum circà funera Veter. Chriſtianorum libri VI, autore J. E. F. V. L. cum præfatione Jó. Fabricii. *Lipſiæ*, *Campen*, 1713. in-12. *v. br.*

2531 Hermanni Noordkerk de Matrimoniis ob peccatum ſodomiticum ſolvendis. *Amſteledami*, *Waesbergius*, 1733. in-12. *v. f. d. s. t. filets.*

2532 Petri Francii Poſthuma. *Amſtelæd. Wetstenius*, 1706. in-8°. *v. br.*

2533 De modo uſurarum à Cl. Salmaſio. *Lugd. bat. Elzévir*, 1639. in-8°. *v. f. d. s. t. filets.*

2534 La Phyſique de l'ame humaine, par M. Godard. *Berlin*, 1755. in-12. *v. m.*

2535 Le Refuge & Garand des Pupilles, &c.

par Me. Josse de Damhoudere. *Anvers*, *Bellere*, 1567. in-4°. *fig. v. m.*

2536 Tractatus de Statu parvulorum sine baptismo. à F. Florentio Conrio. *Lovanii*, *Hastenius*, 1624. in-4°. *v. br.*

Belle édition, très-rare : notes de l'Abbé Rive.

2537 Mercatoris opera, edente Steph. Balusio. *Parisiis*, *Muguet*, 1684. in-8°. *graud pap. v. br.*

2538 Traduttori iraliani o sia notizia de' volgarizzamenti d'Antichi scrittori latini, &c. *Venezia*, 1720. in-8°. *v. f. filets.*

2539 Dissertatio de Religione maronitarum à fausto Naírono, banensi. *Romæ*, 1679. in-8°. *v. f. filets.*

2540 Lamberti Lombardii Vita. *Brugis Fland. Gotlzius*, 1565. in-8°. *v. br.*

Voy. les notes Mstes. que l'Abbé Rive y a jointes.

2541 Conspectus Historiæ Medicorum, à Georgio Mathiæ. *Gottingæ*, 1761. in-8°. *v. f. d. s. t. filets.*

2542 Hadriani Relandi Analecta Rabbinica *Trajecti ad Rhenum*, *Broedelet*, 1723. in-8°. *v f. d. s. t. filets.*

2543 Compendio della Storia universale da Carlo Delfini Butler de Boursaler. *Roma*, 1725. in-8°. *m. v. d. s. t. dentelles.*

2544 Brevis repetitio de Antichristo &c. à Joan. Cocceio. *Franekeræ*, *Albertus*, 1641. in-12. *velin.*

Edition inconnue à J. Walchius. Elle est rare.

2545 Conspectus Reipublicæ litterariæ Christop. Heumanni. *Hanoveræ*, *Foerster*, 1763. in-8°. *v. f. d. s. t. filets.*

2546 Differtation fur les Chronogrammes. *Bruxelles*, *Foppens*, 1741. in-8°. *v. f, filets.*

2547 Petri Zornii Hiftoria Fifci Judaïci. *Altonarviæ*, *Korte*, 1734. in-12. *v. br. fig.*

2548 État de la Médecine ancienne & moderne, par M. Cliftton. *Paris*, *Quillau*, 1742. in-12. *v. br.*

2549 Nouveaux Mémoires de M. Nodot. *Amfserdam*, *l'Honoré*, 1706. in-12. *broché*, 2 *vol. fig.*

2550 Chriftoph. Matth. Pfaffii introductio in Hift. Theologiæ Litterariam. *Tubingæ*, *Cotta*, 1720. in-8°. *broché.*

Ce Livre eft chargé de notes Mftes.

2551 Georgii Bernhardi Bilfingeri Elementa Phyfices. *Lipfiæ*, *Richter*. 1742. in-12. *broché*, *fig.*

2552 Hadriani Relandi de Spoliis Templi hierofolymitani liber fingularis. *Trajecti ad Rhenum*, *Broedelet*, 1716. in-12. *broché. Superbe édition*, *fig.*

2553 Thomæ Crenii de furibus Librariis differtatio epiftolica. Editio fecunda. *Lugd. Batav. Vander Miin*, 1716. in-12. *broché.*

FIN.

AVIS

Les personnes qui désireront acquérir quelques Livres de cette rare Collection, doivent adresser leur demande au citoyen Colomby, ci-devant Juré-Priseur, au Cul-de-Bœuf à Marseille, Isle 148, maison n°. 1, chez lequel la vente doit se faire tractativement : ou au citoyen Chauffard, Libraire, à la rue du Tapis-Vert, vis-à-vis l'Hôtel des Monnoies, Isle 25, maison n°. 4.

Le citoyen Chauffard possède un fond de Librairie dans tous les genres ; il achète et revend les Bibliothèques dans lesquelles on trouve souvent des ouvrages rares et précieux. Parmi ceux qu'il peut offrir aux Amateurs, nous ne citerons que les ouvrages suivans, dont les Bibliographes connaissent la rareté : il offre aux curieux le Catalogue des autres.

1°. Biblia Sacra Latina. *Venetiis, Janson*, 1476, *in-fol. v. f. d. s. t. filets, or sur plat.* Rare.

2°. Le Roman de Lancelot Dulac, chevalier de la Table-Ronde, avec des figures superbement enluminées. *Manusc. ancien in-fol. grand papier, bien conservé, 4 vol. m. r. filets, dentelles.*

3°. Petrarchæ Opera. *Basileæ, Amerbach*, 1496. *in-fol. v. f. filets.*

4°. Aristophanis Comædiæ Græcè. *Venetiis, Aldus* 1498, *in-fol. m. r. d. s. t. et sur plat. filets, papier velin.*

www.ingramcontent.com/pod-product-compliance
Lightning Source LLC
Chambersburg PA
CBHW071619270326
41928CB00010B/1701

* 9 7 8 2 0 1 2 6 3 9 6 9 0 *